Timmermann (Hrsg.)

Lebenslagen

Sozialindikatorenforschung in beiden Teilen Deutschlands

ISSN 0932-0970

Forum : Politik

Heiner Timmermann (Hrsg.)

LEBENSLAGEN

Sozialindikatorenforschung in beiden Teilen Deutschlands

dadder

Dieser Band ist zugleich Band Nr. 64
der Reihe »Dokumente und Schriften der Europäischen Akademie Otzenhausen«

CIP-Titelaufnahme der Deutschen Bibliothek

Lebenslagen : Sozialindikatorenforschung in beiden Teilen Deutschlands / Heiner Timmermann (Hg.). – Saarbrücken-Scheidt : Dadder, 1990

(Forum: Politik ; 12) (Dokumente und Schriften der Europäischen Akademie Otzenhausen e.V. ; Nr. 64)
ISBN 3-926406-49-6

NE: Timmermann, Heiner [Hrsg.]; 1. GT; Europäische Akademie <Otzenhausen>: Dokumente und Schriften...

Scheidter Straße 5A, D-6601 Saarbrücken-Scheidt
Titelentwurf: Cathrine Edlinger-Kunze, Saarbrücken
Titelsatz: Fotosatz Servet GmbH, Saarbrücken
Druck: arco-druck gmbh, Hallstadt

ISBN 3-926406-49-6

INHALT

Vorwort

Die Sozialstruktur ist die Gesamtheit der relativ dauerhaften Grundlagen und Wirkungszusammenhänge der sozialen Beziehungen und der sozialen Gebilde in einer Gesellschaft. Die marxistische Sozialstruktur-Analyse geht davon aus, daß die übergreifende, die Qualität des Gesellschaftssystems prägende Ebene, die Struktur der Klassen auf der Grundlage der für die gegebene Gesellschaftsformation charakteristischen Eigentumsverhältnisse ist. Die Sozialstruktur-Analyse ist daher identisch mit der Gesellschaftsanalyse.

Eine Analyse der Sozialstruktur ist eine Momentaufnahme der sie prägenden sozialen und kulturellen Prozesse. Ein möglichst umfassende Analyse der Sozialstruktur hat aber mindestens die Aufgabe, den Wandel dieser Struktur zu verdeutlichen. Dieses geschieht in diesem Sammelband.

Soziale Indikatoren sind statistische Meßzahlen, die eine quantitative Abbildung gesellschaftlich bzw. gesellschaftspolitisch relevanter Sachverhalte darstellen. Die Sozialindikatorenforschung ist ein breites Feld für sozialwissenschaftliche Aktivitäten. In dem vorliegenden Band werden die unterschiedlichen Funktionen und Konzeptionen der Sozialindikatorenforschung in der Bundesrepublik Deutschland und in der ehemaligen DDR vorgestellt. Die Autoren beschäftigen sich mit der Messung von Aspekten der Lebensqualität.

Bei der Publikation handelt es sich um die Veröffentlichung von Vorträgen, die während eines Kolloquiums vom 3. - 5. 11. 1989 in der Europäischen Akademie Otzenhausen gehalten wurden. Die Beiträge von Friedrich, Nickel, Priller und Thomas wurden ergänzend in den Band aufgenommen. Das Thema desKolloquiums lautete "Sozialstruktur- und Sozialindikatorenforschung in der Bundesrepublik Deutschland und in der DDR".

Durch die politische Wende in der DDR sind einige Beiträge dieses Sammelbandes zu einer Dokumentation besonderer Art geworden. Für die freundschaftlich-kollegiale Unterstützung bei der Vorbereitung des Kolloquiums und der Herausgabe dieses Bandes danke ich besonders Herrn Rüdiger Thomas und Herrn Prof. Dr. Gunnar Winkler.

Dr. Heiner Timmermann

stv. Akademieleiter, verantwortlich für Konzeption,
Organisation und Durchführung des Kolloquiums

Zur Geschichte soziologischer Forschung in der DDR

Rüdiger Thomas

I

Soziologie, die Wissenschaft von der Gesellschaft, zielt auf die Erkenntnis sozialer Tatsachen. Sie ermittelt, was der Fall ist, wie es dazu kam und welche Faktoren sozialen Wandel kennzeichnen. Soziologie ist seit ihrer Entstehung als Wissenschaftsdisziplin um die Mitte des 19. Jahrhunderts auf gesellschaftliche Aufklärung gerichtet, und ihre Geschichte ist eng mit der Entfaltung der Ideologietheorie verbunden. Als kritische Sozialwissenschaft scheint sie zur Rechtfertigung von Herrschaftsverhältnissen wenig tauglich und ist daher von den Mächtigen lange Zeit eher mit Skepsis und Argwohn registriert worden. Erst die forcierte Entwicklung der empirischen Sozialforschung seit der Mitte unseres Jahrhunderts hat einen Einstellungswandel hervorgerufen. In wachsendem Maße wurden außerwissenschaftliche Verwertungsinteressen auf die Soziologie gerichtet: Vor allem die Kenntnis vorherrschender gesellschaftlicher Bewußtseinslagen und Motivstrukturen ließ sich als "Herrschaftswissen" nutzen, das gleichermaßen politischen Erfolg und ökonomische Effizienz gewährleisten sollte. Im Spannungsfeld zwischen gesellschaftlicher Aufklärung und sozialtechnologischer Instrumentalisierung angesiedelt, hat die Soziologie in den offenen Gesellschaften der westlichen Industriestaaten seit vielen Jahrzehnten eine unangefochtene Position erlangt - was sich am deutlichsten in der Allgegenwart der Umfrageforschung zeigt.

Eine völlig andere Situation bestand in den Ländern des stalinistisch geprägten Staatssozialismus, in denen die Soziologie jahrzehntelang massiv diskreditiert wurde, weil sie den ideologischen Gralshütern der "Hauptverwaltung Ewige Wahrheiten" (Robert Havemann) als kritische Sozialwissenschaft suspekt war.

Die Entwicklung der Soziologie in der DDR als selbständige Wissenschaftsdisziplin vollzog sich in einem komplizierten Emanzipationsprozeß vom universellen gesellschaftswissenschaftlichen Geltungsanspruch des Marxismus-Leninismus[1]. Nachdem in den ersten Nachkriegsjahren bis zur Gründung der DDR verschiedene Universitäten noch soziologische Lehrveranstaltungen angeboten hatten[2] und zunächst - überwiegend von bürgerlichen Soziologen- zahlreiche Studien insbesondere zur Arbeits- und Gruppensoziologie publiziert werden konnten[3], wurde die Soziologie unter dem Vorzeichen einer "Überwindung des Objektivismus"[4] seit 1950 als "bürgerliche Wissenschaft" strikt abgelehnt.

Jürgen Kuczynski hatte schon Mitte der fünfziger Jahre verschiedene Versuche unternommen, soziologische Forschungen in der DDR anzuregen, doch konnte er den politischen Widerstand zunächst nicht überwinden, der sich aus dem Geheimhaltungssyndrom der SED-Führung ergab. Kuczynski vertrat die Auffassung, daß spezifische "Soziologische Gesetze" von den allgemeinen Gesetzmäßigkeiten des historischen Materialismus abgegrenzt werden müßten und nur im Ergebnis einer konkreten Sozialforschung ermittelt werden könnten[5].

Seit Ende der fünfziger Jahre wurden in der DDR sozialpsychologische und jugendsoziologische Untersuchungen durchgeführt[6], seit Beginn der sechziger Jahre wurde die Auseinandersetzung mit der "bürgerlichen Soziologie" intensiviert. Dieser Prozeß beinhaltete nicht nur den Versuch einer ideologischen Abgrenzung, sondern trug auch zur Rezeption soziologischer Forschungsmethoden und Theoriekonzepte bei und vermittelte damit wichtige Impulse für die Entwicklung der DDR-Soziologie[7].

Paradoxerweise hatte die DDR aus Gründen ihrer internationalen Präsenz und Reputation schon seit Ende der fünfziger Jahre den Eindruck erweckt, eine institutionalisierte soziologische Forschung zu betreiben. Bereits 1959 hatten DDR-Wissenschaftler am IV. Weltkongreß der International Sociological Association (ISA) in Mailand und Stresa teilgenommen. 1961 wurde in der Vereinigung der Philosophischen Institutionen der DDR eine Sektion Soziologie begründet, die insbesondere Funktionen der Außenrepräsentation wahrnehmen sollte und 1962 als nationale Vertretung der Soziologen in der DDR in die ISA aufgenommen wurde.

Die schwierige Formierungsphase der DDR-Soziologie, die noch weitgehend vom gesellschaftswissenschaftlichen Theorieimperialismus des historischen Materialismus beherrscht wurde, endete erst mit dem VI. Parteitag der SED (Januar 1963), auf dem "die weitere Entfaltung der theoretischen

Arbeit auf dem Gebiet der marxistischen Gesellschaftswissenschaft, der Lehre von der Leitung und Entwicklung der Gesellschaft" gefordert wurde, gleichzeitig erfolgte die Ankündigung: "Von den Gesellschaftswissenschaftlern werden verstärkt soziologische Forschungen durchgeführt"[8].

Bei diesen Formulierungen fällt auf, daß die Soziologie noch nicht als selbständige Wissenschaftsdisziplin benannt wurde, sondern statt dessen soziologische Forschung als Aufgabe der Gesellschaftswissenschaftler erscheint, womit die lange umstrittene Frage nach dem Verhältnis zwischen dem historischen Materialismus als allgemeiner Gesellschaftstheorie und der Soziologie als konkreter Gesellschaftsanalyse weiter offen blieb.

II

Erst die Wende zu einem technokratischen Sozialismus in der DDR, die mit der Einführung des "neuen ökonomischen Systems der Planung und Leitung der Volkswirtschaft" im Juli 1963 verbunden war, führte zur endgültigen Konstituierung einer eigenständigen Wissenschaftsdisziplin mit einem - freilich politisch motivierten - spezifischen Forschungsauftrag. Kurt Hager umriß Anfang 1964 ihre zentralen Aufgaben in einem Grundsatzartikel, der in der theoretischen Zeitschrift der SED "Einheit" publiziert wurde: "Die soziologische Forschung in der DDR muß weiterentwickelt werden. Durch soziologische Massenforschungen zu grundlegenden und umfassenden Problemen unserer gesellschaftlichen Entwicklung wird ein wichtiger Beitrag zur politischen Führungs- und Leitungstätigkeit der Partei und des Staates geleistet. In der gegenwärtigen Periode des umfassenden Aufbaus des Sozialismus stehen vor allem jene Probleme und Prozesse im Mittelpunkt der soziologischen Forschung, die der wissenschaftlich-technische Fortschritt in Industrie und Landwirtschaft für das Leben und die Entwicklung der verschiedenen sozialen Gruppen und Schichten mit sich bringt"[9].

Mit dieser politischen Rechtfertigung der Soziologie wurde eine Phase der Institutionalisierung eingeleitet. Im September 1964 beschloß das Politbüro der SED die Bildung des Wissenschaftlichen Rates für Soziologische Forschung, 1965 wurde eine Forschungsabteilung für marxistisch-leninistische Soziologie am Institut für Gesellschaftswissenschaften (seit 1976 Akademie für Gesellschaftswissenschaften) beim ZK der SED eingerichtet (Direktor: Rudi Weidig), die bis zum Herbst 1989 eine Anleitungs- und Kontrollfunktion für die soziologische Forschung in der DDR ausübte. Bereits 1964 war ein Institut für Meinungsforschung beim ZK der SED etabliert worden, das repräsentative Bevölkerungsbefragungen zu verschiedenen Themen durchführen sollte, die vor allem auch die Akzeptanz der Politik betrafen. 1966 wurde das Zentralinstitut für Jugendforschung (ZIJ) in Leipzig (Direktor: Walter Friedrich) gegründet, das dem Amt für Jugendfragen beim Ministerrat der DDR unterstellt wurde. Das ZIJ konzentrierte sich auf die empirische Untersuchung der Mentalitätsentwicklung von Schülern, Studenten, Lehrlingen und jungen Arbeitern (auch in Form von Intervallstudien), die für die Ausarbeitung einer neuen jugendpolitischen Konzeption von der Partei- und Staatsführung zeitweilig als relevante Orientierungsgrundlage betrachtet wurde.

Zur Vermittlung soziologischer Forschungsergebnisse wurde im parteieigenen Dietz-Verlag 1965 eine Schriftenreihe "Soziologie" begründet. "Soziologie und Praxis" lautete programmatisch der Titel der ersten Veröffentlichung, in der konstatiert wurde, "daß rein abstrakte und scholastische Diskussionen über den Gegenstand der marxistischen Soziologie überwunden sind. Es herrscht das Bestreben vor, über den Weg der praktischen Forschung Gegenstand und Aufgabenbereich der marxistischen Soziologie als Wissenschaft zu erarbeiten"[10]. Für die Stellung der Soziologie in der DDR ist es jedoch bezeichnend, daß bis zum politischen Umbruch im Herbst 1989 keine eigene Fachzeitschrift existierte. Das Periodikum "Jugendforschung" konnte lediglich von 1967 bis 1972 erscheinen und wurde am Beginn der Honecker-Ära - vermutlich wegen der Brisanz mancher Forschungsergebnisse - wieder eingestellt. Der fachinternen Kommunikation dienten vor allem die "Informationen zur soziologischen Forschung in der DDR", die seit 1965 als Typoskriptdruck in kleiner Auflage von der Zentralstelle für soziologische Information und Dokumentation der Akademie für Gesellschaftswissenschaften beim ZK der SED herausgegeben wurden, sowie eine Reihe interner Arbeitspapiere, die nur einem begrenzten Personenkreis zugänglich und der westlichen Forschung überwiegend ganz verschlossen waren. Gelegentlich - insbesondere vor den Kongressen der ISA - wurden soziologische Beiträge in Sonderheften der "Deutschen Zeitschrift für Philosophie" publiziert - womit die nachrangige öffentliche Bedeutung der Soziologie erneut unterstrichen wurde.

Nachdem bereits seit 1964 soziologische Lehrveranstaltungen an den Hoch- und Fachschulen angeboten werden konnten, wurde 1967 Soziologie als Nebenfachstudium für Ökonomen und Philosophen eingeführt, doch besteht erst seit 1975 an den Universitäten in Berlin, Halle und Leipzig eine eigenständige Studienrichtung Soziologie, die mit der Qualifikation als "Diplom-Soziologe" abgeschlossen werden kann.

Bis zum Ende der sechziger Jahre wurden die institutionellen und personellen Kapazitäten - wenn auch in einem sehr begrenzten Rahmen - sukzessive ausgeweitet. Wichtige Forschungsschwerpunkte lagen zunächst neben der Jugendforschung insbesondere im Bereich der Industrie- und Arbeitssoziologie, der Agrarsoziologie sowie der Kultur- und Bildungssoziologie[11]. An der 1970 gegründeten Akademie der Pädagogischen Wissenschaften der DDR wurde eine Abteilung Soziologie des Bildungswesens (Leiter: Artur Meier) eingerichtet, die für die bildungssoziologische Forschung bis zur Mitte der achtziger Jahre wichtige Beiträge erbracht hat[12]. Untersuchungen über Arbeitszufriedenheit, Betriebsklima, Fluktuationsursachen signalisierten eine deutliche Orientierung auf Aspekte der Systemstabilisierung und Effektivitätssteigerung. Jugend- und kultursoziologische Forschungsprojekte waren auf die Ausprägung des sozialistischen Bewußtseins und gesellschaftliche Integration gerichtet - worin sich die politische Funktionalisierung soziologischer Forschung deutlich zeigte.

III

Die Soziologie-Kongresse in der DDR markieren wichtige Einschnitte ihrer Entwicklung. Der I. Kongreß zum Thema "Soziologie im Sozialismus" wurde 1969 durchgeführt und behandelte vor allem Probleme der Industrie- und Agrarsoziologie, der Kultur- und Bildungssoziologie sowie der Jugendforschung[13]. Eine Bestandsaufnahme der soziologischen Forschung in der DDR am Ende der sechziger Jahre vermittelte auch das "Wörterbuch der marxistisch-leninistischen Soziologie"[14]. Diese Veröffentlichung und andere Publikationen zeigten deutlich, daß in der Rezeption moderner sozialwissenschaftlicher Forschungsmethoden noch ein erheblicher Rückstand vorhanden war[15] und die meisten soziologischen Untersuchungen "oft Detailprobleme auf der Ebene einzelner Betriebe und ähnlicher begrenzter Bereiche zum Gegenstand hatten"[16].

Erst in den siebziger Jahren erfolgte eine Intensivierung und Qualifizierung der soziologischen Forschung, die sich allmählich westlichen Forschungsstandards anzunähern suchte. Freilich erhielt der westliche Beobachter nur begrenzte Einblicke, da die Durchführung soziologischer Untersuchungen und die Veröffentlichung ihrer Ergebnisse seit 1965 einer staatlichen Genehmigungspflicht unterlagen.

In der ersten Hälfte der siebziger Jahre rückte die Analyse der Sozialstruktur und des sozialen Wandels in der DDR in den Vordergrund, die insbesondere unter der Fragestellung einer Annäherung der Klassen und Schichten, der allmählichen Überwindung des Gegensatzes von körperlicher und geistiger Arbeit sowie von Stadt und Land thematisiert wurde. Daneben erhielt die Erforschung der Arbeits- und Lebensbedingungen der Werktätigen besonderes Gewicht, die in erster Linie im Hinblick auf ihre produktionsrelevanten Wirkungen betrachtet wurde.

Auf diese Forschungsschwerpunkte war auch der II. Kongreß der marxistisch-leninistischen Soziologie in der DDR konzentriert, der im Mai 1974 unter dem Thema "Der Beitrag der marxistisch-leninistischen Soziologie zur Leitung und Planung sozialer Prozesse bei der Gestaltung der entwickelten sozialistischen Gesellschaft" durchgeführt wurde[17]. Die vom Institut für marxistisch-leninistische Soziologie am Institut für Gesellschaftswissenschaften durchgeführte "Sozialstrukturuntersuchung 1973" stellte mit etwa 10.000 befragten Personen die erste umfassende Felduntersuchung der DDR-Soziologen dar; bezeichnenderweise wurden ihre Ergebnisse allerdings nur selektiv publiziert, ein Gesamtbericht durfte nicht vorgelegt werden[18].

Mit der Veröffentlichung eines Lehrbuchs "Grundlagen der marxistisch-leninistischen Soziologie" (1977) wurde der Versuch unternommen, das "wissenschaftliche Selbstverständnis der Soziologie in der DDR" zu profilieren[19]. Als "Instrument der Leitung und Planung gesellschaftlicher Prozesse" sollte die Soziologie die folgenden drei grundlegenden Anforderungen erfüllen:

1. Sie hat "wesentliche Seiten unserer gesellschaftlichen Entwicklung ... im Hinblick auf die Ermittlung des erreichten Niveaus zu untersuchen ... Eine solche Niveauanalyse erfordert gleichzeitig die Differenziertheit gesellschaftlicher Entwicklungsprozesse durch eine exakte Ermittlung der gruppenspezifischen Besonderheiten aufzudecken".

2. Sie hat "die Einflußfaktoren zu analysieren, die auf gesellschaftliche Erscheinungen und Prozesse einwirken", wobei die "Erforschung sozialer Grundprozesse" im Mittelpunkt steht. "Hierzu gehört die Entwicklung der Klassen und Schichten, die Herausbildung einer sozialistischen Le-

bensweise der Werktätigen und damit im Zusammenhang die Entwicklung sozialistischer Persönlichkeiten."

3. Sie hat "die Entwicklungstendenzen im gesellschaftlichen Leben aufzudecken, so daß eine Prognose künftiger sozialer Situationen möglich wird"[20].

IV

Mit der auf dem VIII. Parteitag der SED (1971) proklamierten "ökonomischen Hauptaufgabe", die den Zusammenhang von Wirtschaftswachstum und Erhöhung des materiellen und kulturellen Lebensniveaus der Bevölkerung postulierte, wurde ein neues Leitbild, die "Einheit von Wirtschafts- und Sozialpolitik" proklamiert, das die DDR-Soziologie vor neue Aufgaben stellte: Insofern die sozialistische Gesellschaft in Abwendung von Walter Ulbrichts Konzept der "sozialistischen Menschengemeinschaft" als ein komplexes und differenziertes Gebilde aufgefaßt wurde, das durch spezifische und gezielte Maßnahmen der Sozialpolitik wirksam mobilisiert werden sollte, erhielt die Sozialstrukturforschung wachsende Bedeutung. Gleichzeitig wurde es erforderlich, Forschungsstrategien zu entwickeln, die das "materielle und kulturelle Lebensniveau", die Lebensbedingungen unterschiedlicher sozialer Gruppen, im Rahmen einer "Niveauanalyse" konkret ermitteln sollten. Unter dem politischen Anspruch, die gesellschaftliche Entwicklung zu planen und zu leiten, mußten Kennziffern und Indikatoren definiert werden, die eine differenzierte Einflußnahme auf verschiedene soziale Schichten und Gruppen ermöglichen sollten.

Der grundlegende Zusammenhang zwischen soziologischer Forschung und solchen gesellschaftspolitischen Verwertungsinteressen wurde von den Soziologen zur Rechtfertigung ihrer Forschungsaktivitäten stark in den Vordergrund gestellt. In diesem Rahmen kam es auch zu einer Wiederbelebung der Sozialpolitikforschung.

Begriff und Konzept der Sozialpolitik galten in der DDR fast zwei Jahrzehnte lang lediglich als symptomatischer Bestandteil kapitalistischer Krisen- und Konfliktregulierung und wurden daher unter diesem pejorativen Vorzeichen strikt abgelehnt. Nachdem die SED 1946 "Sozialpolitische Richtlinien" verabschiedet hatte, wurde der Begriff sehr bald aus der politischen und wissenschaftlichen Diskussion eliminiert, obwohl verschiedene Versuche unternommen wurden, Sozialpolitik nicht nur als Korrektiv im Sinn einer Fürsorgepolitik aufzufassen, sondern als "Neugestaltung der sozialen Verhältnisse"[21] zu interpretieren und damit eine eigenständige Sozialpolitikforschung zu legitimieren.

Erst Mitte der sechziger Jahre konnte Helga Ulbricht eine erste wissenschaftliche Studie zur "sozialistischen Sozialpolitik" vorlegen[22], in der sie konstatierte, daß bis zum Ende der fünfziger Jahre "die Notwendigkeit oder auch die Existenz einer sozialistischen Sozialpolitik verneint (wurde), obwohl ihre praktische Handhabung seit Kriegsende das Gegenteil bewies"[23]. Während Sozialpolitik in dieser ersten "Phase der Verdrängung" ausschließlich als "Korrekturinstanz einer nichtrationalen Gesellschaftspolitik" perzipiert wurde[24], blieb sie in einer zweiten "Phase der Anpassung" (1957/58 bis 1964/67) auf die Gewährleistung sozialer Sicherheit eingegrenzt[25], als "möglichst weitgehender Schutz vor den vielfältigen Wechselfällen des Lebens"[26] definiert. Ein systematischer "Aufbau theoretischer und entsprechender institutioneller Grundlagen" der Sozialpolitikforschung läßt sich erst in einer dritten Phase seit Mitte der sechziger Jahre registrieren[27].

Die Entwicklung eines eigenständigen sozialpolitischen Konzepts in der DDR bedeutete "die Abkehr von dem Gedanken, mit dem Volkswirtschaftsplan ein einheitliches Instrument zur Entwicklung der Gesellschaft zu haben"[28], Sozialpolitik wurde nunmehr als aktives Element der Gesellschaftsgestaltung betrachtet. "Erst die Abgrenzung der marxistisch-leninistischen Sozialpolitik von der traditionellen Sozialpolitik, der Nachweis der Systemkonformität der sozialistischen Sozialpolitik und ihre Einbindung in die Gesamtpolitik, erlaubte, in der politischen und ideologischen Diskussion in der DDR die Sozialpolitik in den Vordergrund zu rücken und neben die Wirtschaftspolitik zu stellen"[29].

Die "Arbeitskräfteorientierung der Sozialpolitik"[30] bestimmte bis Mitte der siebziger Jahre die wissenschaftliche Diskussion in diesem neu etablierten Forschungsbereich, der bezeichnenderweise zunächst vornehmlich an der Gewerkschaftshochschule "Fritz Heckert" in Bernau institutionell verankert und systematisch bearbeitet wurde[31].

Nachdem die Partei- und Staatsführung die "Leitung und Planung sozialer Prozesse" als ein wichtiges Element ihrer Politik deklariert hatte, forcierte sie Ausbau und Qualifizierung der Sozialpolitikforschung. Anfang 1974 wurde ein Wissenschaftlicher Rat für Sozialpolitik und Demographie eingerichtet, vier Jahre später erfolgte die Gründung des Instituts für Soziologie und Sozialpolitik (Direktor: Gunnar Winkler) der Akademie der Wissenschaften der DDR.

Sozialpolitik wurde nun in einem umfassenden Sinn als "Gesamtheit der Maßnahmen, Zielsetzungen, Aktivitäten, Mittel und Methoden zur Durchsetzung einer angestrebten sozialen Entwicklung im Rahmen der Gesamtpolitik"[32] oder als "Gesamtheit der Maßnahmen und Mittel ... zur Hebung des materiellen und kulturellen Lebensniveaus"[33] verstanden, die "zur planmäßigen Befriedigung der differenzierten materiellen und geistigen Bedürfnisse der Menschen unterschiedlicher sozialer Gruppen"[34] dient.

Für die wissenschaftliche Diskussion wurde in wachsendem Maß die Entwicklung einer Theorie gesellschaftlicher Bedürfnisse bedeutsam, die sich für Planungszwecke systematisieren und als quantifizierbare Kennziffern operationalisieren lassen, damit - analog zur ökonomischen Effektivität - "soziale Effektivität" gemessen werden kann[35]. Eine solche Fragestellung kann umfassend auf einer gesicherten empirischen Grundlage nur im Rahmen einer Sozialberichterstattung beantwortet werden, die sowohl über adäquate Indikatorensysteme als auch über die entsprechenden sozialstatistischen Daten verfügt. Dadurch wird der Zusammenhang von Sozialpolitik und Sozialindikatorenforschung deutlich, deren Anfänge in der DDR Mitte der siebziger Jahre registriert werden können und im Zusammenhang mit der Neubestimmung der Sozialpolitik stehen.

Auf dem Hintergrund der Systemauseinandersetzung wurde "sozialistische Sozialpolitik" vom Kapitalismus dadurch prinzipiell abgegrenzt, daß sie nicht in erster Linie eine Korrektiv- und Kompensationsfunktion haben sollte, sondern in ein gesellschaftspolitisches Gesamtkonzept eingebunden wurde, das im Leitbild der "sozialistischen Lebensweise" zusammengefaßt war. Ursprünglich als ideologisches Legitimationsmuster verstanden, verstärkte sich seit Mitte der siebziger Jahre zunehmend die Tendenz, sozialistische Lebensweise als Einheit von materiellen, kulturellen und geistigen Lebensbedingungen sozialökonomisch und soziologisch zu konkretisieren. "Umfang und Qualität der Befriedigung der materiellen und geistig-kulturellen Bedürfnisse der Bevölkerung" wurden als "wichtiger Gradmesser der sozialistischen Lebensweise" angesehen[36].

Der Begriff "Lebensweise" war im Rückgriff auf die Klassiker des Marxismus-Leninismus[37] am Beginn der siebziger Jahre in der gesellschaftswissenschaftlichen Literatur etabliert worden und diente zunächst vor allem zur ideologischen Abgrenzung gegenüber dem westlichen Konzept der "Lebensqualität"[38]. Seit Mitte der siebziger Jahre wurde der sozialökonomische Aspekt der sozialistischen Lebensweise und damit auch der Zusammenhang mit Begriffen wie Lebensstandard und Lebensniveau deutlicher akzentuiert[39].

V

Der 3. Soziologie-Kongreß der DDR, der im März 1980 zum Thema "Sozialstruktur und Lebensweise bei der Gestaltung der entwickelten sozialistischen Gesellschaft" stattfand[40], ließ erkennen, daß zwei Forschungsschwerpunkte zunehmende Bedeutung erlangt hatten: Einerseits wurde die Forderung verstärkt, ein System sozialer Indikatoren zu entwickeln, das eine umfassende Analyse der Lebensbedingungen in der DDR-Gesellschaft ermöglichen sollte[41]. Andererseits war man bestrebt, "die Differenziertheit in der Entwicklung, in den Ausdrucksformen und in der Ausprägung der sozialistischen Lebensweise" zu analysieren, die sich "in wesentlichen Unterschieden in den Arbeits- und Lebensbedingungen, im Inhalt der Arbeit, in Unterschieden im Lebensniveau und nach wesentlichen Differenzierungen in der Qualifikation, in unterschiedlichen Interessen sowie auch in unterschiedlichen Denk- und Verhaltensweisen der Werktätigen der verschiedenen sozialen Gruppen" ausdrückt[42].

Am 21. Oktober 1980 wurde der neue (jeweils für fünf Jahre festgelegte) Zentrale Forschungsplan der marxistisch-leninistischen Gesellschaftswissenschaften 1981 - 1985 vom Politbüro der SED bestätigt. Dort wurde im grundsätzlichen Aufgabenkatalog festgestellt: "Neue Erkenntnisse werden zur Einheitlichkeit und Differenziertheit der sozialistischen Lebensweise erwartet. Besondere Aufmerksamkeit verdient die Entwicklung eines Systems sozialer Indikatoren für die Leitung und Planung sozialer Prozesse"[43]. Im einzelnen sollte sich die soziologische Forschung vor allem auf die Analyse der Sozialstruktur, "der Entwicklung der sozialen Beziehungen in und zwischen den Klassen und Schichten" konzentrieren und "zur weiteren Ausarbeitung wissenschaftlicher Grundlagen der Leitung und Planung sozialer Prozesse" beitragen[44]. Damit wurden Schwerpunkte der Forschung markiert, die auf die Bedeutung der Sozialindikatorenforschung als Instrument zur Wohlfahrtsmessung (Niveauanalyse), zur Dauerbeobachtung des sozialen Wandels und zur Planung der gesellschaftlichen Entwicklung ausdrücklich verweisen.

Eine konzentrierte Beschäftigung mit der Sozialindikatorenforschung läßt sich in der DDR-Soziologie erst seit 1978 nachweisen, nachdem das Institut für Soziologie und Sozialpolitik an der Akademie der Wissenschaften gegründet und dort ein entsprechender Forschungsschwerpunkt "Methodologie und Methodik der soziologischen Forschung" (Bereichsleiter: Horst Berger) eingerichtet worden war. Dieser Befund erscheint aus zwei Gründen überraschend: Einerseits gab es in der Sowjetunion, Ungarn und der CSSR schon vor der Mitte der siebziger Jahre erste Bemühungen, die Impulse der westlichen Sozialindikatorenforschung für die Planung und Leitung gesellschaftlicher Prozesse nutzbar zu machen; andererseits bestand auch in der DDR - wie oben dargestellt - ein politisches Interesse an der Entwicklung geeigneter Steuerungsinstrumente für eine effektive Gestaltung der Sozialpolitik.

Zwar hatte in der DDR bereits in der ersten Hälfte der siebziger Jahre eine wissenschaftliche Diskussion über die Entwicklung von Konzeptionen zur Verbindung zwischen ökonomischer und sozialer Planung eingesetzt, die nach geeigneten Instrumenten zur Steuerung gesellschaftlicher Prozesse suchte, doch wurde diese Debatte zunächst eindeutig von den Wirtschaftswissenschaftlern bestimmt. Ökonomen hatten schon in den sechziger Jahren die ersten Beiträge zu einer empirisch-quantitativ orientierten Lebensstandard- und Zeitbudgetforschung geleistet[45] und waren auch Wegbereiter einer Analyse der Arbeits- und Lebensbedingungen in der DDR-Gesellschaft.

Die Forschungsaktivitäten der Ökonomen waren durch die Absicht geleitet, das traditionelle System der Volkswirtschaftsplanung effizienter zu gestalten, eine Abstimmung zwischen den verschiedenen Bereichen der gesamtgesellschaftlichen Planung zu erreichen und Entwicklungsniveaus konkret zu messen. Diese Orientierung kam exemplarisch in dem Sammelband "Das materielle und kulturelle Lebensniveau des Volkes und seine volkswirtschaftliche Planung" (1975) zum Ausdruck: "Für die Planung der Volkswirtschaft ist ein konstanter Fluß von Informationen und Kennziffern erforderlich. Sie ermöglichen, den erreichten Stand und sich abzeichnende Entwicklungstendenzen festzustellen. sie sollen das Wesentliche einer bestimmten qualitativen Erscheinung quantitativ zum Ausdruck bringen und, bezogen auf ihre Verwendung, bei der Analyse und Planung die Möglichkeit bieten, Schlußfolgerungen für die weitere Entwicklung abzuleiten"[46].

Ein wichtiger Erkenntnisfortschritt war mit Forschungsansätzen verbunden, das ideologisch präformierte Leitbild der sozialistischen Lebensweise als sozialökonomische Planungskategorie zu operationalisieren, indem es mit einer Theorie der individuellen Bedürfnisse verknüpft wurde. Im Mittelpunkt der wirtschaftswissenschaftlichen Forschung stand die kennziffernmäßige Erfassung des Lebensniveaus, gegliedert nach Bedürfniskomplexen bzw. nach den Ebenen der Gesamtgesellschaft, einzelner Klassen und Schichten sowie unterschiedlicher sozialer Gruppen[47]. Als "Bedürfniskomplex" wurde dabei "die Zusammenfassung vieler Einzelbedürfnisse bezeichnet, die sich auf gleiche Grundfunktionen beziehen"[48]. Zu den Bedürfniskomplexen wurden gezählt: Arbeitsbedingungen - Ernährung - Kleidung - Wohnung - Gesundheit - Bildung - Kultur - Kommunikation[49]. Für die langfristige Planung sollten die Bedürfniskomplexe so operationalisiert werden, "daß konkrete Ziele abgeleitet werden können, die sich in einzelnen Planteilen niederschlagen und insgesamt bilanziert werden"[50].

Bereits in der Mitte der siebziger Jahre war die Volkswirtschaftsplanung im Hinblick auf die quantitative Bestimmung der materiellen Lebensbedingungen stark ausdifferenziert: "So wurde festgestellt, daß in der DDR die Planung und Statistik mit 121 Hauptkennziffern des Lebensniveaus arbeiten, von denen allerdings die meisten eine mehr oder minder große Zahl einzelner Kennziffern zusammenfassen. So gliedern sich beispielsweise die Hauptkennziffern Nahrungsmittelverbrauch in 34, Anschaffung industrieller Konsumgüter in 28, Krippen in 5, Tarife und Gebühren in 7 und Arbeiterversorgung in 27 einzelne Kennziffern. Hinzu kommt eine Reihe weiterer Kennziffern für spezielle Zwecke, so daß für eine detaillierte Untersuchung des Lebensniveaus mehr als 1000 Kennziffern benötigt werden"[51].

In solchen Feststellungen zeigte sich eine Art von Planungsperfektionismus, die auf dem Hintergrund rückständiger Standards der Datengewinnung und Datenverarbeitung geradezu illusionär anmutet. Gleichzeitig läßt die Auswahl der Bedürfniskomplexe eine Tendenz zum ökonomischen Reduktionismus im Hinblick auf die Bestimmung der gesellschaftlichen Wohlfahrtsfunktionen erkennen, die sicher auch aus dem ökonomischen Entstehungs- und Verwertungszusammenhang dieser Forschungsansätze erklärbar ist.

Die Konstruktion von Systemen sozialer Indikatoren wurde in der DDR-Soziologie seit 1978 als Forschungsproblem im Institut für Soziologie und Sozialpolitik bearbeitet, die ersten Forschungsergebnisse wurden 1980 publiziert[52]. Im allgemeinen wurden drei Gründe für die Etablierung einer eigenen Sozialindikatorenforschung genannt: das politische Verwertungsinteresse (Planungsrelevanz); das soziologische Erkenntnisinteresse (Forschungsrelevanz); das komparative Interesse (internationale Vergleichsstudien)[53]. Horst Berger und Herbert F. Wolf haben daneben auch den Aspekt der Selbstaufklärung der Gesellschaft betont: "Schließlich erfordert die sozialistische Demokratie exakte Information über den erreichten Entwicklungsstand und die künftigen Entwicklungstendenzen ... In diesem Sinne sind soziale Analysen und Prognosen, wie sie durch Sozialindikatoren ausgedrückt werden, in der Darstellung der Problemhaltigkeit und Kompliziertheit unserer Entwicklungsprozesse zugleich ein mobilisierendes Element"[54].

Im Hinblick auf den Ursprung der Sozialindikatorenbewegung in den westlichen Industrieländern[55] waren die DDR-Soziologen aus verständlichen politischen Gründen bemüht, die eigenen Forschungsansätze gegenüber dem westlichen Entstehungshintergrund abzugrenzen und ihren sozialismusspezifischen Schwerpunkt zu unterstreichen, indem sie auf die Planungsrelevanz sozialer Indikatoren für die Gestaltung einer sozialistischen Sozialpolitik und gleichzeitig auf den Zusammenhang mit dem Konzept der sozialistischen Lebensweise verwiesen. Die prinzipielle Differenz zwischen der westlichen und der sozialistischen Sozialindikatorenforschung wurde vor allem auf der theoretischen Ebene markiert. Gegen die westliche Sozialindikatorenforschung wurde der Positivismusvorwurf geltend gemacht, der sie konzeptionell grundsätzlich von der gesellschaftstheoretischen Fundierung der marxistisch-leninistischen Soziologie unterscheide[56]. Unbeschadet von dieser gesellschaftswissenschaftlich motivierten (deutlich ideologisch eingefärbten) Kritik an der westlichen Sozialindikatorenbewegung eigneten sich die DDR-Soziologen das begriffliche und methodische Instrumentarium der westlichen Sozialindikatorenforschung aber weitgehend an. So definierte Artur Meier - im Anschluß an Erik Allardt - Sozialindikatoren als "Kennziffern einer auf die Deskription und normative Analyse gesellschaftlicher Zustände angelegten Sozialwissenschaft im Dienste einer bestimmten Sozialpolitik, ein statistisches Instrument zur Diagnose und Planung gesellschaftlicher Prozesse und Lebensbereiche"[57]. Die grundlegende Unterscheidung zwischen objektiven Sozialindikatoren (die Lebensbedingungen quantitativ erfassen) und subjektiven Sozialindikatoren (die Lebenszufriedenheit in unterschiedlichen Lebensbereichen messen) wurde von DDR-Soziologen ebenfalls übernommen[58].

Indem die konzeptionelle Differenz bei der Konstruktion von Sozialindikatorensystemen auf eine prinzipielle gesellschaftstheoretische Differenz zurückgeführt wurde, ergab sich zugleich die Möglichkeit, den Sozialindikatorenansatz für den Vergleich unterschiedlicher Gesellschaftssysteme weitgehend in Frage zu stellen. Statt dessen wurde gefordert, "die qualitativen Merkmale der sozialistischen Lebensweise quantitativ so zu erfassen, daß sie in ihrer Gesamtheit die Überlegenheit der sozialistischen Gesellschaftsordnung nachweisen. Der Vergleich einzelner Indikatoren oder Kennziffern unterschiedlicher sozialökonomischer Qualität dürfte nur in Ausnahmefällen sinnvoll sein; verglichen werden kann nur das System in seiner Gesamtheit, da es in der Totalität die historisch neue Qualität der sozialistischen Lebensweise und damit der sozialistischen Gesellschaftsordnung widerspiegelt ... Darüber hinaus ist es zweifelsohne schwierig, die qualitativ bestimmten Merkmale der sozialistischen Lebensweise quantitativ mittels der 'Sozialindikatoren' zu erfassen"[59].

Der Rückstand einer empirischen Sozialindikatorenforschung in der DDR ist auf dem 3. Soziologie-Kongreß der DDR ausdrücklich konstatiert worden: "Soziale Indikatoren sind ein wichtiges Instrumentarium für die soziologische Erforschung von Sozialstruktur und Lebensweise der sozialistischen Gesellschaft. Die Hauptfunktion von Indikatorensystemen besteht darin, wesentliche Entwicklungsprozesse der Sozialstruktur und Lebensweise kennziffernmäßig widerzuspiegeln. Um die Zielstellungen, Prinzipien und Aufgaben sozialistischer Sozialpolitik in den verschiedenen Bereichen der Gesellschaft begründen, analysieren, planen, leiten, kontrollieren und realisieren zu können, bedarf es der Ausarbeitung von Systemen sozialer Indikatoren für verschiedene Bereiche der Gesellschaft"[60]. Der politische Auftrag an die DDR-Soziologen, eine eigene sozialismusspezifische Sozialindikatorenforschung zu begründen, setzte sie einem prekären Erkenntnisdilemma aus: die systempolitische Vorgabe, Konzeptionen einer vergleichenden Wohlfahrtsmessung aus ideologischen Gründen zurückzuweisen, hatte zur Folge, daß damit zugleich die Übernahme der erprobten westlichen Indikatorentableaus für die eigene Sozialberichterstattung ausgeschlossen wurde. So erklärt sich, daß die DDR-Soziologie zwar die Terminologie der westlichen Sozialindikatorenforschung benutzte, im Hinblick auf die Konstruktion von Indikatorensystemen aber einen eigenen Weg beschreiten mußte.

Eine erste systematische Einführung in die Sozialindikatorenforschung der DDR haben Horst Berger und Eckhard Priller 1982 vorgelegt und dabei gleichzeitig die wichtigsten Forschungsaufgaben umrissen: "Unseres Erachtens muß sich die Indikatorenforschung auf zwei zusammengehörende

Hauptgebiete konzentrieren. Erstens gilt es, für wichtige Objektbereiche der soziologischen Forschung Standardindikatoren bzw. theoretisch bestimmte und empirisch geprüfte Indikatorenbatterien zu entwickeln, damit die Vergleichbarkeit und Effektivität soziologischer Untersuchungen gewährleistet und erhöht werden kann. Zweitens gilt es, Systeme sozialer Indikatoren zu erarbeiten, die als wichtiges Mittel für eine wissenschaftlich begründete und effektive Informationsbasis zur Erhöhung des Niveaus der Leitung und Planung der komplexen sozialökonomischen Entwicklung unserer sozialistischen Gesellschaft beitragen"[61].

VI

Während die Phase der Konzeptualisierung der Sozialindikatorenforschung in der DDR noch einigermaßen transparent blieb, vollzog sich ihre Operationalisierung unter weitgehender Geheimhaltung. Bis 1984 wurde am Institut für Soziologie und Sozialpolitik der Akademie der Wissenschaften ein "System sozialer Indikatoren zur Analyse, Leitung und Planung der sozialistischen Lebensweise" ausgearbeitet[62], das als Grundlage für die Entwicklung einer Sozialberichterstattung in der DDR dienen sollte, die seit 1985 in Ansätzen versucht worden ist, obwohl sich erhebliche Probleme bei der Datenbeschaffung zeigten. Bis 1989 wurden schließlich vier Berichte zur sozialen Lage in der DDR verfaßt: "Damit wurde von Anbeginn das Ziel verfolgt, auf Tendenzen in der Entwicklung der sozialen Lage, auf vorhandene Diskrepanzen in den Lebensbedingungen verschiedener sozialer Gruppen und territorialer Einheiten aufmerksam zu machen. Vor allem in den Berichten 1988 und 1989 wurde auf zunehmende Widersprüche in der sozialen Entwicklung verwiesen. Hoher Vertraulichkeitsgrad und eine Begrenzung der angefertigten Stückzahlen auf höchstens zehn Exemplare/Jahr, die der damaligen Partei- und Staatsführung übergeben wurden, verhinderten die erforderliche Öffentlichkeit. Es wird für die historische Aufarbeitung dieser Zeit auch von Interesse sein, in welchem Maße sich Wissenschaftler der Analyse realer Prozesse stellten, ohne die Unterordnung der Wissenschaft unter politische Interessen einzelner Spitzenfunktionäre überwinden zu können"[63].

Der Sachverhalt, der erst nach dem politischen Umbruch im November 1989 bekannt geworden ist, dokumentiert auf signifikante Weise das Dilemma der DDR-Soziologie in den achtziger Jahren. Schon am Ende der siebziger Jahre war die soziologische Forschung in der DDR wachsendem politischem Argwohn ausgesetzt, weil sie Ergebnisse zutage gefördert hatte, die im deutlichen Kontrast zur ideologischen Erfolgspropaganda standen. Das Institut für Meinungsforschung beim ZK der SED wurde 1978 nach einer persönlichen Entscheidung Erich Honeckers, der offenbar kontroverse Debatten im Politbüro vorausgegangen waren, geschlossen. Als Begründung nannte Honecker gegenüber der Institutsdirektorin Helene Berg u. a., "die Spionagetätigkeit des Klassengegners nehme ständig zu und es müsse alles getan werden, daß ihm keine Daten in die Hände fallen"[64]. Die Begründung läßt den Schluß zu, daß die Ergebnisse der Umfrageforschung für die Politik der SED ungünstiger ausgefallen waren, als der Generalsekretär erwartet hatte. Warum sonst hätte er fürchten müssen, daß der Klassengegner daraus Kapital schlagen könnte? So wurde in einem Akt der Realitätsverdrängung der Überbringer schlechter Nachrichten als ihr Urheber diskreditiert und man befreite sich von den irritierenden Resultaten seiner Aktivität durch einfache Institutsauflösung.

Auch das Zentralinstitut für Jugendforschung geriet wiederholt unter Existenzdruck, weil es mit seinen Untersuchungen die Grenzen sozialistischer Bewußtseinsbildung in der jungen Generation markiert und damit auch auf neue Konflikte und Widersprüche in der DDR-Gesellschaft verwiesen hatte[65]. In dem Maße, wie sich die Soziologie um gesellschaftliche Aufklärung bemühte, wurde sie mit administrativen Mitteln verschärft diszipliniert und auf eine instrumentelle sozialtechnologische Hilfsfunktion beschränkt. Zahlreiche renommierte Soziologen wie Heinz Kallabis, Hansgünter Meyer oder Peter Voigt wurden Opfer massiver Disziplinierungsmaßnahmen[66], die Genehmigungspraxis für empirische Untersuchungen und Buchveröffentlichungen wurde unkalkulierbar restriktiv gehandhabt[67], so daß erhebliche Teile der relevanten soziologischen Forschung in eine Grauzone[68] abgedrängt wurden, die ihre Außenwahrnehmung weitgehend verhinderte.

Spektakuläre neue Akzentsetzungen in der soziologischen Forschung der DDR wurden zuletzt in der ersten Hälfte der achtziger Jahre erkennbar, als Manfred Lötsch die These vertrat, in der DDR sei die Periode sozialen Wandels weitgehend abgeschlossen. Die Entwicklung der Gesellschaft zur "sozialen Stabilität"[69] wird dabei vorwiegend durch ökonomische Faktoren erklärt: "Während extensives Wirtschaftswachstum durch tiefgreifende Veränderungen in den zahlenmäßigen Proportionen der Klassen und Schichten gekennzeichnet ist, beruht intensives Wachstum auf einer Stabilisierung der herausgebildeten zahlenmäßigen Proportionen der Klassen- und Schichtstruktur"[70]. Lötsch wies nach, daß die weitreichenden Prozesse sozialer Mobilität in den fünfziger und sechziger Jahren durch eine zunehmende Tendenz zur Reproduktion der Sozialstruktur abgelöst worden sind, wobei seit Beginn der siebziger Jahre die Selbstrekrutierung von Eliten zugenommen hat[71].

Dieser soziologische Befund ließ sich vordergründig mit dem Gleichheitsprinzip sozialistischer Gesellschaftspolitik nur schwer vereinbaren. Seine politische Sanktionierung ergab sich vornehmlich aus der ökonomischen Interessenlage der SED. Lötsch unterstrich die Notwendigkeit, das Verhältnis von Gleichheitszielen und Effektivitätszielen in der Politik neu zu bestimmen, die traditionelle Vorstellung "sozialer Homogenität" durch ein Konzept zu ersetzen, das die "ökonomisch effektive Funktion sozialer Unterschiede" im Sinne einer verstärkten Anwendung des Leistungsprinzips anerkennt[72].

Während die Debatte über das Verhältnis von Gleichheit und Differenzierung im Sozialismus zunächst kontrovers verlief, war die von Lötsch verfochtene Position in der Mitte der achtziger Jahre zur herrschenden Auffassung der Soziologen geworden. Ihre politische Brisanz wurde durch ihre ökonomische Plausibilität in den Hintergrund gerückt. Freilich zogen die Herrschenden daraus keine gesellschaftspolitischen Konsequenzen. Die Gerontokratie des Politbüros ließ alles beim alten: Die Soziologen wurden nicht zur gesellschaftlichen Innovation in Anspruch genommen, sondern blieben auf die Rolle von Sozialtechnologen beschränkt.

Diese fragwürdige Situation wurde auf dem 4. Kongreß der marxistisch-leninistischen Soziologie, der vom 26. bis 28. März 1985 unter dem Thema "Soziale Triebkräfte des ökonomischen Wachstums" unter Teilnahme von etwa 350 Soziologen stattfand, besonders deutlich. Realitätsblinde Systemapologetik mußte zur Legitimation einer Wissenschaft herhalten, deren kritische Erkenntnisfunktion durch ihre politische Instrumentalisierung überlagert (teilweise erstickt) wurde, wie aus dem Vorwort zur Kongreßdokumentation deutlich hervorgeht: "Angesichts der Krise in entwickelten kapitalistischen Industrieländern und im Gegensatz zu Konzeptionen insbesondere konservativer bürgerlicher Sozialwissenschaftler zur Rechtfertigung von Sozialabbau und zur kapitalistischen Rationalisierung mit ihren sozialen Folgen wie Massenarbeitslosigkeit und Angriffen auf soziale Errungenschaften der Werktätigen bot sich auf dem Kongreß eine völlig andere, eine wahrhaft humanistische und optimistische Perspektive"[73].

Wenn man genauer hinsieht, wird jedoch deutlich, daß hinter dieser glattpolierten Fassade erhebliche Interessenkonflikte zwischen Politik, Ideologie und soziologischer Forschung verborgen waren, die Rudi Weidig in seinem Hauptreferat zumindest vorsichtig apostrophierte. Dabei wurde - wenn auch durch beflissene Rhetorik überdeckt - das zunehmende Dilemma realsozialistischer Machtausübung in der DDR angedeutet: der wachsende Widerspruch zwischen der realen Politik und ihrer gesellschaftlichen Akzeptanz, die sich in den konkreten Interessen und Bedürfnissen der Menschen manifestiert. Wenn soziologische Untersuchungen - wie von Weidig betont - "eine allgemeine Tendenz: nämlich die wachsenden qualitativen Ansprüche an alle Lebensbereiche" zeigen[74], dann wirft das zwangsläufig Fragen nach der Wohlfahrtkompetenz, nach der Qualität der "Gesellschaftsstrategie der SED", auf - auch wenn diese nicht explizit gestellt werden.

Andeutungsweise wurden sogar Mängel im System der sozialistischen Demokratie eingestanden: "So zeigten unsere Forschungen, daß bei einer zunehmenden Zahl von Werktätigen, besonders bei jüngeren Menschen, das Bedürfnis stark ausgeprägt ist, ... sich als Subjekt betätigen und bestätigen zu können, an Entscheidungen, die eigene Lebensinteressen und Leistungen betreffen, mitzuwirken, aktiv eigene Interessen und Meinungen geltend zu machen ..."[75]. Während Weidig diesen Partizipationsanspruch vorwiegend auf die Sphäre der Produktion bezog, haben jugendsoziologische Untersuchungen sehr deutlich das Ausmaß an Entfremdung zwischen politischer Führung und Gesellschaft, die Folgenlosigkeit sozialistischer Erziehung und Bewußtseinsbildung, die Zunahme eines Legitimationsdefizits aufgewiesen[76].

VII

Es kennzeichnet den Charakter der Politik ebenso wie den Zustand der Soziologie, daß solche kritischen Befunde vor der Wende im Spätherbst 1989 der Öffentlichkeit unzugänglich blieben. Es kann daher nicht geleugnet werden: Soziologische Forschung in der DDR war während ihrer 25jährigen institutionalisierten Existenz in der DDR[77] in erheblichen Teilen "Parteiarbeit", disponibles "Herrschaftswissen"[78], als kritische Sozialwissenschaft weitgehend suspendiert. Einzelne DDR-Soziologen haben diese bittere Erkenntnis auf dem 5. Soziologie-Kongreß, der vom 6. bis 8. Februar 1990 unter dem neugewählten Thema "Soziologie im Prozeß der Erneuerung" durchgeführt wurde[79], ausgesprochen und selbstkritisch Bilanz gezogen:

Fixiert auf die Gesellschaftstheorie der Herrschenden habe sich die Soziologie als unfähig erwiesen, die "entstandenen Widersprüche im grundlegenden Bedingungs- und Strukturzusammenhang der Gesellschaft" und die Zuspitzung der Krise des politischen Systems zu erkennen, "und so mußte sich die Soziologie als Wirklichkeitswissenschaft schließlich vor der gesellschaftlichen Praxis blamieren"[80].

Unter den angestrebten Bedingungen herrschaftsfreier pluralistischer Forschung steht die Soziologie in der DDR vor neuen Aufgaben, die sie nur lösen kann, wenn sie sich von den Hypotheken der Vergangenheit befreit. Zu einer Bilanz gehört, daß man Mängel und Versagen markiert, zugleich aber auch nach der bleibenden Substanz einer Forschung fragt, die zumindest in Teilen dem Ziel gesellschaftlicher Aufklärung verpflichtet blieb[81]. Die Qualität von Forschungsergebnissen kann nicht durch politische Gütesiegel festgestellt werden, sie muß sich im wissenschaftlichen Diskurs erweisen. Dazu möchte der vorliegende Sammelband, der Beiträge von Soziologen aus der Bundesrepublik Deutschland und der DDR vereinigt und Analysen präsentiert, die vor und nach dem Umbruch 1989 verfaßt worden sind, einen Beitrag leisten.

1 Zur Geschichte der Soziologie vgl. vor allem Emil Schmickl: Soziologie in der DDR als Ergebnis sozialen Wandels und politischer Programmatik. Analysen und Berichte aus Gesellschaft und Wissenschaft 1/75, Erlangen 1975; ders.: Soziologie, in: Hans Lades/Clemens Burrichter (Hrsg.): Produktivkraft Wissenschaft. Sozialistische Sozialwissenschaften in der DDR, Hamburg 1970, S. 137 ff. Hellmuth G. Bütow: Zur Entwicklung der Soziologie und Sozialpsychologie in der DDR, in: Rüdiger Thomas (Red.): Wissenschaft und Gesellschaft in der DDR, München 1971, S. 166 ff.

2 Vgl. dazu Helmut Steiner. Zur Soziologie des Neubeginns nach 1945 in der Sowjetischen Besatzungszone Deutschlands, in: Christoph Cobet (Hrsg.): Einführung in Fragen an die Soziologie in Deutschland nach Hitler 1945 - 1950, Frankfurt a. M. 1988, S. 76 ff.

3 Vgl. etwa H. Thurnwald: Gegenwartsprobleme Berliner Familien. Eine soziologische Untersuchung an 498 Familien, Berlin 1948; G. Eisermann (Hrsg.): Gegenwartsprobleme der Soziologie. Alfred Vierkandt zum 80. Geburtstag, Potsdam 1949.

4 Siehe dazu Joachim Streisand: Kritisches zur deutschen Soziologie. Ein Beitrag zur Überwindung des Objektivismus. Diss., Humboldt-Universität, Berlin 1952.

5 Bezeichnenderweise wurde seine Studie unter dem Titel "Sociologičeskie zakony" zuerst in der sowjetischen Zeitschrift Voprosy filosofii 5/1957, S. 95 ff. publiziert. Nachdruck in Jürgen Kuczynski: Studien zu einer Geschichte der Gesellschaftswissenschaften. Bd. 10, Berlin 1978, S. 224 ff. Vgl. auch: Merkwürdiges Schicksal und ungelöste Grundfragen einer Wissenschaft, ebd., S. 157 ff.

6 Vgl. dazu Hellmuth G. Bütow: Soziologie und empirische Sozialforschung I und II. Hochschulinformationen 5/1966 u. 1/1967.

7 Peter Christian Ludz: Soziologie und empirische Sozialforschung in der DDR, in: ders. (Hrsg.): Studien und Materialien zur Soziologie der DDR (Kölner Zeitschrift für Soziologie und Sozialpsychologie, Sonderheft 8), Köln/Opladen 1964, S. 327 ff.

8 Programm der Sozialistischen Einheitspartei Deutschlands, Berlin 1963, S. 102.

9 Kurt Hager: Probleme und Aufgaben der Gesellschaftswissenschaften nach dem 5. Plenum des ZK, in: Einheit 4/1964, S. 60.

10 Soziologie und Praxis, Berlin 1965, S. 11.

11 Einen guten Überblick bietet Peter Christian Ludz (Hrsg.): Soziologie und Marxismus in der Deutschen Demokratischen Republik. 2 Bde., Neuwied 1972, der repräsentative Beiträge von DDR-Soziologen für diesen Zeitraum zusammengestellt hat. Vgl. hierzu auch Dieter Voigt: Soziologie in der DDR, Köln 1975.

12 Vgl. insbesondere Artur Meier: Soziologie des Bildungswesens, Berlin 1974.

13 Vgl. dazu: Soziologie im Sozialismus, Berlin 1970.

14 Wörterbuch der marxistisch-leninistischen Soziologie, Berlin 1969. Eine wesentlich erweiterte und überarbeitete 2. Auflage erschien 1977.

15 Vgl. dazu als Beispiel: Einführung in die soziologische Forschung. Hrsg. von Horst Jetzschmann, Heinz Kallabis, Robert Schulz und Horst Taubert, Berlin 1966.

16 Wörterbuch der marxistisch-leninistischen Soziologie, Berlin 1977, S. 609.

17 Die Ergebnisse des Kongresses sind in 3 Bänden dokumentiert: Soziologische Probleme der Klassenentwicklung in der DDR; Lebensweise - Kultur - Persönlichkeit; Aktivität - Schöpfertum - Leitung und Planung, jeweils Berlin 1975.

18 Zum Konzept vgl. Zur Sozialstruktur der sozialistischen Gesellschaft, Berlin 1974. - Weiterführende Informationen bei Horst Laatz: Klassenstruktur und soziales Verhalten. Zur Entstehung der empirischen Sozialstrukturforschung in der DDR, Köln 1990; vgl. auch ders., Soziologische Forschung und Gesellschaft in der DDR, in: Aus Politik und Zeitgeschichte, B. 16 - 17/84, S. 18 ff. (Der Autor war an der Sozialstrukturuntersuchung 1973 maßgeblich beteiligt.)

19 Georg Aßmann/Rudhard Stollberg (Hrsg.): Grundlagen der marxistisch-leninistischen Soziologie, Berlin 1977, S. 6.

20 Ebd., S. 26 f.

21 Thalmann 1948. Zit. bei Werner Ruß: Die Sozialversicherung in der DDR, Frankfurt/M., 1982, S. 8.

22 Helga Ulbricht: Aufgaben der sozialistischen Sozialpolitik bei der Gestaltung der sozialen Sicherheit in der DDR. Habilitationsschrift, Leipzig 1965. Die Autorin konstatiert in der Einleitung, daß es "keine geschlossene Darstellung über die sozialistische Sozialpolitik in der DDR, weder über ihre Zielsetzung noch ihre Aufgaben" gibt, noch nicht einmal eine "geschlossene Übersicht darüber, auf welchen Gebieten, mit welcher konkreten Zielsetzung und mit welcher Intensität Sozialpolitik betrieben wird" (S. VIII).

23 Ebd., S. 62.

24 Wolf-Rainer Leenen: Zur Frage der Wachstumsorientierung der marxistisch-leninistischen Sozialpolitik in der DDR, Berlin 1977, S. 20 f.

25 Ebd., S. 22 f.

26 Günter Thude: Soziale Sicherheit, Berlin 1965, S. 14.

27 Leenen: Sozialpolitik (Anm. 24), S. 24.

28 Ruß: Sozialversicherung (Anm. 21). S. 16.

29 Ebd., S. 19.

30 Leenen: Sozialpolitik (Anm. 24), S. 75.

31 Vgl. zu dieser Periode insbesondere: Sozialpolitik, Betrieb, Gewerkschaften, Berlin 1972.

32 Kulturpolitisches Wörterbuch, Berlin 1978, S. 633.

33 Wörterbuch der Soziologie (Anm. 16), S. 583.

34 Wörterbuch zur sozialistischen Jugendpolitik, Berlin 1975, S. 265.

35 "Der gesellschaftliche Effekt sozialpolitischer Maßnahmen wird gemessen an der vorrangigen Befriedigung von Bedürfnissen, die objektiven gesellschaftlichen Erfordernissen entsprechen und von der Mehrheit der Bevölkerung als vordringlich angesehen werden". (Ebd.) Zum Begriff der "sozialen Effektivität" vor allem Otto Reinhold: Ökonomische und soziale Effektivität, in: Hauptwege zur Steigerung der Arbeitsproduktivität für die weitere Erhöhung des materiellen und kulturellen Lebensniveaus des Volkes. Abhandlungen der Akademie der Wissenschaften der DDR. Jg. 1978 - Nr. W 8, Berlin 1979, S. 79 ff.

36 Wörterbuch der Soziologie (Anm. 16), S. 390.

37 "Diese Weise der Produktion ... ist vielmehr schon eine bestimmte Art ... ihr Leben zu äußern, eine bestimmte Lebensweise derselben. Wie die Individuen ihr Leben äußern, so sind sie. Was sie sind, fällt also zusammen mit ihrer Produktion, sowohl damit, was sie produzieren, als auch damit, wie sie produzieren. Was die Individuen also sind, das hängt ab von den materiellen Bedingungen ihrer Produktion." (Karl Marx/Friedrich Engels: Werke, Bd. 3, Berlin 1958, S. 21.)

38 Vgl. dazu Hans Dietrich Engelhardt u. a.: Lebensqualität - Zur inhaltlichen Bestimmung einer aktuellen politischen Forderung, Wuppertal 1973; Landeszentrale für politische Bildung Nordrhein-Westfalen (Hrsg.): "Lebensqualität?" Von der Hoffnung, Mensch zu sein, Köln 1974.

39 Vgl. dazu zusammenfassend Michael Langhof: Sozialistische Lebensweise - ideologischer Kampfbegriff oder sozialökonomische Planungskategorie, in: Die DDR im Entspannungsprozeß. Lebensweise im realen Sozialismus. Dreizehnte Tagung zum Stand der DDR-Forschung in der Bundesrepublik Deutschland, 27. bis 30. Mai 1980. Edition Deutschland Archiv, Köln 1980, S. 18 ff. Aus der Fülle von Veröffentlichungen in der DDR sei auf folgende resümierende Studien verwiesen: Probleme der sozialistischen Lebensweise. Abhandlungen der Akademie der Wissenschaften der DDR, Jg. 1977 - W 5, Berlin 1977 sowie Günter Manz: Aspekte der Bestimmung und der planmäßigen Gestaltung der sozialistischen Lebensweise, in: Wirtschaftswissenschaft 8/1981, S. 936 ff.

40 Vgl. den Kongreßband: Lebensweise und Sozialstruktur, Berlin 1981 sowie: Bericht über den 3. Kongreß der marxistisch-leninistischen Soziologie in der DDR, in: Deutsche Zeitschrift für Philosophie 8/1980, S. 978 ff.

41 Siehe dazu Michael Häder: Indikatoren zur soziologischen Analyse von Sozialstruktur und Lebensweise, in: Lebensweise und Sozialstruktur (Anm. 40), S. 304 ff.

42 Autorenkollektiv unter Leitung von Gunnar Winkler: Ökonomische und soziale Probleme der weiteren Ausprägung der sozialistischen Lebensweise. Thesen, in: Probleme der Lebensweise (Anm. 39), S. 15.

43 Zentraler Forschungsplan der marxistisch-leninistischen Gesellschaftswissenschaften 1981 bis 1985, in: Einheit 12/1980, S. 1216.

44 Ebd., S. 1217.

45 In der DDR wurde 1963 der "Arbeitskreis Lebensstandard" des "Beirats für ökonomische Forschung" gegründet. Vgl. dazu ausführlich: Autorenkollektiv unter Leitung von Günter Manz: Beiträge zur Lebensstandardforschung, Berlin 1967; insbesondere Gerhard Lippold: Zur Systematisierung der Kennziffern des Lebensstandards, ebd., S. 32 ff. - Zur Zeitbudgetforschung: Autorenkollektiv unter Leitung von Gerhard Lippold: Das Zeitbudget der Bevölkerung, Berlin 1971.

46 Das materielle und kulturelle Lebensniveau des Volkes und seine volkswirtschaftliche Planung, Berlin 1975, S. 72.

47 Ebd., S. 41

48 Heinz-Dieter Haustein/Günter Manz: Bedürfnisse - Bedarf - Planung, Berlin 1976, S. 89.

49 Vgl. Lebensniveau (Anm. 46), S. 100.

50 Haustein/Manz: Bedürfnisse (Anm. 48), S. 86.

51 Lebensniveau (Anm. 46), S. 44. - Die Planungsordnung der DDR enthielt eine große Anzahl von Kennziffern zur Planung des materiellen und kulturellen Lebensniveaus der Bevölkerung, die jedoch nicht auf einzelne Verantwortungsbereiche aufgeschlüsselt waren, sondern als quantitative Zielgrößen fungierten. Vgl. Anordnung über die Ordnung der Planung der Volkswirtschaft 1976 bis 1980 (GBl. 1974, Sonderdruck Nr. 775 a/b) bzw. 1981 bis 1985 (GBl. 1980, Sonderdruck Nr. 1020). Vgl. auch Lexikon der Wirtschaft. Volkswirtschaftsplanung, Berlin 1980, S. 440 f.

52 Vgl. dazu im einzelnen Rüdiger Thomas: Sozialindikatoren als Evaluationskriterien für systemvergleichende Analysen (untersucht am Beispiel der beiden deutschen Staaten), Forschungsbericht Köln/Bonn 1982 (vervielf. Typoskript), S. 57 ff. Die wichtigsten Beiträge dieser frühen Implementierungsphase waren Artur Meier: Sozialindikatorenbewegung und bürgerliche Alltagssoziologie, in: Deutsche Zeitschrift für Philosophie 1/1980, S. 71 ff.; Horst Berger/Herbert F. Wolf: Indikatoren für die soziologische Analyse von Sozialstruktur und Lebensweise, ebd., S. 95 ff.; Horst Berger/Werner Klimek: Zum Begriff und zur Rolle von Indikatoren in der soziologischen Forschung, in: Jahrbuch für Soziologie und Sozialpolitik 1980, Berlin 1980, S. 146 ff.; Horst Berger/Werner Klimek/Eckhard Priller: Vergleichende Studie über soziale Indikatoren, in: Protokolle und Informationen des Rates für Sozialpolitik und Demographie 1/1980; Ursula Kaftan: Methoden zur Unterscheidung subjektiver und objektiver Indikatoren, in: Informationen zur soziologischen Forschung in der DDR 5/1980, S. 39 ff.; Kurt Mühler: Bemerkungen zur komplexen Beschreibung und Prognose sozialer Prozesse mittels Sozialindikatoren, in: Informationen zur soziologischen Forschung in der DDR 4/1982, S. 3 ff.

53 So etwa: Gunnar Winker: Zur höheren Qualität der Verbindung von Soziologie und Sozialpolitik, in: Jahrbuch für Soziologie und Sozialpolitik, Berlin 1980, S. 32. Vgl. auch ähnlich Berger/Klimek: Indikatoren (Anm. 52), S. 155.

54 Berger/Wolf: Indikatoren (Anm. 52), S. 97.

55 Grundlegende Beiträge sind Raymond A. Bauer (ed.): Social Indicators, Cambridge/Mass. 1966; Wolfgang Zapf: Probleme und Möglichkeiten der Sozialberichterstattung. Eine Studie im Auftrag der Kommission für wirtschaftlichen Wandel, Mannheim 1975; Rudolf Werner: Soziale Indikatoren und politische Planung. Eine Einführung in Anwendungen der Makrosoziologie, Reinbek 1975; Christian Leipert: Gesellschaftliche Berichterstattung. Eine Einführung in Theorie und Praxis sozialer Indikatoren, Ber-

lin/Heidelberg/New York 1978; Matthias Peters/Peter Zeugin: Sozialindikatorenforschung. Eine Einführung, Stuttgart 1979. Internationale Vergleiche behandeln Joachim Hoffmann-Nowotny (Hrsg.): Soziale Indikatoren. Internationale Beiträge zu einer praxisorientierten Forschungsrichtung, Frauenfeld/Stuttgart 1976; ders. (Hrsg.): Soziale Indikatoren im internationalen Vergleich, Frankfurt/New York 1980; Charles L. Taylor (ed.): Indicator Systems for Political, Economic and Social Analysis, Cambridge/Mass. u. Königstein 1980. Vgl. auch Reimund Emde: Sozialindikatoren und Systemvergleich, Frankfurt/New York 1979.

56 Vgl. dazu Eckhard Priller: Methodologische und methodische Probleme der Indikatorengewinnung in der soziologischen Forschung, Diss. Humboldt-Universität Berlin 1978 (unveröff. Typoskript), S. 68.

57 Meier: Sozialindikatorenbewegung (Anm. 52), S. 72.

58 Vgl. Herbert F. Wolf: Subjektive Sozialindikatoren und sozialistische Lebensweise, in: Wissenschaftliche Zeitschrift der Karl-Marx-Universität Leipzig. Gesellschafts- und Sprachwissenschaftliche Reihe 3/1983, S. 250 ff. - Berger/Priller unterscheiden: "Sozialindikatoren zur Erfassung des Aufwandes", "Sozialindikatoren zur Erfassung der erreichten Leistungen und erzielten Ergebnisse" sowie "Sozialindikatoren zur Erfassung der Zufriedenheit mit sozialen Maßnahmen". (Horst Berger/Eckhard Priller: Indikatoren in der soziologischen Forschung, Berlin 1982, S. 86).

59 Berger/Klimek: Indikatoren (Anm. 52), S. 158.

60 Die Arbeitsgruppen des 3. Soziologie-Kongresses in der DDR, in: Deutsche Zeitschrift für Philosophie 1/1980, S. 92.

61 Berger/Priller: Indikatoren (Anm. 58), S. 143.

62 Vgl. Horst Berger u. a.: System sozialer Indikatoren der sozialistischen Lebensweise, in: Soziologie und Sozialpolitik. Beiträge aus der Forschung 1/1984, S. 41 ff.

63 Gunnar Winkler (Hrsg.): Sozialreport '90. Daten und Fakten zur sozialen Lage in der DDR, Berlin 1990, S. 7.

64 Walter Friedrich: Sozialwissenschaften in der DDR. Die rosarote Brille - selbstverordnet, in: Das Parlament, Nr. 18 vom 27. April 1990, S. 8.

65 Ebd.

66 Solche Repressalien haben die Geschichte der DDR-Soziologie begleitet. Heinz Kallabis wurde bereits Ende der sechziger Jahre als Professor an der Gewerkschaftshochschule Bernau fristlos entlassen, weil er eine kritische politische Soziologie vertrat. Hansgünter Meyer, erster amtierender Vorsitzender der im Februar 1990 gegründeten Gesellschaft für Soziologie, wurde 1974 aus dem Wissenschaftlichen Rat für Soziologische Forschung entfernt und an das Akademie-Institut für Wissenschaftstheorie versetzt. Der Rostocker Universitätslehrer Peter Voigt wurde 1984 gemaßregelt, weil er Kritik an der sozialpolitischen Konzeption der SED geübt hatte. Vgl. dazu: Die DDR-Soziologie ist nicht mehr länger geheim, in: Berliner Zeitung vom 1. Februar 1990, S. 9; Der Spiegel Nr. 12 vom 19. März 1990, S. 85.

67 Zwei symptomatische Beispiele: Ein von Walter Friedrich herausgegebenes "Handbuch der Jugendforschung" wurde 1969 noch nach Drucklegung eingestampft. Der für 1985 angekündigte Sammelband "Sozialstruktur der DDR" erschien mit 3jähriger Verzögerung (Berlin 1988).

68 Besonders instruktiv sind die Festgaben, die das Zentralinstitut für Jugendforschung zum 50. und 60. Geburtstag von Walter Friedrich 1979 und 1989 als Typoskriptdrucke vorgelegt hat. Von den etwa 430 umfangreichen Forschungsberichten des ZIJ sind nur geringe Teile veröffentlicht worden.

69 Manfred Lötsch/Joachim Freitag: Sozialstruktur und soziale Mobilität, in: Jahrbuch für Soziologie und Sozialpolitik 1981, Berlin 1981, S. 95.

70 Rudi Weidig: Soziale Triebkräfte ökonomischen Wachstums, in: Soziale Triebkräfte ökonomischen Wachstums. Materialien des 4. Kongresses der marxistisch-leninistischen Soziologie in der DDR, 26. bis 28. März 1985, Berlin 1986, S. 18.

71 Manfred Lötsch: Probleme der Reduzierung wesentlicher Unterschiede zwischen körperlicher und geistiger Arbeit, in: Deutsche Zeitschrift für Philosophie 1/1980, S. 35 f.

72 Manfred Lötsch: Soziale Strukturen als Wachstumsfaktoren und als Triebkräfte des wissenschaftlich-technischen Fortschritts, in: Deutsche Zeitschrift für Philosophie 6/1982, S. 721; Ingrid Lötsch/Manfred Lötsch: Soziale Strukturen und Triebkräfte: Versuch einer Zwischenbilanz und Weiterführung der Diskussion, in: Jahrbuch für Soziologie und Sozialpolitik 1985, Berlin 1985, S. 174. Zum Gesamtthema vgl. Heiner Timmermann (Hrsg.): Sozialstruktur und sozialer Wandel in der DDR, Saarbrücken 1988.

73 Soziale Triebkräfte (Anm. 70), Vorwort S. 6.

74 Rudi Weidig: Soziale Triebkräfte (Anm. 70), S. 41.

75 Ebd., S. 46 f.

76 Vgl. dazu Walter Friedrich: Mentalitätswandlungen der Jugend in der DDR, in: Aus Politik und Zeitgeschichte, B 16 - 17/90, S. 25 ff.

77 Wichtige neuere soziologische Literatur wird erfaßt in: Zentralstelle für Information und Dokumentation: Auswahlbibliographie soziologisch relevanter Publikationen aus der DDR 1985 - 89 (Redaktionsschluß: 25. Oktober 1989); Zentralinstitut für Jugendforschung - Abt. Information: Ausgewählte Veröffentlichungen des Zentralinstituts für Jugendforschung (vorwiegend 1985 - 1989); Bibliographie Sozialpolitik 1984 - 1988. Soziologie und Sozialpolitik. Beiträge aus der Forschung, Berlin 1989.

78 Marianne Schulz/Jan Wielgohs: Wessen Interessen vertritt die Soziologie? Wider die antidogmatische Legende einer Wissenschaft. Referat auf dem 5. Soziologie-Kongreß der DDR, 6. Februar 1990 (unveröffentl. Typoskript), S. 2 f.

79 Vgl. Walter Süß: "Die besungene Zukunft ist beendet", in: Das Parlament, Nr. 8 vom 16. Februar 1990, S. 9; Katharina Belwe: 5. Soziologie-Kongreß in der DDR (Gesamtdeutsches Institut, Bonn, 25. März 1990).

80 Schulz/Wielgohs: Welche Interessen (Anm. 78), S. 4. Die beiden Autoren haben kürzlich eine Studie vorgelegt, die dem kritisierten Mangel abzuhelfen sucht: Jan Wielgohs/Marianne Schulz: Reformbewegung und Volksbewegung. Politische und soziale Aspekte im Umbruch der DDR-Gesellschaft, in: Aus Politik und Zeitgeschichte, B 16 - 17/90, S. 15 ff.

81 Vgl. dazu auch Manfred Lötsch: Stand und Perspektiven der DDR-Soziologie. Thesen, in: Deutschland Archiv 4/1990, S. 552 ff.

Demographische Forschung als Teil sozialstruktureller Forschung in der DDR

Gunnar Winkler

Die Europäische Akademie Otzenhausen darf ohne Zweifel für sich in Anspruch nehmen, eine wirksame Stätte des fachlichen und politischen Dialogs von Wissenschaftlern unterschiedlicher Staaten und unterschiedlicher ideologischer Positionen zu sein. Wissenschaftliche Diskussion - auch über Ländergrenzen hinweg - ist ein unverzichtbarer Teil der Verständigung, des Abbaus von Konfrontationen, des Kennenlernens von Vorstellungen und Zielen.

Ich möchte - ausgehend von einer kurzen Einführung zum Stellenwert der demographischen Forschung in den vergangenen Jahren - vor allem vier Problemkreise behandeln:

1. Entwicklungstendenzen demographischer Strukturen in der DDR;
2. Demographische Strukturen und ihre Beachtung in der Sozial- und Bevölkerungspolitik der DDR;
3. Veränderungen in der Familien- und Haushaltsstruktur;
4. Zur Struktur der Binnen- und Außenwanderung

Wie auf anderen Gebieten auch, läßt sich für die demographische Forschung feststellen, daß sie in der DDR seit Beginn der 70er Jahre einen nicht zu übersehenden Aufschwung nahm. Dafür sind m. E. vor allem vier Komponenten bestimmend:

1. Eine mit dem allgemeinen Niveau der Sozialstrukturforschung in allen sozialistischen Ländern verbundene Verengung von Analysen auf die Klassen- und Schichtstruktur wurde - Ende der 60er Jahre beginnend - überwunden. Notwendige, historisch bedingte Konzentration in der Forschung auf grundlegende Entwicklungsprozesse der Arbeiterklasse, der Klasse der Genossenschaftsbauern, der Intelligenz und Handwerker

führte bis zu diesem Zeitpunkt zu einer unzureichenden Beachtung demographischer Komponenten für die Gesellschaftsentwicklung.

2. Bis zu Beginn der 70er Jahre bestand auch eine verengte Sicht über den Zusammenhang von ökonomischer einerseits und sozialer bzw. soziodemographischer Entwicklung andererseits. Es herrschte die Auffassung, daß mit gegebenen Macht- und Eigentumsverhältnissen gewissermaßen automatisch Interessenübereinstimmung zwischen Individuen, Kollektiven und Gesellschaft existiere und ökonomische Entwicklungen auch zu den gewollten (gewünschten) sozialen Wirkungen führen. Im Ergebnis dessen wurde eine eigenständige Sozial- und Bevölkerungspolitik als nicht notwendig erachtet. Es wurde davon ausgegangen, daß generell gesellschaftspolitische, insbesondere wirtschaftspolitische Entscheidungen auf die Entwicklung der Bevölkerung gerichtet seien.

   Aber bereits Ende der 60er Jahre erwies sich, daß nach der Herstellung notwendiger Bedingungen sozialer Gleichheit es einer differenzierten Politik auch gegenüber spezifischen demographischen Gruppen bedurfte. Die Dialektik von Einheitlichkeit und Differenziertheit der Lebensweiseentwicklung auch unter Einbeziehung von Bedürfnissen und Interessen demographischer Gruppen fand erst Ende der 70er Jahre verstärkt Eingang in die theoretische Arbeit.[1]

3. Zu Beginn der 70er Jahre vollzogen sich Bevölkerungsentwicklungen, die mit Nachdruck auf eine verstärkte demographische Forschung aufmerksam machten. Das betraf insbesondere das Sinken der Geburtenziffern unter die Erfordernisse der einfachen Reproduktion und die schrittweise Ausschöpfung des gesellschaftlichen Arbeitsvermögens durch volle Einbeziehung aller arbeitsfähigen Bürger in den Arbeitsprozeß. Damit erlangten Fragen der Migration, der sozialen und beruflichen Mobilität, Fragen nach Werten und Motiven für ein sinnerfülltes Leben in der Familie, nach Vereinbarkeit von Berufstätigkeit und Mutter- bzw. Elternschaft u.a. einen zunehmenden Stellenwert.

4. Und keineswegs zuletzt erhielt auch eine sich stärker an Bedürfnissen orientierende Politik einen höheren Stellenwert, was neue Fragen an die Lebensgestaltung und Lebensbedingungen nicht nur funktionaler-arbeitsprozeßbezogener Gruppen, sondern auch demographischer Gruppen stellte.

Insofern ist es durchaus folgerichtig, wenn sich zu Beginn der 70er Jahre eine Verstärkung der demographischen Forschung vollzog. Ich nenne hier nur die Bildung des Wissenschaftlichen Rates für Sozialpolitik und Demografie (1974) sowie die Gründung des Instituts für Soziologie und Sozialpolitik an der AdW der DDR (1978) mit einer starken, sich an demographischen Entwicklungen orientierenden Bevölkerungs-, Familien- und Frauenforschung.

Entwicklungstendenzen demographischer Strukturen in der DDR

Abbildung 1: Entwicklung der Bevölkerungszahl/Geburten/Sterbefälle/Wanderung

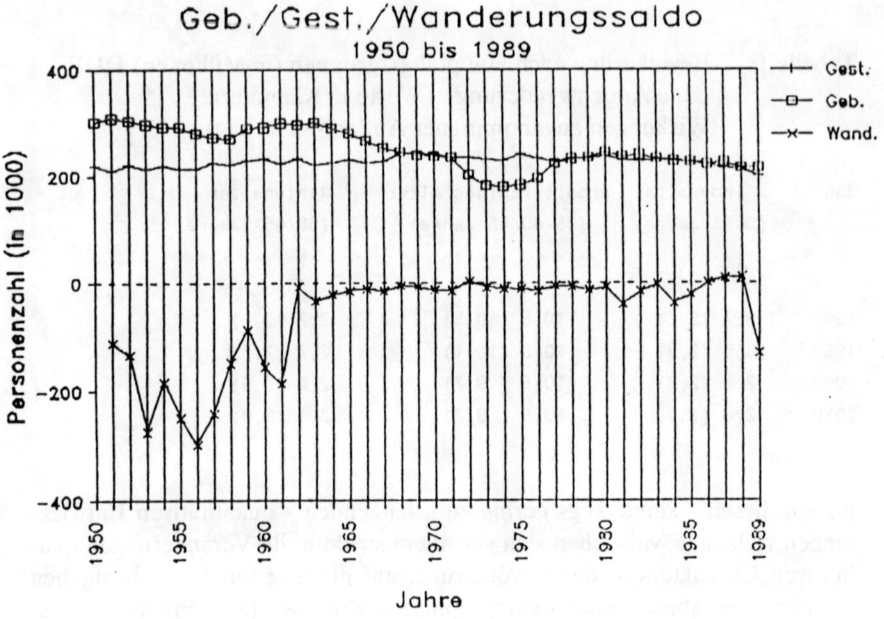

1964 - Volkszählungsdifferenz durch Schätzung ausgeglichen
1989 - geschätzt

Ganz allgemein läßt sich feststellen, daß für die zahlenmäßige Bevölkerungsentwicklung in der DDR bestimmend sind:
- die drei Wanderungsbewegungen unmittelbar nach 1945, Mitte der 50er Jahre bis 1961 und Ende der 80er Jahre;
- die hohe Geburtenhäufigkeit der 60er Jahre und die nicht gesicherte einfache Reproduktion seit Beginn der 70er Jahre.

Aus beiden Komponenten resultiert langfristig ein Alterungsprozeß der Bevölkerung, der bei Stabilisierung gegenwärtiger Trends zwar auch langfristig keine gravierenden Auswirkungen hat, aber doch Rahmenbedingungen für das Erreichen sozialer Zielstellungen beeinflußt und verändert. Das betrifft insbesondere das Verhältnis von arbeitender zu nichtarbeitender Bevölkerung und damit verbundene Anforderungen an Leistungsentwicklung des arbeitenden Teils im Interesse der Gewährung und Entwicklung sozialer Sicherungen sowie eines steigenden Lebensniveaus für alle Bürger - insbesondere jedoch für die wachsende Zahl Älterer.

Tabelle 1: Bevölkerung nach Hauptaltersgruppen (in Millionen) DDR - ohne Außenwanderung - (Werte in Klammern: Wirkungen angenommener Außenwanderung)

Jahr	Kindesalter (0-15 Jahre)	arbeitsfähiges Alter (15-60/65 Jahre)	Rentenalter (60/65- Jahre)
1990	3,2 (3,2)	10,8 (10,5)	2,7 (2,7)
1995	3,0 (2,9)	10,8 (10,1)	2,7 (2,7)
2000	2,7 (2,6)	10,8 (9,7)	2,9 (2,9)
2010	2,6 (2,3)	10,6 (9,2)	3,1 (3,0)

Neben diesen - keineswegs gering zu schätzenden - quantitativen Entwicklungen vollzogen/vollziehen sich vor allem strukturelle Veränderungen qualitativen Charakters in der Bevölkerung, auf die hier nur kurz einzugehen ist, ohne die aber andere demographische Prozesse (z.B. Fruchtbarkeits- und Familienentwicklung) nicht voll zu erschließen sind. Das betrifft:

a) die Veränderungen in der Bildungsstruktur

Tabelle 2: Berufstätige in der sozialistischen Wirtschaft nach höchstem Qualifikationsabschluß und Prognose der Qualifikationsstruktur der Berufstätigen (in %)

	1955	1965	1970	1988	2000
Hochschulkader	1,8	2,8	3,9	8,0	10 - 11
Fachschulkader	2,6	5,2	6,8	13,9	14 - 15
Facharbeiter/Meister	27,2	38,4	48,0	64,8	63 - 65
Teilausbildung/ Angelernte/ohne Abschluß	68,4	53,6	41,3	13,3	12 - 10

Quelle: Geschichte der Sozialpolitik der DDR 1945 - 1985 (Hrsg. G. Winkler), Berlin 1989, S. 378; B. Bluhm/D. Burkhardt/M. Knabe. Zur Entwicklung der Struktur der Berufstätigen und Ausbildungsleistungen. In: Forschung der sozialistischen Berufsbildung. Berlin 6/1984, S. 268

Diese Entwicklungen sind nicht unbedeutend für eine Bedürfnisstruktur, in der Arbeit und Familie einen hohen Stellenwert haben und deren Vereinbarkeit ständig neu entsprechend dem erreichten Entwicklungsstand und veränderter Bedürfnisse, Interessen und Lebensmodelle zu gestalten ist.

b) die Entwicklung des Beschäftigtengrades der Bevölkerung

Tabelle 3: Beschäftigtengrad

Jahr	Berufstätige (ohne Lehrlinge)			Beschäft.grad d. arbeitsfäh. weibl. Bevöl.
	Insgesamt	Weiblich		
	1 000		Prozent	Prozent
1950	7 196	2 880	40,0	
1960	7 686	3 456	45,0	69,8
1970	7 769	3 750	48,3	81,9
1980	8 225	4 106	49,9	90,3
1988	8 594	4 204	48,9	91,4

Wir messen nach wie vor der vollen Gewährleistung des Rechts auf Arbeit - als grundlegendem Menschenrecht - erstrangige Bedeutung zu. Mit einem Beschäftigungsgrad von 95 % für die Bevölkerung im arbeitsfähigen Alter (Männer 16 - 65; Frauen 16 - 60) ist Vollbeschäftigung in der DDR erreicht.

c) die mit Veränderungen der Wirtschaftsstruktur verbundene territoriale Verteilung der Bevölkerung

Die für die DDR charakteristische territoriale Differenzierung in der Bevölkerungsstruktur nimmt weiter zuungunsten der industriellen Ballungsgebiete (Halle, Leipzig, Dresden, Karl- Marx-Stadt, Magdeburg) sowie in Verbindung mit der Wanderung zuungunsten der ländlichen Siedlungen zu (vgl. S. 50 ff.), was mit einer bedeutenden Differenzierung auch in der Altersstruktur der Bezirke der DDR verbunden ist.

Tabelle 4: Altersstruktur ausgewählter Bezirke

Bezirk	von 100 der Bevölkerung waren 1988 (in %) im		
	arbeitsfähigen Alter	nichtarbeitsfähigen Alter	
		insgesamt	Rentenalter
Dresden	63,1	36,9	18,1
Karl-Marx-Stadt	63,4	36,6	19,4
Leipzig	64,4	35,6	18,0
DDR	65,0	35,0	16,0
Rostock	66,4	33,6	12,6
Berlin	67,7	32,3	13,0

Diese Faktoren wirken mit prägend auf allgemeine Bedürfnisstrukturen, auf Fertilität und Mortalität, auf Mobilität, Migration und andere demographische Prozesse.

Für die künftige Wirtschafts- und Sozialpolitik sind naturgemäß vor allem nicht allgemeine Projektion bedeutsam, sondern ihre differenzierte demographische Struktur. Voraussagen struktureller Art sind durchaus möglich, da z. B. 70-80% der Bevölkerung des Jahres 2010 bereits leben. Wir gehen dabei von folgendem aus:

- Die Bevölkerung im Kindesalter geht - bei jährlich starken Schwankungen in den einzelnen Altersgruppen - langfristig zurück.

- Die Bevölkerung im arbeitsfähigen Alter (16-60(Frauen)/65(Männer) verändert sich - unter Beachtung von Außenwanderungsverlusten - langfristig sowohl zahlenmäßig als auch in ihrer Altersstruktur. Der Anteil der jüngeren Personen (15 bis 25 Jahre) wird abnehmen, der der älteren Personen (45 bis 60/65 Jahre) wird ansteigen.

  Die Veränderung der Altersstruktur der Bevölkerung im arbeitsfähigen Alter vollzieht sich darüber hinaus differenziert
  * nach Klassen und Schichten. So weisen z. B. die Klasse der Genossenschaftsbauern und bestimmte Teile der genossenschaftlichen und privaten Handwerker und Gewerbetreibenden ein über dem Durchschnitt liegendes hohes Alter auf - was zu Überlegungen auch im Interesse des Erhalts dieser Eigentumsformen zwingt;
  * nach Berufsgruppen. Das betrifft sowohl Facharbeiter (hohes Alter bei Facharbeitern in der Landwirtschaft, im Handel, im Post- und Zeitungsvertrieb) als auch notwendigen künftigen Ersatz im Bereich des Hoch- und Fachschulwesens bzw. von Akademien aufgrund der bedeutenden Zuführung von Arbeitskräften zu Beginn der 70er Jahre im Ergebnis der Hochschul- und Akademiereform.

- Die Bevölkerung im Rentenalter wird - nach Rückgang bis Anfang der 90er Jahre - deutlich ansteigen bei zunehmender territorialer Differenzierung. In der Rentnergeneration vollziehen sich gleichzeitig vor allem qualitative Wandlungen in der Lebensweise - als Ausdruck historischer Veränderungen.[2]

Demographische Strukturen und ihre Beachtung in der Sozial- und Bevölkerungspolitik der DDR

Es gibt - ob der Begriff Bevölkerungspolitik anerkannt und genutzt wird oder nicht - keinen Staat der Welt, der nicht mittels politischer Entscheidungen, wirtschaftlicher Maßnahmen, juristischer Regeln Einfluß auf demographische Prozesse nimmt. Dreierlei ist dabei u. E. festzuhalten:

Erstens ist ein gewünschtes demographisches Verhalten stets multikausal bedingt und bedarf der komplexen Ausgestaltung entsprechender Lebensbedingungen.

Zweitens soll und darf Sozial- oder Bevölkerungspolitik nur den Entscheidungsspielraum des Bürgers und der Familien erweitern, soll vorhandene Bedürfnisse realisierbar machen und Wertvorstellungen ausprägen helfen. Eine restriktive Sozial- und Bevölkerungspolitik, die Entscheidungsräume einengt bzw. Bevölkerungsentwicklung auf Kosten anderer Bereiche erzwingt, ist abzulehnen.

Drittens sind Spielraum und Spektrum der Bevölkerungspolitik - wie anderer Politikbereiche auch - immer abhängig von dem erreichten Stand der ökonomischen und sozialen Entwicklung und erfordern das Setzen von Schwerpunkten.

Dabei gilt auch für die DDR: Von ganz wenig Entscheidungen abgesehen (Schwangerschaftsabbruch), sind bevölkerungspolitisch orientierte Maßnahmen nicht nur für diesen Bereich wirksam (z. B. Wohnungsbauprogramm), sondern wirken generell auf das materielle und geistig-kulturelle Lebensniveau, ebenso wie z. B. Entscheidungen in anderen Bereichen (z. B. Sicherung der Vollbeschäftigung) auch auf demographische Prozesse Einfluß haben.

Betrachtet man die Entwicklung in der DDR, so sind u. E. zwei bevölkerungspolitisch bedeutsame Einschnitte feststellbar:

ERSTENS: Nach einer Periode der Schaffung grundlegender Bedingungen sozialer Gleichheit und Chancengleichheit, der Ausgestaltung elementarer Bedingungen für das Recht auf Arbeit, auf Bildung, auf soziale und gesundheitliche Betreuung sowie entsprechender Gesetzeswerke erfolgte in den beginnenden 70er Jahren die Konzentration einer Reihe sozial- und bevölkerungspolitischer Maßnahmen auf eine sich an den veränderten Bedürfnissen der Frauen und Familien orientierende geburtenfördernde Bevölkerungspolitik.

ZWEITENS: Aufbauend auf der in den 70er und 80er Jahren erreichten Entwicklung erfolgt gegenwärtig eine Konzentration sozialpolitischer Maßnahmen auf Fragen der Erhöhung der Lebenserwartung, der Senkung der Sterblichkeit, der Verbesserung des Gesundheitszustandes.[3]

Veränderungen in der Familien- und Haushaltsstruktur[4]

Bereits die demographischen Prozesse der letzten Jahre machen darauf aufmerksam, daß sich in der DDR erhebliche Veränderungen in der Lebensweise der Menschen, vor allem in ihren Lebensformen und -bedingungen sowie in den Ansprüchen an das Familienleben und die Partnerbeziehungen vollziehen.

Zu den demographischen Erscheinungen, an denen sich soziale Wandlungen besonders deutlich ablesen lassen, gehören vor allem die Haltungen der Bevölkerung zur Ehe und Eheschließung und die Ehescheidungen. Die meisten DDR-Bürger gründen eine Familie und entscheiden sich beim Zusammenleben mit Partner/in und Kind/ern nach wie vor für die Ehe, die noch immer als die normale, unserer Lebensweise entsprechende Form für das Zusammenleben von Partnern, Eltern und Kindern angesehen wird.

So ergaben Untersuchungen, daß mehrjährig Verheiratete, die danach befragt wurden, ob sie - falls sie noch einmal vor der Wahl stünden - wieder heiraten würden, sich überwiegend dafür entschieden - 60 % mit Bestimmtheit, 25 % mit hoher Wahrscheinlichkeit. Nur 6 - 7 % der Frauen und Männer sprachen sich in diesem Fall für eine nichteheliche Lebensgemeinschaft aus.

Heiraten ist auch in den Lebensorientierungen der jungen Generation fest verankert. Junge, unverheiratete Frauen und Männer halten die Ehe auch weiterhin für "modern" und wollen später größtenteils heiraten (ca. 70 %).

Zwar hat die Ehe ihre einstigen Funktionen als Faktor der ökonomischen Lebensabsicherung der Frau und Kinder und des moralischen Ansehens beider Geschlechter weitgehend eingebüßt, doch wird sie nach wie vor von der Mehrheit der Frauen und Männer auch deshalb befürwortet, da sie mehr Sicherheit in die persönlichen Lebensumstände bringt. Trotz dieser nachweisbaren Denk- und Verhaltensweisen beginnt sich der Stellenwert der Ehe im Leben der Menschen allmählich zu wandeln. Dafür spricht, daß

- der Anteil der lebenslang Ledigbleibenden angestiegen ist,
- Eheschließungen hinausgezögert und auf ein höheres Lebensalter verschoben werden,
- viele Kinder von unverheirateten Müttern geboren werden (über 30 %),
- die Zahl der Ehescheidungen bis in die 80er Jahre kontinuierlich angestiegen ist.

Seit Mitte der 70er Jahre besteht die Tendenz, Eheschließungen auf einen späteren Lebensabschnitt zu verlagern. Das durchschnittliche Heiratsalter steigt seit 1975 langsam, aber kontinuierlich an:

Tabelle 5: Durchschnittliches Heiratsalter nach Geschlecht und Familienstand - in Jahren -

Jahr	Ledig		Geschieden	
	Männer	Frauen	Männer	Frauen
1975	23,2	21,3	35,5	32,7
1980	23,4	21,3	35,7	32,8
1988	25,0	22,9	37,3	33,9

Die Mehrzahl aller bestehenden Ehen wird nach wie vor durch den Tod eines Partners und nicht durch Scheidung beendet. So endeten (bis zum 50. Ehejahr)

- 43,9 % durch den Tod des Mannes,
- 18,0 % durch den Tod der Frau,
- 38,1 % durch Ehescheidung.

Die allgemeine durchschnittliche Ehedauer beträgt in der DDR etwa 27 Jahre. Dennoch ist die in der DDR erreichte Größenordnung im Scheidungsgeschehen beachtlich und belastet den einzelnen und die Gesellschaft. Jede Ehescheidung hat Auswirkungen auf das Lebensglück und Wohlbefinden von Frau und Mann und beeinflußt vor allem das Leben der Kinder. Darüber hinaus werden Scheidungen auch direkt ökonomisch relevant, indem sie z. B. erheblich zur Erhöhung der Anzahl der Haushalte und ihrer durchschnittlichen Verkleinerung beitragen. Mehr Haushalte aber bedeuten nicht nur eine gesellschaftliche Bereitstellung von mehr Wohnungen, sondern auch von mehr Haushaltsausstattungen (z. B. Möbel, Haushaltstechnik, Heimelektronik).

Andererseits sind Ehescheidungen nicht ausschließlich negativ zu bewerten. Sie weisen darauf hin, daß der einzelne die Möglichkeit hat, eine zerrüttete Ehe ohne ökonomische Erwägungen und moralische Bedenken zu beenden. Damit hat er die Chance, mit einem anderen, für ihn geeigneteren Partner eine neue, glücklichere Beziehung aufzubauen. Ehescheidungen sind nicht generelle Abkehr von der Ehe, sondern nur die Abwendung von einem bestimmten Partner.

Darauf deutet eine wachsende Zahl von Zweitehen (bzw. -familien), die zunehmend ihren Ausnahmestatus verlieren und immer mehr zur Normalität werden. Zwar gründet heute noch der größte Teil der DDR-Bürger nur einmal in seinem Leben eine Familie, doch muß man sich darauf einstellen, daß es in absehbaren Zeiträumen zur Regel werden kann, nicht mehr ein ganzes Leben in einer einmal gegründeten Familie zu leben.

Problematisch ist, daß vor allem die im jungen Lebensalter geschlossenen Ehen besonders häufig geschieden werden. Gegenüber 1970 hat sich der Scheidungsgipfel vom 25. auf das 21. Lebensjahr vorverlagert. Die höchsten Scheidungszahlen fallen auf das zweite Lebensjahrzehnt der Frauen und Männer.

Als Ursachen für das Scheitern junger Ehen sind anzusehen:
- der Zusammenfall von gesellschaftlichen und familiären Anforderungen, d.h. eine Konzentration der Vereinbarungsprobleme (Beruf, Kindererziehung, Haushalt, Freizeit) in diesem Lebensalter;
- mangelnde soziale Reife und Erfahrung, nicht selten verbunden mit unausgereiften, idealisierten Vorstellungen über ein gemeinsames Leben;
- Fehleinschätzungen bei der Wahl eines geeigneten Partners;
- verfrühte Eheschließung aus dem Bestreben heraus, ein selbständiges, von den Eltern losgelöstes Leben führen zu können;
- ungenügende Fähigkeiten, Probleme und Konflikte als zum Leben gehörig zu erkennen und sie positiv zu bewältigen;
- fehlende Bereitschaft zur Akzeptanz der Individualität, Interessen und Bedürfnisse des Partners.

Insgesamt ist jedoch festzustellen, daß sich die Lebensformen der Menschen allmählich zu wandeln beginnen. Familienleben und Familienformen werden vielfältiger. Neben der vollständigen, auf Ehe beruhenden Familie gewinnen vor allem die nichtehelichen Lebensgemeinschaften sowie Familien mit nur einem Elternteil und Kind/ern an Bedeutung.

Generelle Veränderungen in den Familienformen weisen auf allgemeine Veränderungen in den individuellen Lebensbedingungen hin. Einerseits haben sich die konkreten Bedingungen, unter denen Familienleben stattfindet, in der DDR entwickelt: Die Geldeinnahmen der Familien sind gestiegen, ihre Wohnbedingungen und Wohnraumausstattungen haben sich verbessert, ihre Freizeitfonds vergrößert. Andererseits sind die materiellen und zeitlichen Bedürfnisse in den letzten Jahren so schnell angewachsen, daß sich für viele Werktätige eine merkliche Differenz zwischen ihren Ansprüchen und den konkreten Realisierungsbedingungen aufgetan hat. Dabei spielen die wachsenden Diskrepanzen zwischen Einkommen und Verbrauch, zwischen Kaufkraft und Warenbereitstellung bei gleichzeitiger Preisentwicklung für einzelne Warengruppen eine erhebliche Rolle.

Die durch Familienbildung, -lösung und Trennung der Kinder von ihrer Elternfamilie entstehenden Privathaushalte sind einer der wichtigsten ökonomischen und sozialpolitischen Ausgangsgrößen. Tabelle 6 zeigt die in der Volks-, Berufs-, Wohnraum- und Gebäudezählung am 31. 12. 1981 festgestellte Haushaltsstruktur.

Tabelle 6: Privathaushalte 1981 (absolut/Prozent)

		%	%
insgesamt	6,51 Mio.	100	
1-Pers.-HH	1,73 Mio.	26,6	
Mehr-Pers.-HH	4,78 Mio.	73,4	100
davon			
2-Pers.-HH	1,76 Mio.	27,1	36,9
3-Pers.-HH	1,47 Mio.	22,5	30,7
4-Pers.-HH	1,12 Mio.	17,3	23,5
5-Pers.-HH	0,29 Mio.	4,5	6,2
6-Pers.-HH	0,13 Mio.	2,0	2,7

durchschn. Größe aller HH: 2,5 Personen
durchschn. Größe der Mehr-Personen-HH: 3,1 Personen

Eine Familienstandsprognose ergibt, daß bis zum Jahre 2000 und darüber hinaus noch keine wesentlichen Veränderungen eintreten, daß aber in den verschiedenen Generationen des Erwachsenenalters beträchtliche Verschiebungen zu erwarten sind.

Nach vorgenommenen Berechnungen sind folgende Tendenzen zu erwarten:

- Der Anteil der Ledigen an der Wohnbevölkerung wird leicht ansteigen, bis Mitte der 90er Jahre jedoch zunächst noch zurückgehen. Bezogen auf Personen im heiratsfähigen Alter, geht ihr Anteil von 22,2 % im Jahre 1985 bis 1995 auf 21,5 % zurück, steigt dann bis zum Jahr 2010 auf 22,5 % an.

- Der Anteil der Verheirateten geht leicht zurück von 60,7 % im Jahr 1985 auf 59,8 % im Jahr 2010. Auch hier wird bis Mitte der 90er Jahre voraussichtlich ein leichter Anstieg zu beobachten sein.

- Der Anteil der Verwitweten wird tendenziell bis zum Jahr 2000 weiter zurückgehen (von 10,5 % 1958 auf 8,8 %).

- Steigen wird der Anteil der Geschiedenen (von gegenwärtig 6,6% auf 8,6 % im Jahr 2010).

- In den Generationen der Altersrentner wächst der Anteil der Verheirateten. Aufgrund der differenzierten Lebenserwartung ist jedoch mit deutlichen Geschlechtsunterschieden zu rechnen: Während von 100 Männern über 60 Jahre im Jahr 2000 nur 20 nicht verheiratet sein werden, müssen von 100 Frauen 58 ohne Ehepartner leben, 1985 waren es 66.

Die Familienstandsprognose als eine der Grundlagen von Haushaltsprognosen konnte aus methodischen Gründen bisher in der DDR noch nicht in ausreichender Qualität mit der Haushaltsprognose verbunden werden. Es kann aber abgeschätzt werden:

- Die Zahl der Personen in Einpersonenhaushalten wird zunächst bis Mitte der 90er Jahre im wesentlichen auf dem Niveau der ersten Hälfte der 80er Jahre bestehen bleiben. Danach ist mit einem Anstieg zu rechnen.

- Die Zahl der Personen in Mehrpersonenhaushalten wird dagegen tendenziell leicht zurückgehen.

- Die durchschnittliche Haushaltsgröße wird sich weiter verringern. In den Mehrpersonenhaushalten wird die Ziffer voraussichtlich von 3,01 im Jahr 1981 auf 2,97 im Jahr 2010 sinken.

Das sind Auswirkungen sowohl demographischer Veränderungen als auch eines Wandels der familialen Lebensweise.

Struktur der Binnen- und Außenwanderung

Veränderungen von Wirtschaftsstrukturen auf der Ebene der Volkswirtschaft führen stets zu veränderten territorialen Wirtschafts- und Siedlungsstrukturen. Die in der Vergangenheit historisch gewachsene und in ihren quantitativen Proportionen geprägte Siedlungsstruktur der DDR entspricht in ihren Grundzügen im wesentlichen künftigen ökonomischen und sozialen Erfordernissen.[5]

Tabelle 7: Anteil der Einwohner nach Gemeindegrößengruppen (DDR insgesamt = 100)

Anzahl der Einwohner nach Gemeindegrößengruppen	1950	1960	1970	1980	1988
unter 500	6,9	7,8	7,4	6,2	6,4
500 bis unter 2000	22,1	20,2	18,8	17,5	16,9
Landgemeinden insgesamt	29,0	28,0	26,2	23,7	23,3
2000 bis unter 10000	22,9	21,8	20,2	19,4	17,7
10000 bis unter 20000	9,0	9,7	9,5	8,5	8,8
20000 bis unter 50000	13,6	13,9	15,3	14,7	15,0
50000 bis unter 100000	4,8	5,2	6,8	7,9	8,0
100000 und mehr	20,7	21,4	22,0	25,9	27,2
Stadtgemeinden insgesamt	71,0	72,0	73,8	76,4	76,7

Quelle: Statistisches Jahrbuch der DDR 1989, Berlin 1989, S. 8

Von wenigen Bereichen abgesehen (Energiebasis, Hafenwirtschaft u.a.), in denen sich extensive Entwicklungen vollziehen, besteht kein gesellschaftlicher Bedarf an einer gezielten Migration. Bestimmte nachteilige Entwicklungen, z. B. die hohe Zuwanderungsrate nach Berlin, sind baldmöglichst zu begrenzen.

Natürlich ist auch in der DDR Migration abhängig von

- Veränderungen in den persönlichen Lebensumständen (Heirat),
- beruflichen Einsatzmöglichkeiten,
- Wohnverhältnissen sowie technischer, sozialer und kultureller Infrastruktur,
- Umweltbedingungen.

Gebunden an eine vorrangig extensive Wirtschaftsentwicklung in den 50er und 60er Jahren hatte auch die Binnenwanderung einen bedeutenderen Umfang als gegenwärtig. Diese Entwicklung ist verbunden mit

- einem wachsenden Urbanisierungsgrad von 71 % (1950) auf 76,6 % (1986);
- einem Bevölkerungsrückgang in den Landgemeinden (von 1950 bis 1986 um 1,47 Mio. Einwohner) und den Kleinstädten;[6]
- der zunehmenden Eigenreproduktion in den Städten mit Wanderungsgewinn, da länger anhaltender Wanderungsgewinn aufgrund des hohen Anteils junger Menschen zu einer Verjüngung der Wohnbevölkerung führt.

Wirtschafts- und sozialpolitisch ist deshalb im Zusammenhang mit demographischen Prozessen die Minderung einer nicht gewünschten Wanderung von Arbeitskräften der Jahrgänge unter 30 Jahren von besonderer Bedeutung.

In den letzten Monaten 1989 bis heute waren und sind Probleme der Außenwanderung der DDR Gegenstand des öffentlichen Interesses in beiden deutschen Staaten und darüber hinaus. Zunächst ist festzustellen: Die erfolgte Abwanderung und eine für die nächsten Jahre auf ein Normalmaß reduzierte Auswanderung führen langfristig zu einer Verstärkung negativer Trends der Bevölkerungsentwicklung aufgrund der Altersstruktur der Migranten. Diese bedingt nicht nur eine Reduzierung an arbeitsfähiger Bevölkerung, sondern wirkt verschlechternd auf die Proportion zwischen Arbeitenden und Rentnergeneration sowie zu einer längerfristigen Auswirkung auf die Geburtenentwicklung. Auf diesem Gebiet einigermaßen gesicherte

Prognosen abzugeben, ist m. E. unmöglich und gerät auf beiden Seiten in ein Feld zwischen Wunsch und Wirklichkeit.

Was die inneren Ursachen betrifft, so sind sie differenziert für den einzelnen Bürger vor allem zu sehen in

- einem wachsenden Anspruch junger Menschen an ein ihren Leistungen und Bedürfnissen entsprechendes Lebensniveau (hochwertige Konsumgüter, Freizeitnutzung, Reisen, Variabilität des Warenangebots usw.);
- einem zunehmenden Teil von jungen Bürgern, die entsprechend ihrem hohen Bildungsniveau die Entwicklung der sozialen Lebensqualität selbst noch wirkungsvoller beeinflussen wollen, ein höheres Maß an demokratischer Mitgestaltung abfordern.

Nicht zu übersehen sind auch Auswirkungen aufgrund eines vom Durchschnitt abweichenden Anteils der Angehörigen der Klassen und Schichten (so sind Angehörige der Klasse der Genossenschaftsbauern unterrepräsentiert) sowie einzelner Berufsgruppen. Damit verschärfen sich z. B. für eine Reihe von Facharbeiterberufen und Berufen mit Hochschulabschluß die Bedingungen ihrer einfachen Reproduktion. Eine detailliertere Analyse zu Ursachen der Außenwanderung wird noch zu erarbeiten sein.

Überlegungen zur Begrenzung von Außenwanderungsverlusten können immer nur in zwei Richtungen gehen:

ERSTENS: Abbau von komplexen Verursachungsfaktoren für Auswanderung.

ZWEITENS: Neue Überlegungen zur Immigration von Bürgern anderer Länder, die dann aber nicht nur kurzfristige, zeitweilige Aufnahme finden können, sondern sozial voll zu integrieren sind - mit allen Konsequenzen, die damit verbunden sind.

Abschließend möchte ich nochmals hervorheben, daß eine Effektivierung demographischer Forschungen auch die Nutzung von Erfahrungen der Wissenschaftsentwicklung anderer Länder einschließt. Neben der Zusammenarbeit mit Demographen sozialistischer Länder war die seit vielen Jahren bewährte Zusammenarbeit mit Wissenschaftlern der BRD und anderer westlicher Staaten auf Veranstaltungen in der DDR und der BRD sowie im Rahmen der ECE immer davon getragen, wissenschaftliche Grundlagen einer sich an Bedürfnissen der Bürger der einzelnen Länder orientierenden

Sozial- und Bevölkerungspolitik zu erarbeiten. Ich bin sicher, daß auch in Zukunft dieser Dialog Bestandteil wissenschaftlicher Arbeit bleiben wird.

1 Vgl. Probleme der demographischen Entwicklung. In: Abhandlungen der AdW der DDR, W 5, Berlin 1980, S. 20/21.

2 Vgl. Beitrag von K.-P. Schwitzer in diesem Heft.

3 Vgl. Beiträge von H. Berger und W. Speigner in diesem Heft.

4 Die nachfolgenden Ausführungen stützen sich auf Studien der Forschungsgruppe Familie des Instituts für Soziologie und Sozialpolitik, Leiter: Dr. J. Gysi, vgl. hierzu auch J. Gysi, Frauen- und Familienentwicklung in der DDR. In: Sozialstruktur und sozialer Wandel in der DDR, Saarbrücken-Scheidt, 1988, S. 93-116.

5 Vgl. hierzu H. Koziolek/W. Ostwald/H. Stürz, Reproduktion und Infrastruktur, Berlin 1986, S. 161ff.

6 Vgl. S. Grundmann/I. Schmidt, Wohnortwechsel, Berlin 1988, S. 73-78, vgl. S. Grundmann/I. Schmidt, Soziale und volkswirtschaftliche Aspekte der Migration und ihrer Steuerung, in: DZfPh, 1985, H. 2, S. 117.

Demographische Forschung als Teil sozialstruktureller Forschung in der Bundesrepublik Deutschland

Charlotte Höhn

Die Vorortung der Bevölkerungswissenschaft als Teil sozialstruktureller Forschung haben wir in der Bundesrepublik Deutschland Gerhard Mackenroth zu verdanken. In seinem richtungweisenden Werk "Bevölkerungslehre" aus dem Jahre 1953 hat Mackenroth eindringlich und überzeugend dargelegt, daß zwischen wirtschaftlicher und gesellschaftlicher Verfassung einerseits und demographischem Verhalten andererseits im jeweiligen historischen Kontext eine Abstimmung erfolgt. Diese abgestimmte "Bevölkerungsweise" bedeutet nach Mackenroth, daß es charakteristische Zusammenhänge zwischen Gesellschaftsstruktur und generativer Struktur gibt. Der Begriff generative Struktur umfaßt bei Mackenroth nicht nur das generative Verhalten einschließlich des Heiratsverhaltens, sondern auch die Sterblichkeit.

Wie ein Mackenroth-Symposion im Jahre 1983 an der Universität Bamberg (Schmid, 1985) erbrachte, war Mackenroth keineswegs der erste oder der einzige, der diesen Gedankengang entwickelte. Vielmehr hatte schon Adolphe Landry vor dem Zweiten Weltkrieg ähnliche Zusammenhänge zwischen Bevölkerungs- und gesellschaftlicher Entwicklung herausgearbeitet. Und unmittelbar nach Ende des Zweiten Weltkrieges hatten in den Vereinigten Staaten die Bevölkerungs-- und Gesellschaftswissenschaftler Frank Notestein, Frank Lorimer und Kingsley Davis in der Theorie des demographischen Übergangs die Zusammenhänge zwischen demographischen Veränderungen und gesellschaftlichem und wirtschaftlichem Wandel formuliert.

Gerhard Mackenroth ist dennoch ein Pionier auf dem Gebiet der Zusammenschau von demographischer und sozialstruktureller Forschung für die Bundesrepublik Deutschland. Er kannte die ausländischen Denkströme nicht, da Deutschland während der Zeit des Dritten Reiches - nicht nur Bevölkerungs- und gesellschaftswissenschaftlich - von der internationalen Diskussion abgeschnitten war. Das Verständnis von Bevölkerungswissenschaft hatte sich in der Zeit des Dritten Reiches völlig aus einem gesellschaftlich argumentierenden Zusammenhang gelöst. Bevölkerungswissenschaft im Dritten Reich stand ganz im Zeichen der Eugenik und im Dienste der nationalsozialistischen Rassen- und Bevölkerungspolitik (Höhn, 1989). Unter dieser Erblast hat die demographische Forschung in der Bundesrepublik Deutschland bis zum heutigen Tage zu leiden. Bevölkerungswissenschaftliche Forschung wird in der Bundesrepublik Deutschland leider auch heute noch gelegentlich als angebliche praktische Bevölkerungspolitik diffamiert.

Dies muß wohl Gerhard Mackenroth geahnt haben, als er 1953 in seinen Vorbemerkungen schrieb: Das Bevölkerungsproblem ist heute in Deutschland sicher nicht mehr das "Thema I" unserer sozialwissenschaftlichen Diskussion. Es wird überschattet von anderen, die mit dem vergangenen Krieg, den Kriegsfolgen und der Furcht vor einem neuen Krieg zu tun haben. In Deutschland ist alles, was mit Bevölkerung und Bevölkerungspolitik zusammenhängt, mit dem Odium belastet, eine Angelegenheit der staatlichen Propaganda zu sein, was es in den dreißiger Jahren zweifellos auch war. Es sei darum von vornherein klargestellt, daß die Bevölkerungswissenschaftler den Menschen durchaus nicht dazu veranlassen wollen, etwas zu tun, was er im Grunde nicht tun will, und daß sie, wie alle ernstzunehmenden Wissenschaftler, staatlich anerkannte und sanktionierte Doktrinen nur mit größtem Mißtrauen betrachten. Andererseits ist aber auch nicht alles falsch und verwerflich, was einmal in den dreißiger Jahren in Deutschland getan und gedacht worden ist, nur weil damals der Nationalsozialismus die politische Bühne beherrschte. Die Bevölkerungsfrage ist durchaus nicht eine Domäne nationalistischer "Diehards" und ist es außerhalb Deutschlands auch nie gewesen." (Mackenroth, 1953, S. 1)

Das richtungweisende Buch von Gerhard Mackenroth diente auch der Auseinandersetzung mit der nationalsozialistischen Bevölkerungswissenschaft. In mehreren Kapiteln widerlegt Mackenroth die gängigen Thesen von Vererbung, Siebung, Auslese und Aufnordung in eindringlicher und überzeugender Weise. In einem zweiten Teil seines Buches breitet er dann die Gedankengänge aus, die man als gesellschaftswissenschaftliche Bevölkerungswissenschaft zu verstehen hat.

Leider ist Gerhard Mackenroth kurz nach Veröffentlichung seines Buches viel zu früh verstorben. Dies hat sicherlich dazu beigetragen, daß er seine

Reform der Bevölkerungswissenschaft in der Bundesrepublik Deutschland nicht weiter vorantreiben konnte. Vor allem Karl-Martin Bolte als sein Schüler, aber auch Hans Linde und Rainer Mackensen haben in den fünfziger und sechziger Jahren versucht, die bevölkerungswissenschaftliche Forschung weiterzuentwickeln und wiederzubeleben. Von einer Neuetablierung demographischer Forschung konnte dennoch über Jahrzehnte hinweg nicht die Rede sein. Es gab keine Lehrstühle oder gar spezielle Institute für Bevölkerungswissenschaft in der Bundesrepublik Deutschland.

So blieb demographische Forschung bis zu Beginn der siebziger Jahre das Spezialinteresse von einigen Hochschullehrern, die ihren Schwerpunkt aber auf anderen Gebieten, insbesondere der Soziologie und der Bevölkerungsgeschichte, hatten.

Lediglich die amtliche Statistik vermochte über die demographische Analyse von Bevölkerungsstatistiken ein wenig die Lücken zu füllen. So waren es im wesentlichen Kurt Horstmann, Siegfried Koller, Hermann Schubnell und Karl Schwarz, alle zu ihrer Zeit Abteilungsleiter für Bevölkerungsstatistik im Statistischen Bundesamt, die bevölkerungswissenschaftliche Arbeiten und demographische Analysen veröffentlichten und auf Tagungen und Kongressen, auch im internationalen Rahmen, vertraten.

In den sechziger Jahren, als sich der Geburtenrückgang abzeichnete, fanden bevölkerungswissenschaftliche Fragestellungen wieder breiteres Interesse an den Universitäten. Die Wissenschaftler mit Interesse an demographischen Problemen berieten Ursachen und Folgen des Bevölkerungsrückgangs und veröffentlichten, vor allem in den siebziger Jahren, einschlägige Sammelwerke und Lehrbücher. Zu nennen wären "Dynamik der Bevölkerungsbewegung", herausgegeben von Rainer Mackensen und Heinz Wewer (1973), "Bevölkerungsbewegung zwischen Quantität und Qualität", herausgegeben von Franz-Xaver Kaufmann (1975), die "Einführung in die Bevölkerungssoziologie" von Josef Schmid (1976) und "Bevölkerung - Statistik, Geschichte, Theorie und Politik des Bevölkerungsprozesses", von Karl Martin Bolte, Dieter Kappe und Josef Schmid (1980), das eine völlig überarbeitete vierte Neuauflage des Lehrbuchs von Bolte und Kappe aus dem Jahre 1967 war. Von einer etablierten demographischen Forschung konnte dennoch - auch in den sechziger und frühen siebziger Jahren - keine Rede sein. Noch fehlten Lehrstühle für Bevölkerungswissenschaft oder gar ein spezielles Forschungsinstitut.

Anläßlich der ersten Ausgabe der Zeitschrift für Bevölkerungswissenschaft charakterisiert Hans W. Jürgens, der erste Direktor des Bundesinstituts für Bevölkerungsforschung, die Lage bis 1973 wie folgt. Während sich in anderen vergleichbaren Ländern die Bevölkerungswissenschaft immer mehr als eigenständiges Fachgebiet entwickelt hatte, stand in der Bundesrepublik Deutschland nur ein geringes wissenschaftliches Arbeitspotential zur Verfügung. "Hier hat sich im Gegensatz zu allen Nachbarländern das Prinzip erhalten, daß Bevölkerungsfragen gleichsam nebenbei und am Rande zahlreicher anderer Wissenschaften bearbeitet werden. 1952 fand sich auf Initiative des Sozialhygienikers Harmsen eine Gruppe von Bevölkerungswissenschaftlern zusammen, um eine Gesellschaft für Bevölkerungswissenschaft zu gründen. In ihr trafen sich neben Vertretern der amtlichen Statistik Angehörige zahlreicher Disziplinen, Volkswirte, Historiker, Mediziner, Anthropologen, Geographen u. a. mit dem Ziel, die demographische Forschung in interdisziplinärer Zusammenarbeit zu fördern, eine Zeitschrift (C. H.: die allerdings nie zustande kam) und andere Veröffentlichungen herauszubringen und die Zusammenarbeit mit ausländischen und internationalen Gesellschaften aufzunehmen. ... Die bevölkerungswissenschaftliche Forschung blieb aber nach wie vor atomisiert, d. h. auf Institute bzw. Einzelwissenschaftler beschränkt, die einer anderen Disziplin angehören. Die Ergebnisse der wissenschaftlichen Arbeit auf diesem Gebiet sind dementsprechend auch in Schriftenreihen und Zeitschriften zahlreicher Disziplinen verstreut. So konnte sich die Bevölkerungswissenschaft in der Bundesrepublik nicht als ein geschlossenes Wissensgebiet repräsentieren, und deshalb gelang es weder, eine deutsche Universität anzuregen, Bevölkerungswissenschaft in ihr regelmäßiges Lehrprogramm aufzunehmen, noch einen Lehrstuhl oder ein Institut zu errichten. Das Fehlen von Lehrstühlen und von Nachwuchs wiederum erschwerte es, die bevölkerungswissenschaftliche Forschung voranzutreiben und ihre Ergebnisse der Öffentlichkeit zugänglich zu machen." (Jürgens, 1975, S. 9)

Insbesondere Hermann Schubnell hat sich in den sechziger Jahren immer wieder und nachdrücklich dafür eingesetzt, ein Bundesinstitut für Bevölkerungsforschung ins Leben zu rufen. Es ist sicherlich nicht übertrieben zu sagen, daß der Geburtenrückgang und das Bedürfnis, seine Ursachen und seine Auswirkungen zu erforschen, halfen, daß schließlich 1973 das Bundesinstitut für Bevölkerungsforschung gegründet wurde. Hans W. Jürgens schreibt aus diesem Anlaß: "Die gleichbleibend ungünstige Situation der Bevölkerungswissenschaft einerseits und das zunehmende Bedürfnis andererseits, bevölkerungswissenschaftliche Erkenntnisse zu nutzen, waren nach über sechsjährigen Vorbereitungsarbeiten für das Bundesministerium des Innern Anlaß, im Februar 1973 ein Bundesinstitut für Bevölkerungsforschung zu errichten, das sich in enger Zusammenarbeit mit dem Statistischen Bundesamt in Wiesbaden ausschließlich den Fragen bevölkerungswissenschaftlicher Forschung, der Beratung der Bundesregierung auf diesem Gebiet und der Information der Öffentlichkeit widmen kann." (Jürgens, 1975, S. 11)

Das Bundesinstitut für Bevölkerungsforschung nahm im Jahre 1973 seine Arbeit auf. Die Mitarbeiter kamen aus verschiedenen wissenschaftlichen Disziplinen, so daß, zumindest auf den ersten Blick, alle Voraussetzungen für demographische Forschung im interdisziplinären Sinne gegeben zu sein schienen. Der Mitarbeiterstab war allerdings zu klein, um das sehr ambitiöse Vorhaben einer Längsschnittstudie zum generativen Verhalten erfolgreich und zügig voranzubringen. Die Erhebung und Aufbereitung von fünf Befragungswellen einer jungen Eheschließungskohorte deutscher Frauen innerhalb eines Zeitraums von zehn Jahren (1975 - 1985) absorbierte die Arbeitskapazität des Bundesinstituts für Bevölkerungsforschung für viele Jahre. So kam die abschließende Analyse aus der Längsschnittstudie erst im Jahre 1989 heraus (Lengsfeld, Linke und Pohl, 1989), also zu einem Zeitpunkt, an der das Interesse an den Gründen des Geburtenrückgangs schon stark nachgelassen hatte. Spätestens in den achtziger Jahren waren andere demographische Themen, wie Auswirkungen der demographischen Alterung infolge eines Rückgangs der deutschen Bevölkerung auf Wirtschaft und Gesellschaft und Fragen der Zuwanderung und Integration von Ausländern, Aussiedlern und Übersiedlern, Veränderungen der Familienstrukturen, zunehmend wichtiger geworden.

Eine große Chance, aber auch eine erhebliche Belastung für das Bundesinstitut für Bevölkerungsforschung war die Herausgabe der Zeitschrift für Bevölkerungswissenschaft ab dem Jahre 1975. Die Zeitschrift für Bevölkerungswissenschaft wurde schnell, was sie auch heute noch ist, ein Forum für Bevölkerungswissenschaftler im deutschsprachigen Raum. Sie erscheint viermal im Jahr und bringt Artikel und Analysen zu allen bevölkerungswissenschaftlichen Themenbereichen. Die Belastung eines kleinen Instituts durch die Herausgabe einer wissenschaftlichen Zeitschrift mit vier Heften pro Jahrgang darf nicht unterschätzt werden. Hinzu kamen Bände der Schriftenreihe des Bundesinstituts für Bevölkerungsforschung (ein bis zwei pro Jahr, bisher 18) und von Materialien zur Bevölkerungswissenschaft (bisher 60 Bände und 18 Sonderhefte). Hinzu kam ab 1980 die Herausgabe eines Informationsblattes "BIB-Mitteilungen", das vier- bis fünfmal im Jahr erscheint.

Neben der Grundlagenforschung und der Veröffentlichung von wissenschaftlichen Ergebnissen und Informationen hat das Bundesinstitut für Bevölkerungsforschung auch die Aufgabe, die Bundesregierung zu beraten und zu diesem Zweck Kontakt zu in- und ausländischen bevölkerungswissenschaftlichen Institutionen zu pflegen. Hieraus ergibt sich wahrlich ein Mammutprogramm für ein kleines Institut, dessen Personalspanne von ca. 20 Personen (darunter acht Wissenschaftler) seit seiner Gründung nie vergrößert wurde.

Der Kontakt zur Wissenschaft ist für das BIB unter anderem dadurch gewährleistet, daß namhafte Bevölkerungswissenschaftler (die meisten wurden in diesem Beitrag schon namentlich erwähnt) im Kuratorium des Bundesinstituts für Bevölkerungsforschung beratende Funktion haben. Darüber hinaus sind Angehörige des BIB auch Mitglieder der Deutschen Gesellschaft für Bevölkerungswissenschaft, der Internationalen Union für Bevölkerungswissenschaft (IUSSP) und der Europäischen Gesellschaft für Bevölkerungswissenschaft (EAPS). Im Rahmen des deutsch-französischen Freundschaftsvertrages fanden seit 1976 jährlich Treffen zwischen den Bevölkerungswissenschaftlern des französischen Forschungsinstituts INED und des französischen Statistischen Amtes INSEE von französischer Seite und des BIB und des Statistischen Bundesamtes von deutscher Seite statt. Die Beiträge zu diesen Treffen sind in den Materialien zur Bevölkerungswissenschaft regelmäßig veröffentlicht und interessierten Lesern zugänglich gemacht worden. Regelmäßige Treffen, etwa alle drei Jahre, finden mit den österreichischen und schweizerischen Kollegen statt. Im übrigen bestehen mit allen demographischen Forschungsinstituten in Europa gute Kontakte. Von 1987 bis 1989 bestand ein Austausch- und Forschungsprogramm zwischen dem BIB und dem ungarischen demographischen Forschungsinstitut, das von der Deutschen Forschungsgemeinschaft unterstützt wurde. Für 1990 bis 1992 ist ein ähnliches Abkommen mit dem polnischen Institut für Demographie und Statistik in Vorbereitung.

Ein erheblicher Teil genuin demographischer Analysen und Modellrechnungen wurde und wird vom Statistischen Bundesamt wahrgenommen. Hierzu zählen Bevölkerungsvorausschätzungen und Modellrechnungen zur Bevölkerungsentwicklung, die Berechnung von Sterbetafeln und Heiratstafeln und die demographische Analyse der Statistiken der Eheschließungen,

Geburten, Scheidungen, Wanderungen und der Sterbefälle. Allerdings hat das Bundesinstitut für Bevölkerungsforschung seit Bestehen der Zeitschrift für Bevölkerungswissenschaft die verstreuten Ergebnisse der amtlichen Statistik in einem Bericht zur demographischen Lage zusammengefaßt.

Die historisch gewachsene Bedeutung und starke Stellung der amtlichen Bevölkerungsstatistik macht sich auch darin bemerkbar, daß eine Reihe von Mitarbeitern des Statistischen Bundesamtes im Laufe der Zeit zum Bundesinstitut für Bevölkerungsforschung wechselten. Zu nennen wäre hier an erster Stelle Hermann Schubnell, der in der Gründungsphase eine entscheidende Rolle spielte und das Institut zunächst gemeinsam mit Hans W. Jürgens leitete. Schubnell hat auch nach seiner Pensionierung im Jahre 1974 seine Dienste immer wieder dem Bundesinstitut für Bevölkerungsforschung und dem Bundesminister des Inneren zur Verfügung gestellt. Zu nennen wäre z. B. seine Studie über die Wirksamkeit pronatalistischer Politiken in ausgewählten europäischen Ländern (Höhn und Schubnell, 1986). Seit 1985 hat Hermann Schubnell die Bundesrepublik Deutschland in der Bevölkerungskommission der Vereinten Nationen vertreten. Er wurde hierbei von den Direktoren des Bundesinstituts für Bevölkerungsforschung, meinem Vorgänger Wilfried Linke und mir selbst, unterstützt. Ebenfalls aus dem Statistischen Bundesamt kamen Gerd Rüdiger Rückert mit der Gründung und ich selbst ab dem Jahre 1980 zum Bundesinstitut für Bevölkerungsforschung.

Nach Ausscheiden von Hans W. Jürgens wurde Karl Schwarz von 1979 bis 1982 Direktor des BIB. Er wurde abgelöst von Wilfried Linke, ebenfalls aus dem Statistischen Bundesamt, und schließlich von mir, die ich mir meine demographischen Sporen ja auch im Statistischen Bundesamt verdient hatte.

Die Rekrutierung von bevölkerungswissenschaftlichem Nachwuchs aus anderen Quellen als den Statistischen Ämtern erweist sich nach wie vor als schwierig. Im Zeitpunkt der Gründung des Bundesinstituts für Bevölkerungsforschung gab es außer vereinzelten Lehrveranstaltungen an verschiedenen Universitäten des Landes nur an der Universität Kiel unter Professor Jürgens, der Anthropologe ist, ein interdisziplinäres Lehrfach für Bevölkerungswissenschaft (es feierte 1989 sein zwanzigjähriges Bestehen). Erst 1980 wurden an der Universität Bamberg und der Universität Bielefeld zwei Lehrstühle für Bevölkerungswissenschaft gegründet. Die Ausbildung zum Demographen ist folglich besser geworden, aber immer noch unbefriedigend. In anderen vergleichbaren Ländern, insbesondere in den USA und in

Frankreich, aber auch in Belgien und den Niederlanden, sind die Möglichkeiten, bevölkerungswissenschaftliche Studien zu absolvieren, wesentlich umfassender.

Die kleine überschaubare Schar von Bevölkerungswissenschaftlern in der Bundesrepublik Deutschland produziert dennoch eine erstaunliche Menge von Veröffentlichungen. Im Vergleich zu den gewachsenen Anforderungen an demographische Forschung bleiben aber die Ausstattung der wenigen Lehrstühle und des Bundesinstituts für Bevölkerungsforschung unbefriedigend.

Die Anforderungen an das Bundesinstitut für Bevölkerungsforschung und an das Statistische Bundesamt aus der Politikberatung sind in der Tat enorm gewachsen. 1974 wurden erstmals Bevölkerungsvorausberechnungen vorgelegt, aus denen sich ergab, daß langfristig mit einer Abnahme der deutschen Bevölkerung zu rechnen sei. Die fünfte koordinierte Bevölkerungsvorausschätzung und alle weiteren Berechnungen bestätigten diesen Trend (Höhn und Schulz, 1987).

Als Reaktion auf diese Vorausberechnungen wurde Mitte der siebziger Jahre eine interministerielle Arbeitsgruppe "Bevölkerungsfragen" unter der Federführung des Bundesministers des Inneren ins Leben gerufen. Sie hat die Aufgabe, die demographische Lage und ihre Auswirkungen auf Staat und Gesellschaft zu analysieren. Dieser Aufgabe kam sie durch die Veröffentlichung von zwei Bevölkerungsberichten der Bundesregierung nach. Der erste Teil des Bevölkerungsberichts (Bundestagsdrucksache 8/4437) befaßt sich mit einer Analyse der bisherigen Bevölkerungsentwicklung und Modellrechnungen zur künftigen Bevölkerungsentwicklung. Der zweite Teil des Berichts über die Bevölkerungsentwicklung in der Bundesrepublik Deutschland (Bundestagsdrucksache 10/863), der 1984 vorgelegt wurde, befaßt sich mit den Auswirkungen auf die verschiedenen Bereiche von Staat und Gesellschaft. Ein zunächst ins Auge gefaßter dritter Teil über zu ergreifende Maßnahmen wurde bisher nicht erstellt. Die verschiedenen Regierungen der Bundesrepublik Deutschland haben (z. B. in der Beantwortung der UN-Umfragen) immer wieder betont, daß sie keine aktive Bevölkerungspolitik betreiben und daß eine ausgebaute Familienpolitik keiner pronatalistischen Begründung bedarf. Bei dieser bevölkerungspolitischen Abstinenz spielt sicherlich die Erblast in Fragen Bevölkerungspolitik eine große Rolle. Untersuchungen zur Wirksamkeit pronatilistischer Maßnahmen im vergleichbaren europäischen Ausland (Höhn und Schubnell), die von der interministeriellen

Arbeitsgruppe "Bevölkerungsfragen" angeregt wurden, ergaben darüber hinaus, daß aufgrund der bisherigen Erfahrungen im Ausland mit pronatalistischen Programmen nur bescheidene Erfolge erzielt wurden. Die Probleme der demographischen Alterung, die sich aus der bisherigen Bevölkerungsentwicklung ergeben, können ohnehin durch einen, selbst spektakulären Wiederanstieg der Geburtenzahlen kaum gelöst, bestenfalls abgemildert werden.

Das bedeutet nicht, daß die Bundesregierungen sich nicht ernsthaft mit den absehbaren Auswirkungen des Bevölkerungsrückgangs und insbesondere der demographischen Alterung befaßt hätten. Zu nennen ist hier insbesondere das Gesetz zur Reform der gesetzlichen Rentenversicherung, das im Entwurf vorliegt und 1992 in Kraft treten soll. Andere Anpassungsmaßnahmen sind im Bildungssektor und im Gesundheitswesen erfolgt. Maßnahmen im Bereich der Wirtschaftspolitik waren bislang nicht erforderlich. Die insbesondere von ausländischen Bevölkerungswissenschaftlern befürchtete negative Auswirkung des Bevölkerungsrückgangs auf das Wirtschaftswachstum in der Bundesrepublik Deutschland hat sich nicht bewahrheitet. Bislang haben die freien Kräfte des Marktes eine Veränderung und Anpassung der Verbrauchsstrukturen und der Produktion bewirken können.

Zur Zeit wird eine Fortschreibung und Aktualisierung der Bevölkerungsberichte vorbereitet. Wichtige zusätzliche Probleme, die bisher noch nicht angesprochen wurden, betreffen die familiale und institutionelle Betreuung alter pflegebedürftiger Menschen und die sozio-ökonomische Lage der älteren Mitbürger. Verstärkte Beachtung finden auch Fragen der Integration der zugewanderten Bevölkerungsgruppen, sowohl der Ausländer als auch der Aus- und Übersiedler.

Zu allen diesen Bevölkerungsberichten hat das Bundesinstitut für Bevölkerungsforschung, unterstützt von der bevölkerungsstatistischen Abteilung des Statistischen Bundesamtes, umfangreiche Zuarbeiten und Expertisen einbringen müssen. Diese Zuarbeiten haben in den vergangenen zehn Jahren, wie man leicht begreifen wird, erhebliche Kapazitäten des Bundesinstituts für Bevölkerungsforschung gebunden. Ohne die Einbettung der "staatlichen" demographischen Forschung in die universitäre sozialstrukturelle und bevölkerungsökonomische Forschung wäre eine solche Aufgabe kaum zu bewältigen gewesen. In der Tat haben zu beiden Bevölkerungsberichten Hearings mit Bevölkerungswissenschaftlern stattgefunden. Auf diese Weise wurden die knappen, aber wertvollen und unverzichtbaren Ressourcen der gesamten Bevölkerungswissenschaft in der Bundesrepublik Deutschland genutzt.

In den achtziger Jahren hat es in der Tat in der Bundesrepublik Deutschland einen beachtlichen Aufschwung in der bevölkerungswissenschaftlichen Forschung gegeben. Die Namen, die hier zu nennen wären, sind schon fast alle in diesem Beitrag gefallen. Ich erwähne - ohne Anspruch auf Vollständigkeit - die Arbeiten von Josef Schmid für den Europarat (Schmid, 1984), anläßlich des Mackenroth-Symposiums (Schmid, 1985) und über empirische Studien zum generativen Verhalten (Kiefl und Schmid, 1985), die "Theorie der säkularen Nachwuchsbeschränkungen 1800 bis 2000" von Hans Linde (1984), die Ergebnisse eines Arbeitskreises der Gesellschaft für Sozialen Fortschritt unter Leitung von Karl Martin Bolte (Bevölkerungsentwicklung, 1980), die Ergebnisse eines IUSSP-Seminars über Gründe des Geburtenrückgangs (Höhn und Mackensen, 1982), die Arbeiten von Kaufmann (1982) über Familie und Sozialpolitik, die Gutachten des Sozialbeirats (hierzu stellvertretend Heinz Grohmann, 1980) und die bevölkerungsökonomischen Analysen von Bernhard Felderer (1983; Felderer und Sauga, 1988). Ohne dieses breite Spektrum von bevölkerungswissenschaftlicher Forschung hätten die Kräfte der jeweiligen Mitarbeiter im Bundesinstitut für Bevölkerungsforschung und im Statistischen Bundesamt nicht ausgereicht, um den Herausforderungen, die sich aus den aktuellen und zukünftigen demographischen Entwicklungen ergeben, zu begegnen und den demographischen Wandel und seine Wechselwirkungen mit Staat, Wirtschaft und Gesellschaft sachgerecht zu analysieren und zu kommentieren.

Man könnte sich also zufrieden zurücklehnen. Ich schließe mich jedoch den Warnungen von Rainer Mackensen, wie er sie in der Festschrift aus Anlaß des 70. Geburtstags von Karl Schwarz formuliert hat, an. Mackensen fragt zur Lage der Bevölkerungswissenschaft in der Bundesrepublik Deutschland: "Woran liegt es, nachdem Thema und Wissenschaftsgebiet wieder zur Geltung gekommen sind, daß sie kein ausreichendes wissenschaftliches Humanpotential ausgebildet haben? Seit anderthalb Jahrzehnten können die Fachvertreter nicht mehr über einen Mangel an öffentlicher Aufmerksamkeit und einen Zugang zu den erforderlichen finanziellen Mitteln klagen. Es gibt Fachinstitute, wenn ihre Ausstattung noch nicht üppig ist, und es gibt eine große Zahl von Forschungsberichten. An vielen Hochschulen und in vielen Fachdisziplinen werden demographische Fragen bearbeitet. Und dennoch ist mein Eindruck, daß der Ertrag - gemessen an der internationalen Wahrnehmung und dann im Interesse des wissenschaftlichen Nachwuchses -

dem Aufwand nicht entspricht." (Mackensen, 1988, S. 23) "Schon in den Jahren der Diskussion über den Geburtenrückgang, während derer sich viele qualifizierte Wissenschaftler, etablierte und junge, mit diesem Problem befaßten, wurde deutlich, daß die gemeinsame methodologische Basis der demographischen Analyse nicht allgemein vorausgesetzt werden kann oder auch nur als unerläßliche Voraussetzung zur Bearbeitung der interessierenden demographischen Fragen wahrgenommen wird. Sie wurde nicht ohne weiteres als Voraussetzung der Beschäftigung mit Bevölkerungsfragen anerkannt, weil die gleichen Probleme in einem anderen theoretischen Kontext wahrgenommen und diskutiert wurden. ... Einer der Gründe für dieses Verhalten ist offenbar, daß der Gewinn des wissenschaftlichen Prestiges für die inhaltlich Beteiligten nur innerhalb ihrer Stammdisziplinen erwartet wurde, während die Lieferung der demographischen Grundlagen - sowohl der empirischen wie der methodischen - von den professionellen Demographen erwartet wurde. Das seltsame ist: Es gibt diese gar nicht. Es gibt, zweifelsohne, in den Behörden und Instituten, in den verschiedensten Disziplinen und an vielen Hochschulen eine Menge von Personen mit erheblichem demographischem Interesse und mit beachtlichen demographischen Kenntnissen und Fertigkeiten; aber nicht aus diesen beziehen sie ihr Renommee, sondern aus ihren Beschäftigungsverpflichtungen, die anders definiert sind - in der Produktion von Materialien der amtlichen Statistik, in der Herstellung von politischen Beratungsunterlagen, in der Lehre anderer Fachgebiete, in der Forschung im Rahmen der Stammdisziplinen, für die Verbesserung des Ansehens ihrer Institutionen, für ihre Stadt oder ihr Land oder was sonst - nur nicht für die Bevölkerungswissenschaft. Deren Sache ist akut; aber sie bildet keine Institution. Sie verleiht weder Prestige noch Beschäftigungs- oder Aufstiegschchancen." (ebd., S. 24) "Die Selbstkritik sollte sich aber nicht nur auf die Sicherung der demographischen Qualifikation beschränken; es gehören auch die Anwendungsgebiete dazu. Einschlägige Arbeiten und Veranstaltungen werden heute in vielen Verbänden, Behörden und Instituten durchgeführt; sie erreichen die etablierte Bevölkerungswissenschaft nur zum kleinen Teil. Das liegt auch in gewissem Maße daran, daß sich die etablierte Bevölkerungswissenschaft zu wenig um die Anwendungsbereiche bemüht und in ihnen auskennt. Schon in den Gebieten der Wirtschafts- und Sozialpolitik, der Regional- und Technologiepolitik, der Unternehmens- und Handelsorganisationen, ja selbst der Alten-, Jugend- und Familienpolitik ist die etablierte Bevölkerungswissenschaft im allgemeinen zu wenig zu Hause, um die dort virulenten demographischen Probleme präzise und rechtzeitig genug definieren, erkennen und bearbeiten zu können." (ebd., S. 26)

Ich verstehe diese berechtigte Sorge und Kritik von Rainer Mackensen als Herausforderung, neuen Fragestellungen und Anwendungsgebieten von Seiten der demographischen Forschung mehr Aufmerksamkeit zu schenken und den Dialog mit sämtlichen Disziplinen, die als ganzes erst Bevölkerungswissenschaft als Querschnittsforschung mit demographischen Methoden ausmacht, aber auch mit allen Institutionen mit bevölkerungsrelevanten Interessen zu suchen und nicht abreißen zu lassen. Vielleicht gelingt es ja dann schließlich doch, Bevölkerungswissenschaft und demographische Forschung in der Bundesrepublik Deutschland als anerkannte Disziplin und Institution zu begreifen.

Literaturverzeichnis

BEVÖLKERUNGSENTWICKLUNG UND NACHWACHSENDE GENERATION. Bericht eines Arbeitskreises der Gesellschaft für sozialen Fortschritt; Schriftenreihe des Bundesministers für Jugend, Familie und Gesundheit, Band 93; Stuttgart: Kohlhammer, 1980.

BOLTE, Karl Martin; Kappe, Dieter; Schmidt, Josef: Bevölkerung. Statistik, Theorie, Geschichte und Politik des Bevölkerungsprozesses; 4. Auflage; Opladen: Leske, 1980.

BOLTE, Karl Martin und Meyer-Neumann, Ulrike: Feststellungen und Überlegungen zum Stand bevölkerungswissenschaftlicher Forschung in der Bundesrepublik; Zeitschrift für Bevölkerungswissenschaft, 7, 1981, 3. - S. 401 - 432.

BUNDESTAGSDRUCKSACHE 8/4437: Bericht über die Bevölkerungsentwicklung in der Bundesrepublik Deutschland, 1. Teil: Analyse der bisherigen Bevölkerungsentwicklung und Modellrechnungen zur künftigen Bevölkerungsentwicklung; Bonn: Bundesminister des Innern, 1980.

BUNDESTAGS-DRUCKSACHE 10/863: Bericht über die Bevölkerungsentwicklung in der Bundesrepublik Deutschland, 2. Teil:

Auswirkungen auf die verschiedenen Bereiche von Staat und Gesellschaft; Bonn: Bundesminister des Innern, 1984.

FELDERER, Bernhard: Wirtschaftliche Entwicklung bei schrumpfender Bevölkerung; Berlin/Heidelberg/New York/Tokyo: Springer, 1983.

FELDERER, Bernhard und Sauga, Michael: Bevölkerung und Wirtschaftsentwicklung; Frankfurt/New York: Campus, 1988.

GROHMANN, Heinz: Rentenversicherung und Bevölkerungsprognosen; Frankfurt/New York: Campus, 1980.

HÖHN, Charlotte und MACKENSEN, Rainer (Hrsg.): Determinante of Fertility Trends - Theories Re-examined; Liège: Ordina, 1982.

HÖHN, Charlotte und SCHUBNELL, Hermann: Bevölkerungspolitische Maßnahmen und ihre Wirksamkeit in ausgewählten europäischen Industrieländern; Zeitschrift für Bevölkerungswissenschaft, 12, 1986, 1 (Teil 1), S. 3 - 51 und 2 (Teil 2), S. 185 - 219.

HÖHN, Charlotte und SCHULZ, Reiner: Bericht zur demographischen Lage in der Bundesrepublik Deutschland; Zeitschrift für Bevölkerungswissenschaft, 13, 1987, 2. - S. 137 - 213.

HÖHN, Charlotte: Grundsatzfragen in der Entstehungsgeschichte der Internationalen Union für Bevölkerungswissenschaft (IUSSP/IUSIPP), in: Mackensen, Rainer: Thill-Thouet, Lydia; Stark, Ulrich (Hrsg.): Bevölkerungsentwicklung und Bevölkerungstheorie in Geschichte und Gegenwart; Frankfurt/New York: Campus, 1989. - S. 233 - 254.

JÜRGENS, Hans W.: Zur Lage der Bevölkerungswissenschaft in der Bundesrepublik Deutschland; Zeitschrift für Bevölkerungswissenschaft, 1, 1975, 1. - S. 6 - 18.

JÜRGENS, Hans W.: Bevölkerungswissenschaft an Hochschulen in der Bundesrepublik Deutschland; Zeitschrift für Bevölkerungswissenschaft, 7, 1981, 1. - S. 87 - 109.

KAUFMANN, Franz-Xaver (Hrsg.): Staatliche Sozialpolitik und Familie; München: Oldenburg, 1982.

KIEFL, Walter und SCHMID, Josef: Empirische Studien zum generativen Verhalten; Schriftenreihe des Bundesinstituts für Bevölkerungsforschung, Band 15; Boppard: Boldt, 1985.

LENGSFELD, Wolfang; LINKE, Wilfried; POHL, Katharina: Familienbildung in der Bundesrepublik Deutschland - Ergebnisse der Panelstudie des Bundesinstituts für Bevölkerungsforschung; Schriftenreihe des Bundesinstituts für Bevölkerungsforschung, Band 17; Boppard: Boldt; 1989.

LINDE, Hans: Theorie der säkularen Nachwuchsbeschränkung 1800 bis 2000; Forschungsberichte des Instituts für Bevölkerungsforschung und Sozialpolitik (IBS) Universität Bielefeld, Band 8; Frankfurt/New York: Campus, 1984.

MACKENROTH, Gerhard: Bevölkerungslehre; Berlin/Göttingen/Heidelberg: Springer, 1953.

MACKENSEN, Rainer und WEWER, Heinz (Hrsg.): Dynamik der Bevölkerungsentwicklung; München: Hansen, 1973.

MACKENSEN, Rainer: Über den deutschen Beitrag zur Bevölkerungswissenschaft und die Leistung von Karl Schwarz im internationalen Kontext, in: Höhn, Charlotte; Linke, Wilfried; Mackensen, Rainer (Hrsg.): Demographie in der Bundesrepublik Deutschland - Vier Jahrzehnte Statistik, Forschung und Politikberatung; Schriftenreihe des Bundesinstituts für Bevölkerungsforschung, Band 18; Boppard: Boldt, 1988. - S. 17 - 28.

SCHMID, Josef: Einführung in die Bevölkerungssoziologie; Reinbek: Rowohlt, 1976.

SCHMID, Josef: The background of recent fertility trends in the member states of the Council of Europe; Population Studies, No. 15; Strasbourg: Council of Europa, 1984.

SCHMID, Josef (Hrsg.): Bevölkerungswissenschaft. Die "Bevölkerungslehre" von Gerhard Mackenroth - 30 Jahre danach; Frankfurt/New York: Campus, 1985.

Sozialindikatorenforschung in der Bundesrepublik - Konzepte, Forschungsansätze und Perspektiven -

Heinz-Herbert Noll

1. Entstehung und Zielsetzungen der Sozialindikatorenforschung

Der Forschungszweig der Sozialwissenschaften, den man als Sozialindikatorenforschung bezeichnet, ist in der zweiten Hälfte der sechziger Jahre in den USA entstanden. Als Ursprung der Sozialindikatorenforschung gilt ein Projekt der Weltraumbehörde NASA, das die gesellschaftlichen Nebenwirkungen des amerikanischen Raumfahrtprogramms erforschen sollte. Raymond A. Bauer, der das Projekt leitete, hat angeblich auch den Begriff "social indicators" geprägt. Er verstand darunter "statistics, statistical series, and all other forms of evidence - that enable us to assess where we stand and are going with respect to our values and goals" (Bauer 1966, S. 1). Etwa um die gleiche Zeit hat Mancur Olson im Rahmen eines Regierungsauftrags den Prototyp eines Sozialberichts "Toward a Social Report" (Department for Health, Education and Welfare 1969) entwickelt und gefördert durch die Russel Sage Foundation wurde das Projekt "Monitoring Social Change" (Sheldon/Moore 1968) durchgeführt.

Sehr bald wurden die in den USA diskutierten Ideen, Konzepte und Ansätze einer Sozialindikatorenforschung dann auch in anderen Ländern und von internationalen Organisationen aufgegriffen. Die OECD hat ihr "Programme of work on social Indicators" im Jahre 1970 gestartet und etwa gleichzeitig hat auch das Social and Economic Council der Vereinten Nationen zusammen mit der Konferenz der Europäischen Statistiker damit begonnen, ein "System Sozialer und Demographischer Statistiken" zu entwerfen.

Die verhältnismäßig frühe Rezeption der damals neuen Forschungsrichtung in der Bundesrepublik ist vor allem den Arbeiten von Wolfgang Zapf zu verdanken. Die ungewöhnlich starke Resonanz, die das Programm der Sozialindikatorenforschung fand, das Engagement, mit dem es in Angriff genommen wurde und vielleicht auch ein gewisses "Sendungsbewußtsein", das die daran Beteiligten verband, waren die Gründe dafür, daß auch in der Bundesrepublik bald von einer "Sozialindikatorenbewegung" gesprochen wurde. Neben Sozialwissenschaftlern, Ökonomen und Statistikern beteiligten sich daran - auch das war ungewöhnlich - auch Ministerialbeamte und Politiker.

Einen Schlüssel zum Verständnis der Entstehung und raschen Ausbreitung dieser "Bewegung" liefern das politische Klima und das gesellschaftspolitische Problembewußtsein der späten sechziger und frühen siebziger Jahre. Vor dem Hintergrund hoher und mehr oder weniger stetiger Wachstumsraten wurde das wirtschaftliche Wachstum als Inbegriff des gesellschaftlichen Fortschritts nicht nur in der Bundesrepublik, sondern auch in den anderen hochentwickelten westlichen Industrieländern zunehmend in Frage gestellt. Die "sozialen Kosten" des wirtschaftlichen Wachstums und die "öffentliche Armut" als Kehrseite des "privaten Reichtums" gewannen an öffentlicher Aufmerksamkeit und rückten immer stärker ins Blickfeld der Gesellschaftspolitik. Zudem wurde immer häufiger verneint, daß "mehr" mit "besser" gleichzusetzen sei und gefordert, der "Qualität" Vorzug vor der "Quantität" zu geben.

Das Konzept der "Lebensqualität", das als ein Ergebnis dieser Diskussion entstanden ist, verstand sich als eine Alternative zu dem fragwürdig gewordenen Wohlstandsbegriff und lieferte der Gesellschaftspolitik eine neue, aber zugleich auch wesentlich komplexere, multidimensionale Zielformel. In der Bundesrepublik hat unter anderem der 1972 von der IG Metall veranstaltete Kongreß "Aufgabe Zukunft: Qualität des Lebens" viel dazu beigetragen, daß dieses neue Leitbild schnell populär wurde und Eingang in die politische Diskussion fand.

Charakteristisch für das damalige politische Klima war zudem die Vorstellung, gesamtgesellschaftliche Prozesse und deren Ergebnisse politisch umfassend gestalten und aktiv steuern zu können. Das Programm der "Great Society" in den USA und die Reformpolitik der Sozialliberalen Koalition in der Bundesrepublik waren Manifestationen dieses Optimismus. Die Begriffe der "active society" bzw. einer "aktiven Gesellschaftspolitik" stehen für den Übergang von einer reaktiven Politik des "muddling through" zu einem neuen Modell des Regierens, das einer Rationalisierung des politischen Prozesses, einer Verstetigung des sogenannten "Problemmodenzyklus" und einer vorausschauenden und geplanten Gestaltung der Lebensverhältnisse im Ganzen verpflichtet war. Eine derartige Politik ist allerdings in besonderer Weise auf Informationen angewiesen, die sie befähigen, frühzeitig Probleme zu erkennen, Prioritäten zu setzen und vor allem auch die Wirksamkeit bzw. den Erfolg ihrer Maßnahmen zu kontrollieren.

Die Entstehung der Sozialindikatorenforschung kann man vor diesem Hintergrund daher auch als eine Antwort auf die Informationsanforderungen einer aktiven Gesellschaftspolitik und die Herausforderung betrachten, deren zentrale Zielformel, das Konzept der Lebensqualität, zu operationalisieren und zu quantifizieren.

Man muß an dieser Stelle allerdings hinzufügen, daß sich die Sozialindikatorenforschung darin nicht erschöpft hat und daß es neben der gesellschaftspolitischen Orientierung immer auch ihr Anliegen gewesen ist, Trends des sozialen Wandels zu beobachten, die nicht unmittelbar wohlfahrtsrelevant, aber im Zusammenhang mit dem Prozeß der Modernisierung einer Gesellschaft, d. h. vor allem des Wandels ihrer Sozialstruktur, von Interesse sind.

Die Funktion der Wohlfahrtsmessung bzw. der Messung der Lebensqualität hat jedoch, zumindest was die Sozialindikatorenforschung in der Bundesrepublik betrifft, zumeist im Vordergrund gestanden, und aus dieser Perspektive leiten sich auch in erster Linie die Ziele ab, die sie sich gesetzt hat und die Anforderungen und Ansprüche, denen soziale Indikatoren genügen sollen.

Das Konzept der Lebensqualität - so hat Wolfgang Zapf das einmal formuliert - impliziert insbesondere auch die "Einsicht, das Ensemble privater, kollektiver und öffentlicher Aktivitäten habe letztlich der Wohlfahrt des einzelnen im Verlauf seines Lebenszyklus zu dienen und nicht der Nation, nicht dem Wirtschaftswachstum und nicht einer zukünftigen Gesellschaft" (Zapf 1977a, S. 216).

Diese Sichtweise impliziert die Forderung, daß soziale Indikatoren die gesellschaftlichen Verhältnisse und Entwicklungen in erster Linie aus der Perspektive der unmittelbar betroffenen Individuen und privaten Haushalte abbilden sollen. Deren Lebensbedingungen und Wohlbefinden soll mit geeigneten Kennziffern meßbar gemacht werden und nicht das Wohlergehen gesellschaftlicher Institutionen und Organisationen.

Damit eng zusammen hängt der Anspruch nicht die Aufwendungen und Kosten, sondern die Ergebnisse und Erträge, nicht "inputs", sondern die "outputs" wirtschaftlicher, sozialer oder politischer Aktivitäten zu messen. Während die herkömmliche Wirtschafts- und Sozialstatistik und darunter zumal die Verwaltungsstatistik primär darauf ausgerichtet war, die aufgewendeten finanziellen, personellen und sachlichen Mittel zu registrieren und auszuweisen, galt es der Sozialindikatorenforschung als vordringliches Ziel, die Endprodukte zu erfassen, die den einzelnen Bürger erreichen. Der Einsatz von mehr Personal im Bildungswesen, eine aufwendigere Technik in der medizinischen Versorgung oder ein staatliches Arbeitsbeschaffungsprogramm sind aus dieser Perspektive letztlich nur insofern von Interesse und eine Erfolgsmeldung wert, wie sie sich in der individuellen Wohlfahrt, d. h. im Bildungsniveau, dem Gesundheitszustand oder den Beschäftigungschancen der Bevölkerung niederschlagen. Die Forderung, daß soziale Indikatoren primär an der Messung von outputs orientiert sein sollen, gilt im Prinzip nach wie vor, wenngleich sie heute weniger rigoros vertreten wird. Es hat sich nicht nur gezeigt, daß auch das Verhältnis von input und output wohlfahrtsrelevant sein kann, z. B. im Falle der Verschwendung von Ressourcen, sondern es ist vor allem häufig lediglich eine Frage der Perspektive was als input und was als output zu betrachten ist. Ist ein Bildungsabschluß oder die Beteiligung an einer Bürgerinitiative schon output oder noch input, und ist nicht manchmal der Weg genauso wichtig wie das Ziel, z. B. wenn es um die medizinische Behandlung von Patienten geht?

Empirische Aussagen über die Wohlfahrt oder Lebensqualität, wie sie die Sozialindikatorenforschung für sich beansprucht, beinhalten neben deskriptiven immer auch normative Komponenten. Es geht nicht nur darum, gesellschaftliche Situationen und Entwicklungen wertneutral zu beschreiben, sondern auch als besser oder schlechter, als Fortschritt oder Rückschritt zu bewerten. Ein sozialer Indikator soll, so hat es M. Olson einmal gefordert, so interpretiert werden können, "daß dann, wenn er sich in die 'richtige' Richtung entwickelt, sich die Verhältnisse verbessert haben, bzw. die Menschen sich besser stehen" (Department of Health, Education and Welfare 1969, S. 97). Je nach dem, welcher Bezugsrahmen man derartigen Bewertungen zugrundelegt, wird von "objektiven" oder "subjektiven" sozialen Indikatoren gesprochen (Noll 1989).

Die Verwendung von objektiven Indikatoren impliziert, daß die Lebensbedingungen aufgrund von objektiven Beobachtungen als vorteilhaft oder unvorteilhaft beurteilt werden können, indem die faktischen Verhältnisse an normativen Kriterien, wie z. B. Grundbedürfnissen, gesellschaftlichen Werten oder politischen Zielen gemessen werden. Voraussetzung dafür ist allerdings, daß ein Konsens darüber hergestellt werden kann, was überhaupt wohlfahrtsrelevant ist, wie gute und schlechte Lebensbedingungen beschaffen sind und in welche Richtung die Gesellschaft sich verändern soll. Daß ein derartiger Konsens häufig nicht besteht oder sehr schnell brüchig werden kann, ist leicht nachzuweisen und stellt das Kernproblem dieses Ansatzes dar.

Die Verwendung von subjektiven Indikatoren beruht dagegen auf der Prämisse, daß die Wohlfahrt letzten Endes von den Betroffenen wahrgenommen werden müsse und von diesen auch am besten beurteilt werden könne (Campbell 1972). Auch diese Position ist keineswegs unumstritten und hat eine heftige Kontroverse über die Grundprinzipien der Wohlfahrtsmessung ausgelöst. Aus der Tatsache, "daß als ähnlich beobachtete Lebensbedingungen ganz unterschiedlich bewertet werden, daß Schlechtgestellte zufrieden und daß Privilegierte sehr unzufrieden sein können (Zapf 1984), wird heute der Schluß gezogen, sich nicht ausschließlich auf den einen oder anderen Typ von Informationen zu verlassen, sondern die Wohlfahrtsmessung sowohl auf objektive wie auch auf subjektive Indikatoren zu stützen.

Mit der Programmatik der Sozialindikatorenbewegung sind jedoch nicht nur Kriterien hinsichtlich der Art und Qualität der bereitzustellenden Informationen formuliert worden, sondern es wurden zugleich auch die organisatorischen und institutionellen Voraussetzungen einer Verbesserung der gesamtgesellschaftlichen Informationsbasis diskutiert.

Wichtig ist in diesem Zusammenhang insbesondere die Forderung, die im Rahmen der Sozialindikatorenforschung entwickelten Ansätze "auf Dauer zu stellen", d. h. zu institutionalisieren und in eine regelmäßige Sozialberichterstattung einmünden zu lassen.

Gerade auch in der Bundesrepublik ist zudem immer wieder die Notwendigkeit betont worden, die Sozialberichterstattung pluralistisch zu organisieren. Insbesondere geht es dabei darum, sicherzustellen, daß sie nicht nur von amtlichen Stellen, sondern auch von autonomen Institutionen, wie z. B. Interessengruppen und wissenschaftlichen Einrichtungen betrieben werden kann und tatsächlich betrieben wird. Die Funktion einer nicht-amtlichen Sozialberichterstattung besteht nicht zuletzt darin, der amtlichen Sozialberichterstattung, die nur zu leicht der Versuchung unterliegen kann, die Leistungen der Regierung besonders hervorzuheben und gesellschaftliche Probleme herunterzuspielen, alternative Sichtweisen als kritisches Korrektiv gegenüberzustellen.

Sozialberichterstattung will nicht nur Informationen für die Politik, sondern auch über sie liefern und die Aufklärung der Bürger ist ihr mindestens so wichtig wie die Produktion praktischen Expertenwissens.

2. Ansätze der Sozialindikatorenforschung und Sozialberichterstattung in der Bundesrepublik

Ihren größten Boom erlebte die Sozialindikatorenforschung in der Bundesrepublik in den siebziger Jahren. Sozialwissenschaftliche Forschungsprojekte, aber auch zahlreiche Initiativen von Ministerien und statistischen Ämtern, sogar von Parteien, von Verbänden und Wirtschaftsunternehmen, die damals aufkamen, waren darauf ausgerichtet, soziale Indikatoren zu entwickeln oder anzuwenden und auf verschiedenen Ebenen der Gesellschaft eine Sozialberichterstattung zu etablieren.

Erste Resultate der staatlichen Bemühungen waren eine Reihe von zumeist ressortbezogenen Regierungsberichten, die in ihrer Art insofern neu waren, als sie empirische Bestandsaufnahmen für einzelne Gebiete der Gesellschaftspolitik enthielten. Frühe Beispiele dafür sind u.a. der "Sozialbericht" des Bundesministeriums für Arbeit und Sozialordnung (BMA) und der "Bildungsbericht" des Bildungsministeriums, beide 1970 erschienen. Zu den von der Bundesregierung initiierten Beiträgen zur Sozialberichterstattung sind auch die in ihrem Auftrag von wissenschaftlichen Kommissionen erstellten "Materialien zum Bericht zur Lage der Nation" zu zählen, die insgesamt viermal, 1971, 1972, 1974 und dann erst wieder 1987 vorgelegt worden sind. Die Besonderheit dieser Berichte liegt in ihrer Zielsetzung, die wirtschaftliche und soziale Entwicklung nicht nur für die Bundesrepublik Deutschland, sondern auch für die Deutsche Demokratische Republik vergleichend darzustellen. Für ausgewählte Lebensbereiche präsentieren diese Berichte eine Vielzahl von quantitativen Informationen über die Lebensbedingungen in beiden deutschen Staaten.

Auch neben derartigen Regierungsberichten hat es in den siebziger Jahren bemerkenswerte Anstöße und Beiträge der damals sozialliberalen Bundesregierung für die Etablierung einer Sozialberichterstattung gegeben, wobei sich das Bundesministerium für Arbeit und Sozialordnung besonders hervorgetan hat. Unter dessen Federführung hatte sich 1971 auch ein interministerieller Arbeitskreis "Soziale Indikatoren" konstituiert und 1973 erstmals die "Gesellschaftlichen Daten" veröffentlicht, ein Datenhandbuch, das insgesamt viermal, zuletzt 1982 erschienen ist. Erwähnenswert erscheint im Rückblick auch die im Auftrag des BMA durchgeführte Studie "Qualität des Arbeitslebens", ein Umfrageprojekt zur Arbeitszufriedenheit, das die Diskussion über subjektive Indikatoren in der Bundesrepublik in Gang gesetzt hat. Das sehr ambitionierte "Berichtsmodell Arbeitsleben", das Ende der siebziger Jahre vorbereitet und 1981 abgeschlossen wurde, ist ein Beispiel dafür, daß längst nicht alle Blütenträume der regierungsamtlichen Sozialberichterstattung gereift sind. In diesem Projekt wurde zwar eine Modellkonzeption entwickelt, aber der entscheidende Schritt der praktischen Umsetzung in eine kontinuierliche Berichterstattung konnte unter einem inzwischen veränderten politischen Klima offenbar nicht mehr getan werden.

Die nicht-amtliche, akademische Sozialindikatorenforschung ist in der Bundesrepublik vor allem durch die Arbeiten des SPES-Projekts geprägt worden, die in den siebziger Jahren unter der Leitung von Wolfgang Zapf durchgeführt worden sind. Das wichtigste Ergebnis dieser Arbeiten ist ein System sozialer Indikatoren, das in dem 1977 erschienen Band "Lebensbedingungen in der Bundesrepublik" erstmals veröffentlicht wurde (Zapf 1977b).

Die Aufgabe Wohlfahrt bzw. Lebensqualität zu messen, wurde hier so gelöst, daß zunächst auf pragmatische Weise zehn Lebensbereiche ausgewählt wurden, die sämtlich als wohlfahrtsrelevant anzusehen sind. Die Liste beansprucht aber weder Vollständigkeit noch wird der Anspruch erhoben, daß es sich dabei um die wichtigsten Bereiche handelt. In einem zweiten Schritt wurde dann auf der Basis einer empirischen Zielanalyse, d. h. der Analyse der Programme von Parteien und Verbänden, Gesetzestexten und anderen einschlägigen Dokumenten für jeden der zehn Lebensbereiche ein Katalog von Zieldimensionen entwickelt. Ausgerichtet auf die so festgelegten Zieldimensionen wurden "ideale", d. h. ohne Rücksicht auf die vorhandenen Daten als angemessen erachtete, und "realisierbare", d. h. empirisch umsetzbare Indikatoren konstruiert, die den Grad der Zielerreichung messen sollen. Das Ergebnis war ein Indikatorensystem, das rund 200 soziale Indikatoren in Zeitreihenform umfaßt, die die Wohlfahrtsentwicklung in der Bundesrepublik im Idealfall von 1950 an beschreiben.

Bei den Indikatoren handelt es sich überwiegend um sogenannte objektive Indikatoren und als Datenbasis werden hauptsächlich veröffentlichte und unveröffentlichte Informationen der amtlichen Statistik, daneben aber auch prozeßproduzierte Statistiken und Umfragedaten verwendet.

Der im Anschluß an das SPES-Projekt entstandene Sonderforschungsbereich 3 "Mikroanalytische Grundlagen der Gesellschaftspolitik" hat das Projekt einer kontinuierlichen Wohlfahrtsmessung und Sozialberichterstattung weiterverfolgt, aber mit seinem Forschungsprogramm zugleich auch neue Akzente gesetzt.

Orientiert an einem Konzept der Wohlfahrtsproduktion hatte man sich hier das Ziel gesetzt, Wohlfahrt nicht nur auf der Aggregatebene zu beschreiben, sondern auf der Individualebene als Ergebnis des Zusammenwirkens verschiedener Komponenten zu analysieren und auch zu erklären. Es sollte vor allem die Beobachtung der objektiven Lebensbedingungen ergänzt werden durch die Erhebung von Informationen über deren subjektive Wahrnehmung und Bewertung, z. B. Informationen über die Zufriedenheit mit der Wohnsituation oder mit der Arbeit. Darüberhinaus zielten diese Untersuchungen darauf ab, Zusammenhänge nicht nur zwischen objektiven und subjektiven Indikatoren, sondern auch zwischen den Wohlfahrtspositionen in verschiedenen Lebensbereichen zu analysieren, um Aufschlüsse über Determinanten, unterschiedliche Wohlfahrtskonstellationen sowie über Kumulationen von Vorteilen und Defiziten zu gewinnen (Glatzer/Zapf 1984).

Eine entscheidende Voraussetzung für eine derartige Erweiterung der Perspektive der Wohlfahrtsmessung mit sozialen Indikatoren war der Aufbau einer eigenen Mikrodatenbasis. In Anlehnung an Vorbilder in den USA und in den skandinavischen Ländern wurde daher eine spezielle Umfrage, der sogenannte "Wohlfahrtssurvey", konzipiert, die inzwischen viermal, in den Jahren 1978, 1980, 1984 und 1988, durchgeführt worden ist.

3. Tendenzen der regionalen und sektoralen Differenzierung der Sozialberichterstattung

Wenn man nach diesem Rückblick auf die Entstehung und einige zentrale Ansätze und Resultate der Sozialindikatorenforschung in der Bundesrepublik den Blick auf die Gegenwart richtet, dann ist zunächst zu konstatieren, daß der anfänglichen Euphorie eine Phase des abnehmenden Interesses gefolgt ist. Diese Entwicklung war insofern nicht überraschend, als mit der notwendigerweise zunehmenden Routinisierung und Veralltäglichung die Attraktion und Faszination der Sozialindikatorenforschung, die in den siebziger Jahren zu einem Modethema der Sozialwissenschaften geworden war, abnehmen mußte. Aus der Retrospektive betrachtet waren aber wohl auch die Ansprüche der Sozialindikatorenbewegung zu ambitioniert und die Erwartungen an sie zu hoch gesteckt, so daß Enttäuschungen und Ernüchterung gar nicht ausbleiben konnten.

Was von einigen Beobachtern als Krise gewertet worden ist, kann man aus einer optimistischeren Perspektive aber auch als einen Konsolidierungs- und Reifeprozeß betrachten. Wie sich bei genauerem Hinsehen zeigt, wird Sozialindikatorenforschung und Sozialberichterstattung in der Bundesrepublik weiterhin von einer Vielzahl von Akteuren aktiv betrieben, und es gibt neuerdings sogar viele Anzeichen dafür, daß das Interesse daran, wie übrigens auch in anderen Ländern, wieder zunimmt. Dies kommt unter anderem darin zum Ausdruck, daß neben den schon länger bestehenden im Verlauf der achtziger Jahre auch eine Reihe von neuen Aktivitäten und Institutionen der amtlichen und nicht-amtlichen Sozialberichterstattung entstanden sind.

Eine allgemeine Tendenz, die dabei beobachtet werden kann, ist eine räumliche Ausdifferenzierung der Ansätze, die zunächst auf der gesamtgesellschaftlichen Ebene entwickelt worden sind. Sozialberichterstattung wird in der Bundesrepublik zunehmend nicht nur auf der nationalen, sondern auch auf der regionalen und kommunalen Ebene betrieben.

Auf der regionalen Ebene ist das "Raumbeobachtungssystem der Bundesforschungsanstalt für Landeskunde und Raumordnung" (Böltken/Schön 1989) der vielleicht wichtigste und umfassendste Ansatz einer gesellschaftlichen Dauerbeobachtung und Sozialberichterstattung. Im Rahmen dieses Beobachtungssystems werden regelmäßig, d. h. nach Möglichkeit jährlich für 13 "Beobachtungsbereiche" Indikatoren zur sozioökonomischen Entwicklung bereitgestellt und veröffentlicht.

Die Beobachtung erfolgt auf verschiedenen räumlichen Ebenen, und es werden überwiegend Daten der amtlichen Statistik dafür verwendet. Die wichtigste räumliche Untergliederung ist die nach "Raumordnungs-Regionen", von denen es in der Bundesrepublik insgesamt 75 gibt und die im wesentlichen dem Einzugsbereich von Oberzentren entsprechen. Die Regionen setzen sich aus den Stadt- und Landkreisen zusammen, sodaß die Daten, die für die Indikatoren benötigt werden, auch in dieser relativ tief disaggregierten Form zur Verfügung stehen müssen. Bei den verwendeten Standardindikatoren handelt es sich zunächst um objektive Indikatoren, die aber nur teilweise als Outputindikatoren oder als Indikatoren der Zielerreichung interpretiert werden können.

Die BFLR plant ihr Raumbeobachtungssystem auch um subjektive Indikatoren zu ergänzen. Gegenwärtig gibt es bereits entsprechende Bemühungen, die sich allerdings darauf beschränken, die in bundesweiten Repräsentativerhebungen erhobenen Indikatoren nach Raumordnungskategorien auszuwerten und auszuweisen. Eine kleinräumig regionalisierte Erhebung von subjektiven Indikatoren im Rahmen von entsprechenden Umfragen wird gegenwärtig von der BFLR noch nicht als realistische Zielsetzung angesehen.

Derartige Aktivitäten finden sich gegenwärtig allerdings bereits auf der kommunalen Ebene. Immer mehr Städte entschließen sich, eine kommunale Sozialberichterstattung aufzubauen (Brendgens/Schneider 1989), und es nimmt auch die Zahl der Kommunen zu, die dafür mehr oder weniger regelmäßig eigene Umfragen durchführen. Derartige allgemeine kommunale Bürgerbefragungen haben primär die Funktion, Informationen über die städtische Lebensqualität aus der Perspektive der Betroffenen bereitzustellen und sind daher ein wichtiger Baustein in einer umfassenden kommunalen Sozialberichterstattung (Bick 1989), die natürlich auch auf andere Quellen, etwa die eigene Verwaltungsstatistik, Daten der Arbeitsverwaltung oder Volkszählungsdaten, zurückgreift. Über den "Kommunalen Mikrozensus", so wird die kommunale Bevölkerungsumfrage genannt, die seit 1986 jährlich von der Stadt Köln durchgeführt wird, heißt es z. B.: "Die Befragung ist darauf ausgerichtet, Einstellungen der Bürger zur eigenen Stadt zu ermitteln. Zu diesem Zweck werden Fragen zur Zufriedenheit, zu den Erwartungen und den individuellen Ansprüchen an die städtische Infrastruktur gestellt. Somit bietet der Kommunale Mikrozensus die Möglichkeit, Komponenten der Lebensqualität aus Bürgersicht festzustellen" (Christmann o. J.).

Die Befragungskonzepte wurden z. T. direkt in Anlehnung an Instrumente der gesamtgesellschaftlichen Wohlfahrtsmessung, wie z. B. die Wohlfahrtssurveys, entwickelt, und inzwischen gibt es auch Bemühungen, die von den verschiedenen Städten durchgeführten Surveys soweit zu standardisieren, daß interstädtische Vergleiche ermöglicht werden. Die Stadt Duisburg, die zu den Vorreitern auf diesem Gebiet zählt, veröffentlicht die Ergebnisse ihrer Bürgerbefragungen in einem jährlich erscheinenden "Duisburger Handbuch gesellschaftlicher Daten", das man durchaus als einen kommunalen Sozialbericht betrachten kann. Es enthält Daten für die Stadt Duisburg sowohl zu den objektiven Lebensbedingungen als auch Informationen über deren subjektive Bewertung nicht nur im Zeitvergleich, sondern - sofern möglich - auch im Vergleich mit anderen Städten und dem Bundesdurchschnitt.

Neben der räumlichen ist die fachliche Differenzierung und Spezialisierung der Sozialberichterstattung ein zweiter Trend, der gegenwärtig in der Bundesrepublik zu beobachten ist. Die Forderungen, Ideen und Konzepte der Sozialindikatorenforschung werden zunehmend aufgegriffen, um spezialisierte, sektorale Berichtssysteme für einzelne Lebens- und Politikbereiche aufzubauen. Von besonderem Interesse sind in diesem Zusammenhang die aktuellen Bemühungen um den Aufbau entsprechender Berichtssysteme im Bereich der Armut, der Umwelt und der Gesundheit, aber es gibt darüber hinaus auch Ansätze zu einer Familien- und Arbeitszeitberichterstattung.

Ansätze zu einer differenzierten Familienberichterstattung entstehen gegenwärtig im Zusammenhang mit einem Forschungsprojekt des Deutschen Jugendinstituts über "Wandel und Entwicklung familialer Lebensformen". Dort werden nicht nur im Rahmen von Umfragen spezifische Daten über den Wandel der Lebensverhältnisse von Familien und darauf bezogene Einstellungen erhoben, sondern es wird auch eine Datenbank aufgebaut, in der Informationen aus den verschiedensten Quellen zu dieser Thematik, z. T. auch regional disaggregiert, gespeichert werden (Bertram 1986; Deutsches Jugendinstitut 1989).

Das Ministerium für Arbeit, Gesundheit und Soziales des Landes Nordrhein-Westfalen fördert seit einigen Jahren ein Projekt "Arbeitszeitberichterstattung", das am Institut zur Erforschung sozialer Chancen (ISO) in Köln angesiedelt ist. Im Rahmen dieses Projekts wurden inzwischen zwei Repräsentativbefragungen über Arbeitszeitstrukturen und Arbeitszeitpräferenzen durchgeführt mit der Perspektive, auf dieser Basis eine kontinuierliche Arbeitszeitberichterstattung zu entwickeln (Groß/Thoben 1989).

Angesichts der in den achtziger Jahren drastisch gestiegenen Zahl von Sozialhilfeempfängern und anderer Anzeichen für eine Zunahme der offenen und versteckten Armut in der Bundesrepublik gibt es derzeit eine rege Diskussion auch um den Aufbau einer Armutsberichterstattung. So hat z. B. der Beirat des Deutschen Paritätischen Wohlfahrtsverbands angeregt, jährlich einen "Bericht zur Lage der Armen in der Bundesrepublik Deutschland" zu veröffentlichen und darin über die reale Lage der von Armut betroffenen umfassend zu informieren. Seit Mitte der achtziger Jahre haben nicht nur eine Reihe von Städten wie z. B. Bielefeld, Essen, Kiel, Mannheim, Mönchengladbach und Offenbach kommunale Arbeitsberichte vorgelegt (Hanesch 1986), sondern inzwischen hat der Paritätische Wohlfahrtsverband (1989) auch einen ersten Armutsbericht auf gesamtgesellschaftlicher Basis für die Bundesrepublik Deutschland veröffentlicht.

Die Bemühungen in der Bundesrepublik eine Umweltberichterstattung zu etablieren, lassen sich bis in die frühen siebziger Jahre zurückverfolgen, sind aber in den achtziger Jahren angesichts des wachsenden Problemdrucks und einer zunehmenden Sensibilisierung gegenüber der Umweltproblematik erheblich verstärkt worden. Das Ziel der Umweltberichterstattung wird darin gesehen, "eine Informations- und Entscheidungshilfe bereitzustellen, die auf einem geschlossenen System von Umweltindikatoren beruht ..., die in der jeweils angemessenen sachlichen, zeitlichen und räumlichen Differenzierung .... ermittelt worden sind" (Daten zur Umwelt 1988/89, S. 5). Bisher ist dieses anspruchsvolle Ziel noch nicht erreicht worden, aber es wurden doch wesentliche Fortschritte auf den verschiedensten Ebenen erzielt. Der sichtbarste Ausdruck eines insgesamt schon jetzt recht komplexen Systems der Umweltberichterstattung in der Bundesrepublik ist der Bericht "Daten zur Umwelt", den das Umweltbundesamt 1984 erstmals veröffentlicht hat und der seitdem in zweijährigem Turnus erscheint. Mit diesem Bericht wird eine Gesamtdarstellung der Umweltsituation in der Bundesrepublik geleistet, indem eine Vielzahl von Einzelinformationen aus den verschiedensten Quellen, wie z. B. der amtlichen Statistik, den Umweltmeßnetzen, Forschungsprojekten und den Statistiken internationaler Organisationen zusammengestellt werden. Neben den "Daten zur Umwelt" gibt es noch eine Vielzahl von speziellen Umweltberichten verschiedener amtlicher und nicht-amtlicher Institutionen auf Bundes-, Landes- und Gemeindeebene (Leipert/Zieschank 1989;Meyer 1989).

Geradezu boomartig entwickelt sich gegenwärtig das Interesse an der Gesundheitsberichterstattung, das durch die kritischen Stellungnahmen des Sachverständigenrats für die konzertierte Aktion im Gesundheitswesen (1987) ausgelöst worden ist. Der Rat hatte in seinem 1987 erstmals erschienenen Jahresgutachten auf gravierende Defizite in der Informationsbasis des Gesundheitswesens hingewiesen und gefordert, eine systematische Gesundheitsberichterstattung aufzubauen. Die Mängel waren insbesondere auch offenbar geworden, als sich im Zusammenhang mit einer parlamentarischen Anfrage gezeigt hatte, daß der Gesundheitszustand der Bevölkerung mit den vorhandenen Daten nur sehr unzulänglich beschrieben werden konnte. Neben vielen anderen Aktivitäten auf diesem Gebiet hat inzwischen eine aus mehreren Instituten und Experten bestehende Forschungsgruppe eine umfassende Bestandsaufnahme vorgenommen und ein Konzept für den Aufbau einer Gesundheitsberichterstattung vorgelegt (Forschungsgruppe Gesundheitsberichterstattung 1989). Dieser Vorschlag enthält unter anderem auch eine Liste von Indikatoren, die sich auf insgesamt fünf Themenbereiche beziehen:

- Soziodemographie

- Gesundheitszustand der Bevölkerung

- Ressourcen des Gesundheitswesens

- Inanspruchnahme von Leistungen des Gesundheitswesens

- Kosten und Finanzierung des Gesundheitswesens

Das von der Forschergruppe entwickelte Konzept sieht vor, regelmäßig einen Gesundheitsbericht zu veröffentlichen. Über die praktische Umsetzung des vorliegenden Vorschlags für eine Gesundheitsberichterstattung ist zwar bisher noch nicht entschieden worden, aber daß es sie in absehbarer Zukunft geben wird, scheint ziemlich sicher.

Bei der Entwicklung spezieller Systeme der Sozialberichterstattung gibt es noch eine interessante Seitenlinie, nämlich Ansätze in der Tradition der Gesamtrechnungsidee. Orientiert an Konzepten der sozialen Gesamtrechnung, wie sie etwa von Richard Stone und Kenneth Land entwickelt worden sind, wird z. B. am Institut für Arbeitsmarkt- und Berufsforschung der Bundesanstalt für Arbeit seit einigen Jahren an einer Bildungsgesamtrechnung (Blien/Tessaring 1988) und an einer Arbeitsmarktgesamtrechnung (Reyher/Bach 1988) gearbeitet. Das Ziel dieser Arbeiten besteht darin, alle relevanten Bestände und Mobilitätsvorgänge von Personen - in diesem Falle - innerhalb des Bildungssystems und auf dem Arbeitsmarkt möglichst vollständig zu erfassen und miteinander zu verknüpfen.

Das vom statistischen Bundesamt verfolgte Projekt, eine umweltökonomische Gesamtrechnung zu entwickeln, steht dagegen in der Tradition von Bemühungen, die Volkswirtschaftliche Gesamtrechnung für die Wohlfahrtsmessung zu modifizieren und auszubauen. Die Informationen, die das geplante Rechenwerk liefert, sollen letztlich zu einem "Ökosozialprodukt" zusammengefaßt werden können (Statistisches Bundesamt 1989a).

Die hier beschriebene regionale und sektorale Differenzierung und Spezialisierung der Sozialberichterstattung hat allerdings die gesamtgesellschaftliche Wohlfahrtsmessung und Dauerbeobachtung nicht aus dem Blickfeld geraten lassen. Diese Perspektive steht u.a. im Mittelpunkt von drei Institutionen der Sozialberichterstattung, die in den achtziger Jahren entstanden sind.

Hier ist zunächst der "Datenreport"(Statistisches Bundesamt 1989b) zu nennen, ein Datenhandbuch, das vom Statistischen Bundesamt alle zwei Jahre herausgegeben wird und 1983 zum ersten mal erschienen ist. Dieses Datenhandbuch wird seit 1985 in Kooperation mit dem Sonderforschungsbereich 3 produziert und enthält neben einem Teil, der die gesellschaftliche Entwicklung auf der Basis der amtlichen Statistik beschreibt einen zweiten Teil mit Informationen über die Entwicklung der Lebensqualität und gesellschaftlicher Probleme auf der Basis von sozialwissenschaftlichen Umfragedaten.

Als eine neue Einrichtung der Sozialindikatorenforschung ist 1987 am Wissenschaftszentrum für Sozialforschung in Berlin eine Arbeitsgruppe Sozialberichterstattung entstanden. Diese Forschungsgruppe sieht einen Schwerpunkt ihrer Arbeit darin, Konzepte und Methoden einer "prospektiven", d. h. zukunftsorientierten Sozialberichterstattung zu entwickeln und zu erproben.

Ebenfalls 1987 wurde im Zusammenhang mit der Gründung der Gesellschaft Sozialwissenschaftlicher Infrastruktureinrichtungen (GESIS) am Zentrum für Umfragen, Methoden und Analysen in Mannheim eine Abteilung Soziale Indikatoren eingerichtet, deren Arbeit sich vor allem darauf konzentriert, das System sozialer Indikatoren für die Bundesrepublik, das im Rahmen des SPES-Projekts entwickelt worden ist, regelmäßig fortzuschreiben, aber darüber hinaus auch kontinuierlich weiterzuentwickeln und für die Sozialberichterstattung zu nutzen (Noll 1987).

4. Perspektiven der Sozialindikatorenforschung

Nach einer Phase der Konsolidierung, der Verbreiterung ihrer Basis und einer institutionellen Ausdifferenzierung gilt es für die Sozialindikatorenforschung und Sozialberichterstattung nun, sich wieder verstärkt den bisher noch nicht eingelösten Zielsetzungen zuzuwenden, aber auch neue Vorhaben in Angriff zu nehmen. Kurz- und mittelfristig bieten sich dafür unter anderem die folgenden - hier nur grob skizzierten - Perspektiven.

An erster Stelle ist dabei das für die Bundesrepublik noch unvollendete Projekt zu nennen, einen umfassenden Sozialbericht zu erstellen und regelmäßig zu veröffentlichen, wie dies in anderen Ländern, z. B. Frankreich, Großbritannien, Holland oder Dänemark, bereits seit vielen Jahren geschieht.

Abgesehen von den entsprechenden Aktivitäten internationaler Organisationen, wie z. B. der EG, der OECD und der Vereinten Nationen, sind soziale Indikatoren bisher kaum für international vergleichende Studien der gesellschaftlichen Entwicklung genutzt worden. Eine Intensivierung der Forschung auf diesem Gebiet würde auch dem erhöhten Bedarf an Informationen über die Unterschiedlichkeit der Lebensverhältnisse und differentielle Entwicklung verschiedener Gesellschaften Rechnung tragen.

Von besonderem Interesse sind darüber hinaus in diesem Zusammenhang vergleichende Untersuchungen der Lebensbedingungen und Lebensqualität in der Bundesrepublik und in der DDR. Das Instrumentarium der Sozialindikatorenforschung und Sozialberichterstattung erscheint in besonderem Maße geeignet, Tendenzen der Sozialstruktur- und Wohlfahrtsentwicklung, Niveauunterschiede, Verschiedenheiten der Lebensformen und Angleichungsprozesse sowie die Entstehung und Lösung sozialer Probleme in beiden deutschen Staaten kontinuierlich zu beobachten und zu analysieren.

Soziale Indikatoren könnten drittens mehr als bisher für die Beobachtung sozialstruktureller Trends und Analysen der Sozialstrukturentwicklung genutzt werden. Hier gibt es zweifellos Versäumnisse sowohl auf der Seite der Sozialindikatorenforschung als auch auf der Seite der Sozialstrukturforschung. Die Diskussion über eine stärkere Integration dieser beiden Forschungsrichtungen ist aber inzwischen in Gang gekommen.

Eine vierte Perspektive besteht darin, die bisher im Vordergrund stehende deskriptive Orientierung der Sozialindikatorenforschung auszuweiten zugunsten einer stärkeren Betonung der Analyse und Modellbildung, wie sie z. B. von Land (1975;1983) angeregt worden ist. Da eine Analyse von Zusammenhängen allein auf der Ebene von Ergebnisindikatoren wenig sinnvoll erscheint, wäre die Ergänzung der Output- bzw. Zielrealisierungsindikatoren um andere Typen von Indikatoren eine zwingende Konsequenz einer derartigen Weiterentwicklung.

Schließlich könnte die bisher fast ausschließlich retrospektiv ausgerichtete Sozialberichterstattung zu einem Instrumentarium weiterentwickelt werden, daß eine stärkere Zukunftsorientierung aufweist. Man kann durchaus offen lassen, ob die Einbindung sozialer Indikatoren in harte prognostische Modelle im Augenblick schon eine realistische Zielsetzung wäre. Was aber durchaus im Bereich des Möglichen zu liegen scheint, ist die Anwendung von Szenario-Techniken und die Durchführung von Projektionen und Modellrechnungen auf der Basis von sozialen Indikatoren. Eine konsequente Nutzung dieser Möglichkeiten könnte schon der Einstieg in eine prospektive Sozialberichterstattung sein.

Literatur:

Bauer, R.A., (Hrsg.), 1966: Social Indicators. Cambridge,Mass., London.

Bertram, H., 1986: Dauerbeobachtung im Bereich Familie. In: J. Friedrichs (Hrsg.): Technik und sozialer Wandel, 23. Deutscher Soziologentag 1986, Beiträge der Sektions- und Ad-Hoc-Gruppen, Opladen 1987, S. 59 - 62.

Bick, W., 1989: Allgemeine kommunale Bürgerbefragungen - Ein neues Instrument für die Kommunalstatistik und Stadtforschung. In: Sozialwissenschaften und Berufspraxis, 12. Jg., S. 217-225.

Blien, U., Tessaring, M., 1988: Die Bildungsgesamtrechnung des IAB. Ein Kohortenkonzept zur Analyse von Bildung und Erwerbstätigkeit. In: D. Mertens (Hrsg.): Konzepte der Arbeitsmarkt- und Berufsforschung. BeitrAB Nr. 70, Nürnberg.

Böltken, F., Schön, K.P., 1989: Das Raumbeobachtungssystem der Bundesforschungsanstalt für Landeskunde und Raumordnung. In: Sozialwissenschaften und Berufspraxis, 12. Jg., S. 197-215.

Brendges, K.M., Schneider, H.R., 1989: Kommunale Sozialberichterstattung und indikatorengestützte Sozialplanung. In: Sozialwissenschaften und Berufspraxis, 12. Jg., S. 227-243.

Campbell, A., 1972: Aspiration, Satisfaction and Fullfillment. In: A. Campbell, Ph. Converse, The Human Meaning of Social Change. New York, S. 441-446.

Christmann, A., o.J.: Kommunaler Mikrozensus beschreibt Lebensbedingungen der Kölner Bürger. Amt für Statistik und Einwohnerwesen Köln.

Deutsches Jugendinstitut, 1989: DJI-Bulletin, Heft 12. München.

Deutscher Paritätischer Wohlfahrtsverband, 1989: Armutsbericht für die Bundesrepublik Deutschland "Wessen wir uns schämen müssen in einem reichen Land...". Themenheft der Blätter der Wohlfahrtspflege 11-12/89. Stuttgart.

Forschungsgruppe Gesundheitsberichterstattung, 1989: Aufbau einer Gesundheitsberichterstattung - Bestandsaufnahme und Konzeptvorschlag. Endbericht Kiel.

Glatzer, W., Zapf, W., (Hrsg.), 1984: Lebensqualität in der Bundesrepublik. Objektive Lebensbedingungen und subjektives Wohlbefinden. Frankfurt a.M., New York.

Groß, H., Thoben, C., 1989: Die Arbeitszeitverkürzungspräferenzen der abhängig Beschäftigten. Projekt "Arbeitszeitberichterstattung 1989", Kurzbericht Nr. 7, Institut zur Erforschung sozialer Chancen. Köln.

Hanesch, W., 1986: Dezentrale Armutsberichterstattung durch Armutsberichte der Kommunen. In: Blätter der Wohlfahrtspflege 133. Jg., Heft 11, S. 264-267.

Land, K., 1975: Social Indicator Models: an overview. In: K. Land, S. Spilerman (Hrsg.), Social Indicator Models. New York, S. 5-36.

Land, K., 1983: Social Indicators. In: Annual Review of Sociology, Vol. 9., S. 1 - 26.

Leipert, C., Zieschank, R., 1989: Perspektiven der Wirtschafts- und Umweltberichterstattung. Berlin.

Meyer, W., 1989: Umweltberichterstattung in der Bundesrepublik Deutschland. Institutionen, Datenquellen, Literatur. ZUMA-Arbeitsbericht Nr. 89/19. Mannheim.

Noll, H.-H., 1987: Zentrum für Sozialindikatorenforschung - eine neue Abteilung von ZUMA. In: ZUMA-Nachrichten, Nr. 21, S. 31 - 42.

Noll, H.-H., 1989: Indikatoren des subjektiven Wohlbefindens: Instrumente für die gesellschaftliche Dauerbeobachtung? In: ZUMA-Nachrichten, Nr. 24, S. 26 - 41.

Reyher, L., Bach, H.-U., 1988: Arbeitskräftegesamtrechnung. Bestände und Bewegungen am Arbeitsmarkt. In: D. Mertens (Hrsg.): Konzepte der Arbeitsmarkt- und Berufsforschung. BeitrAB Nr. 70, Nürnberg.

Sachverständigenrat für die konzertierte Aktion im Gesundheitswesen 1987: Medizinische und ökonomische Orientierung. Jahresgutachten 1987. Baden-Baden.

Sheldon, E.B., Moore, W.E., 1968: Indicators of Social Change. Concepts and Measurements. New York.

Statistisches Bundesamt, 1989a: Überlegungen zum Aufbau einer umweltökonomischen Gesamtrechnung vorgestellt. Mitteilungen für die Presse Nr. 157/89, 10., Mai 1989.

Statistisches Bundesamt (Hrsg.) in Zusammenarbeit mit dem Sonderforschungsbereich 3 der Universitäten Frankfurt und Mannheim, 1989b: Datenreport 1989. Zahlen und Fakten über die Bundesrepublik Deutschland.

Umweltbundesamt, 1989: Daten zur Umwelt 1988/89. Berlin.

U.S. Department of Health, Education and Welfare (Hrsg.), 1969: Toward a Social Report. Washington.

Zapf, W., 1977a: Gesellschaftliche Dauerbeobachtung und aktive Politik. In: H.-J. Krupp, W. Zapf (Hrsg.), Sozialpolitik und Sozialberichterstattung. Frankfurt a.M., New York, S. 210 - 230.

Zapf, W., (Hrsg.), 1977b: Lebensbedingungen in der Bundesrepublik. Sozialer Wandel und Wohlfahrtsentwicklung. Frankfurt a.M., New York.

Zapf, W., 1984: Individuelle Wohlfahrt: Lebensbedingungen und wahrgenommene Lebensqualität. In: W. Glatzer, W. Zapf (Hrsg.) 1984, S. 13 - 26.

Zur Konzeption der Sozialindikatorenforschung in der Deutschen Demokratischen Republik

Horst Berger

Die Sozialindikatorenforschung in der Deutschen Demokratischen Republik etablierte sich Anfang der siebziger Jahre als besondere Forschungsstrategie zunächst innerhalb der Soziologie unseres Landes. Sie orientierte sich dann in zunehmenden Maße auf die traditionellen Gestaltungsbereiche der Sozialpolitik.[1] Wesentliches Ergebnis dieser Sozialpolitik ist die Gewährleistung sozialer Sicherheit für alle Klassen, Schichten und sozialen Gruppen. Wichtige Indikatoren dafür sind Vollbeschäftigung, Chancengleichheit in der Bildung, soziale und gesundheitliche Betreuung, Befriedigung elementarer Bedürfnisse (Ernähren, Bekleiden, Wohnen). Die Lösung der Wohnungsfrage als soziales Problem und die Vereinbarkeit von Mutterschaft (Elternschaft) und Berufstätigkeit hatten besondere Priorität. Diese Aussagen sollen durch einige soziale Indikatoren belegt werden.[2] Der Beschäftigungsgrad liegt bei 95 % (Frauen bei 91,4 %), der Ausbildungsstand der Berufstätigen betrug 1988: 8 % mit Hochschulabschluß, 13, 9 % mit Fachschulabschluß, 4,1 % mit Meisterabschluß und 60,7 % mit Facharbeiterabschluß. 82,7 % aller Schüler absolvierten die 10. Klasse und 8,3 % die 12. Klasse. Der Versorgungsgrad in Kinderkrippen liegt bei 90 % und in Kindergärten bei 96 %. Für ca. 2/3 der Bevölkerung haben sich in den letzten 20 Jahren die Wohnbedingungen verbessert.

Durch Leistungen und Zuwendungen aus gesellschaftlichen Fonds wurde soziale Sicherheit und Gleichheit bei der Befriedigung grundlegender Lebensbedürfnisse erreicht. Diese Leistungen und Zuwendungen erhöhten sich von 1971 bis 1987 von 26,3 Mrd. M auf 103,4 Mrd M und betrugen 1986 anteilig für Wohnungswesen 15,8 % (1971: 8,1%), Sicherung stabiler Preise 47,8 % (1971: 32,5 %), Bildung und Erziehung 12,2 % (1971: 22,2 %), Gesundheits- und Sozialwesen 20,9 % (1971: 31,1 %) und Erholung, Kultur und Sport 3,3 % (1971: 4,0 %). Dementsprechend erhöhte sich der Anteil von Leistungen bzw. Zuwendungen aus gesellschaftlichen Konsumtionsfonds am Realeinkommen von Arbeiter- und Angestelltenhaushalten von 20,9 % im Jahre 1970 auf 27,8 % im Jahre 1986.[3] Preisstützungen für Waren des Grundbedarfs und Dienstleistungen sind dabei nicht berücksichtigt worden. Betrachten wir den Ausstattungsgrad von Arbeiter- und Angestelltenhaushalten 1985 mit langlebigen technischen Konsumgütern ergibt sich indessen ein differenzierteres Bild.[4]

Nettoeinkommen	PKW	Gefrierschrank	Farbfernseher	Waschmaschine
800-1000 M	15,7	8,6	18,2	77,9
1600-1000 M	58,1	30,6	46,0	105,0
2200 M und darüber	77,4	53,5	58,2	110,0

Die Zusammenhänge zwischen Produktion, Konsumtion und Bedürfnisentwicklung sind für die soziale Entwicklung von eminenter Bedeutung. Sie sind aber auch vom Grad der Bedürfnisbefriedigung bestimmt. Auf der Grundlage des erreichten Standes bei der Befriedigung der elementaren Bedürfnisse haben sich insbesondere durch Veränderungen in der Bildungs- und Tätigkeitsstruktur bei den verschiedenen sozialen Gruppen unserer Gesellschaft erhebliche Veränderungen zugunsten solcher Bedürfniskomplexe vollzogen wie Bildung, Kultur, Gesunderhaltung, Kommunikation/Information, demokratische Mitwirkung bei gesellschaftlichen Angelegenheiten, Verkehr/Touristik, Umwelt, Erholung und Sport. Die gesellschaftlichen und individuellen Rahmenbedingungen für die differenzierter gewordene Bedürfnisstruktur haben sich indessen grundlegend verändert. Diese veränderten Rahmenbedingungen zeigen sich insbesondere in der Entwicklung und der Verwendung des Nationaleinkommens:[5]

	Produziertes Nationaleinkommen	Im Inland verwendetes Nationaleinkommen	Akkumulation	Konsumtion
1970	100	100	100	100
1975	130	127	118	131
1980	159	152	137	158
1985	199	161	119	178
1988	221	181	134	200

Diese Entwicklungstendenz des Nationaleinkommens und seiner Verwendung hat zu beträchtlichen Widersprüchen in der Entwicklung der Volkswirtschaft sowie zwischen ökonomischer und sozialer Entwicklung geführt, dic hier nur angedeutet werden können: Rückgang der Investitionen im produktiven Bereich, begrenzte ökonomische Möglichkeiten für das Konsumtionswachstum, zunehmender Verschleißgrad der Ausrüstungen, begrenzte Möglichkeiten für den Ausbau der Infrastruktur bzw. der nichtproduzierenden Bereiche. Diese Probleme werden noch deutlicher, wenn wir die Struktur des im Inland verwendeten Nationaleinkommens betrachten, so ergibt sich folgendes Bild: [6]

	Gesamt	Akkumulation	Konsumtion		
			gesamt	indiv. Kons.	gesellsch. Kons.
1950	100	13,2	86,8	73,1	13,7
1960	100	22,7	77,3	64,2	13,1
1970	100	29,0	71,0	57,1	13,8
1980	100	26,2	73,8	85,0	15,8
1985	100	21,4	78,6	62,6	16,0
1988	100	21,5	78,5	62,3	16,1

Besonders gravierend war der Rückgang des verwendeten Nationaleinkommens für die Akkumulation zwischen 1981 (25,3 %) und 1982 (21,6%)

Die angedeuteten Widersprüche können offenbar nur durch eine weitere Intensivierung des volkswirtschaftlichen Reproduktionsprozesses und durch ökonomische Strukturveränderungen gelöst werden. Dies ist aber nicht mein Thema.

Wesentlich für mein Thema ist, daß sozialer Fortschritt, weitere soziale Entwicklung von der Intensivierung des volkswirtschaftlichen Reproduktionsprozesses abhängig ist. Ökonomischer, technologischer und sozialer Fortschritt sind eng miteinander verflochten. Diese Aussage soll kurz skizziert werden:[7]

1. Vollziehen sich zwischen der Wirtschaft und den anderen Bereichen der Gesellschaft, bedeutsame Wandlungen in zweierlei Hinsicht. Einerseits verstärkt sich die Abhängigkeit der sozialen Entwicklung von der ökono-

mischen Leistungsentwicklung; andererseits erfordert die Entwicklung der Produktivkräfte ein höheres Niveau der nichtproduzierenden Bereiche der Gesellschaft.

2. Verstärkt sich das Gewicht der verschiedenen Bereiche sowohl hinsichtlich des Zusammenwirkens als auch hinsichtlich der Funktion gegenüber vorangegangenen Entwicklungsetappen (Infrastruktur, Dienstleistungsbereich, politisches System und Demokratie).

3. Sind jene Veränderungen zu forcieren, die sich direkt aus den quantitativen und qualitativen Wandlungen der Wirtschaft ergeben (ökonomische Wirksamkeit des vorhandenen Bildungspotentials durch effektiven Einsatz und Übereinstimmung von Qualifikationsstruktur mit der Tätigkeitsstruktur).

4. Erhalten strukturelle Veränderungen in den Beziehungen zwischen Basis und Überbau der Gesellschaft einen zunehmenden Einfluß auf die soziale Entwicklung.

Diese Entwicklungstendenzen wirken in den verschiedenen Ebenen der Gesellschaft mit unterschiedlicher Intensität.

Auf dem IX. Parteitag der SED (1976) wurde die Gestaltung der sozialistischen Gesellschaft als Prozeß tiefgreifender politischer, ökonomischer, sozialer und geistig-kultureller Wandlungen bestimmt. Gestützt auf soziologische und sozialpolitische Forschungsergebnisse sind eigenständige Abschnitte über die Sozialstruktur und die Lebensweise in das neue Programm aufgenommen. Damit wurden grundlegende Orientierungen für die Sozialpolitik gegeben. Diese Grundorientierungen wurden indessen nur in Ansätzen in der realen gesellschaftlichen Entwicklung umgesetzt. Beginnend mit den achtziger Jahren und besonders seit 1985/86 verschärften sich die Widersprüche zwischen Produktion und Konsumtion, zwischen ökonomischer, ökologischer, territorialer und sozialer Entwicklung. Die Kluft zwischen objektiver sozialer Wirklichkeit und Darstellung in den Medien vergrößerte sich; die Unzufriedenheit großer Teile der Bevölkerung wuchs. Die Soziologie reflektierte diese Entwicklungstendenzen nur partiell, da sie nicht hinreichend auf die Gesellschaftsanalyse ausgerichtet war.

Aus forschungsanalytischer Herangehensweise lassen sich folgende Ebenen gesellschaftlicher Beziehungen, Strukturen und Prozesse der Gesellschaft unterscheiden:[8]

1. Gesamtgesellschaftliche Beziehungen, Strukturen und Prozesse. Es handelt sich bei der soziologischen Erforschung der Gesellschaft als Ganzes, vor allem um ihre soziale, territoriale und demographische Struktur. Klassen, Schichten und andere soziale Makrogruppen werden im gesamtgesellschaftlichen Kontext, in ihren wechselseitigen Beziehungen sowie in ihrem Wirksamwerden hinsichtlich der Funktionsweise der Gesellschaft und der gesellschaftlichen Entwicklung untersucht.

2. Klassen, Schichten und andere soziale Makrogruppen sind in ihrer sozialen Spezifik und Eigenständigkeit insofern Schwerpunkt der Betrachtungen als die soziale Charakteristik dieser gesellschaftlichen Gruppen, ihre besondere Entwicklung, die sozialen Beziehungen und Funktionsmechanismen in ihrer spezifischen Qualität sowie in ihren Beziehungen untereinander und zum gesellschaftlichen Ganzen analysiert werden.

3. Soziale Organisationen, Institutionen und territoriale Einheiten sind hinsichtlich ihres Beitrages zur Erfüllung der ihnen übertragenen Aufgaben und Funktionen zu untersuchen. Besondere Berücksichtigung muß die Wahrnehmung der Interessen der sozialen Subjekte durch diese sozialen Organisationen, Institutionen und territorialen Einheiten bzw. ihrer Mitglieder sowie die Herstellung der Übereinstimmung von gesellschaftlichen, kollektiven und persönlichen Interessen finden.

4. Soziale Kleingruppen sind Gegenstand soziologischer Analyse, indem vor allem soziale Beziehungen in Kollektiven, Leiter- Kollektiv-Beziehungen, Spezifik von Freizeitgruppen und Familien sowie das Verhalten bzw. Handeln der Mitglieder dieser Gruppen analysiert wird (Kooperations- und Kommunikationsbeziehungen, Arbeitsteilung usw.).

5. Soziales Verhalten bzw. Handeln der Individuen stellt die unterste Ebene soziologischer Forschungen dar. Auf dieser Ebene werden die unmittelbaren sozialen Beziehungen des Individuums, sein soziales Verhalten bzw. Handeln, die Struktur und Determinanten der Persönlichkeitsentwicklung und der Individualitätsentwicklung, der sozialen Aktivität analysiert.

Die analytische Unterscheidung von Ebenen sozialer Beziehungen und Prozesse ist nicht nur für das forschungsmethodische Vorgehen von Bedeutung, eine solche Betrachtung unterstützt die genauere Bestimmung der Relationen zwischen den sozialen Beziehungen und Prozessen sowie das Verhältnis von Individuen, sozialen Gruppen und Gesellschaft in bezug auf Vermittlungsebenen und Vermittlungsglieder.

Aussagen zu Ergebnissen und zur Wirksamkeit bisheriger soziologischer Gesellschaftsanalyse können durch eine Betrachtung der Forschungsschwerpunkte getroffen werden. Folgende Aufgaben standen in den letzten Jahren im Mittelpunkt der Forschung:[9]

- Entwicklung der Sozialstruktur im Kontext des wissenschaftlich-technischen, ökonomischen und sozialen Fortschritts;
- Entfaltung der sozialistischen Persönlichkeit;
- soziale Entwicklungs- und Wandlungsprozesse in und zwischen den Sphären und Bereichen der Gesellschaft (Ökonomie, Politik, sozialer und geistiger Lebensprozeß, Bildungswesen, Gesundheitswesen, Wissenschaft, Kultur, Sport, Landesverteidigung);
- Entwicklungs- und Wandlungsprozesse in der sozialen Lage, der Lebensweise, den Lebensbedingungen und Lebenssituationen der Klassen, Schichten und sozialen Gruppen;
- soziale Prozesse in den Kombinaten und Betrieben;
- soziale Entwicklungs- und Wandlungsprozesse in territorialen Einheiten (Bezirke, Kreise, Städte, Gemeinden und Dörfer);
- Entwicklungs- und Wandlungsprozesse sozialer Organisationen, Institutionen, Gemeinschaften und Verbände;
- Entwicklungstendenzen der Interessen und Bedürfnisstrukturen der Klassen, Schichten und sozialen Gruppen;
- Entwicklung des Bewußtseins, der Wertorientierungen, Lebensziele;
- Entwicklung des Leistungsverhaltens der Werktätigen;
- Familienentwicklung;
- Tendenzen des Freizeitverhaltens der Klassen, Schichten und sozialen Gruppen.

Die zunehmende Verflechtung aller gesellschaftlichen Prozesse, die ihr innewohnende Dynamik und Widersprüchlichkeit beeinflussen die Wirkungsbedingungen, Wirkungsformen, Mechanismen und Entwicklungstendenzen sozialer Prozesse. Sie beeinflußt soziale Situationen, Verhältnisse, soziales Verhalten der Individuen und die diesem Verhalten zugrundeliegenden Interessen und Bedürfnisse. Die in unserer Gesellschaft vor sich gehenden Wandlungen betreffen also insbesondere Entwicklungswidersprüche zwischen Wirtschaft, Politik und Gesellschaft.

Damit sind zumindest zwei Problemkreise angesprochen:[10] 1. Es erweitern sich die Objektbereiche der Sozialindikatorenforschung. Dies ergibt sich aus den grundlegenden gesellschaftlichen Wandlungen, die sich durch die zunehmende Intensivierung des volkswirtschaftlichen Reproduktionsprozesses im Ergebnis der Umwälzungen der Produktivkräfte und der globalen Probleme der Menschheitsentwicklung ergeben. 2. Es erhöht sich die Notwendigkeit interdisziplinärer Forschungsweise infolge der zunehmenden Verflechtung der Ebenen und Bereiche der Gesellschaft. Exemplarisch sei auf wechselseitige Abhängigkeit von Produktivkraftentwicklung, Persönlichkeitsentwicklung und Demokratieentwicklung bzw. Ökonomie-, Ökologie- und Technologieentwicklung verwiesen. Die Erhöhung des Entwicklungstempos der Produktivkräfte, die insbesondere im breiten Einsatz der Schlüsseltechnologien zum Ausdruck kommt, verstärkt die Verflechtung der vor sich gehenden politischen, ökonomischen, sozialen und geistig-kulturellen Wandlungen. 3. Die Dynamik der sozialistischen Gesellschaftsentwicklung erfordert projektiv und prognostisch orientierte Studien über die Abläufe und Entwicklungstendenzen sozialer Erscheinungen und Prozesse, um auf herangereifte Entwicklungsprobleme rechtzeitig reagieren zu können. Was aber wissen wir über diese Wandlungsprozesse, welche Informationen brauchen wir, um Handlungsalternativen für Entscheidungen unterbreiten zu können; wie bewerten wir die Effizienz verschiedener Handlungsvarianten in der sozialen Sphäre unserer Gesellschaft; über welche Methoden verfügen wir, um vorhandene Informationsquellen voll auszuschöpfen und was müssen wir tun, um neue Informationsquellen zu erschließen? Fragen, die der Beantwortung harren. Durch ihre analytische Forschungsweise hat die Sozialindikatorenforschung einen spezifischen Zugang zur Analyse der sozialen Wirklichkeit erschlossen und einen Fundus empirischen Materials erbracht, dessen vertiefte Auswertung von nicht geringem Nutzen ist, um den konkreten Verlauf sozialer Prozesse erschließen, das Ausprägungsniveau sozialer Erscheinungen charakterisieren sowie Qualität und Entwicklungsrichtung sozialer Sachverhalte bestimmen zu können.

Nach unserer Auffassung sind interdisziplinär angelegte soziologische Gesellschaftsanalysen erforderlich, um Auskunft darüber geben zu können, wie die miteinander verflochtenen ökonomischen, politischen, technologischen, sozialen und geistig-kulturellen Prozesse tatsächlich verlaufen, welche Voraussetzungen und inneren wie äußeren Bedingungen den Verlauf dieser Prozesse beeinflussen und welche Wirkungen sie hervorbringen. Es kommt indessen nicht nur darauf an, die Vielfalt sozialer Erscheinungsformen grundlegender sozialer Prozesse zu beschreiben; vielmehr gilt es, strukturelle Veränderungen der Gesellschaft und ihrer Teilbereiche und soziale Entwicklungen zu analysieren und zu bewerten. Dabei ist zwischen langfristigen, mittelfristigen und kurzfristigen Entwicklungstendenzen und Strukturveränderungen zu unterscheiden. Auch ist auf die Besonderheit von Entwicklungszyklen (Bsp.: Bevölkerungsentwicklung, Entwicklung des gesellschaftlichen Arbeitsvermögens bzw. des Bildungs- und Qualifikationspotentials) zu achten.

Eine besondere Rolle spielt die soziologische Gesellschaftsanalyse im Kontext der Leitung, Planung und Kontrolle der sozialen Entwicklung. In diesem Zusammenhang haben sich soziale Indikatoren als wichtige Instrumentarien für die Wirksamkeitsanalyse der Sozialpolitik erwiesen.

Die Funktionsbestimmung sozialer Indikatoren bzw. von Systemen sozialer Indikatoren ergibt sich aus spezifischen Zwecksetzungen. Allgemein lassen sie sich als Instrumentarien bestimmen, deren Funktion darin besteht, soziale Erscheinungen, Strukturen, Beziehungen, Funktionsmechanismen und Prozesse hinsichtlich ihrer wesentlichen Merkmale, Wirkungsbedingungen, Ursachen, Entwicklungsniveaus, Wirkungen und Folgen zu charakterisieren. Indessen läßt sich diese allgemeine Funktionsbestimmung nicht ohne weiteres auf eine bestimmte Menge von sozialen Indikatoren bzw. auf ein System sozialer Indikatoren beziehen. Die empirische Widerspiegelung der sozialen Erscheinungen und Prozesse ist nur durch eine Eingrenzung des abzubildenden Objektbereichs, durch eine Konzentration auf wesentliche Merkmale und Bedingungen möglich.

Methodologischer Ansatz eines von uns entwickelten Systems sozialer Indikatoren ist das Konzept der sozialistischen Lebensweise.[11] "Lebensweise" wird definiert als "konkret-historisch bestimmte Art und Weise der Gestaltung des gemeinschaftlichen und individuellen Lebens in allen Tätigkeitsbereichen der Menschen, in der Produktion ebenso wie in den politischen Organisationen, in den verschiedenen Bereichen des gesellschaftlichen Lebens, in der Arbeit und Freizeit, im Wohngebiet, in der Familie und im Freundeskreis".[12] Die so definierte Lebensweise der Menschen ist vor allem in sozialökonomischer, sozialstruktureller, demographischer und territorialer Hinsicht differenziert. Weitere Differenzierungen bleiben in diesem Kontext unberücksichtigt.

Beim Aufbau unseres Indikatorensystems wurde zwischen Grundlagen und Bestandteilen der Lebensweise unterschieden. Sie bilden die erste systembildende Strukturdimension. Zu den Grundlagen der Lebensweise gehören vor allem die ökonomischen, sozialen, politischen, demographischen und geistig-kulturellen Grundlagen der Gesellschaft. Bei der Bestimmung der Elemente der Lebensweise wurden materielle Lebensbedingungen, Lebenstätigkeiten, soziale Beziehungen und geistige Regulative (individuelle Reflexionen und Werte) einbezogen. Die Lebensbedingungen wurden als Ergebnis der Tätigkeiten/Handlungen im gesellschaftlichen Reproduktionsprozeß definiert; die Lebenstätigkeiten als individuelle Aneignung der Lebensbedingungen; die sozialen Beziehungen als Formen zur Realisierung der Tätigkeiten und die subjektiven Reflexionen als Ausdruck des Wohlbefindens bzw. der Zufriedenheit bestimmt. Als zweite strukturbildende Dimension wurden sogenannte Bedürfniskomplexe (Arbeit, Ernährung, Bekleidung, Wohnen, Gesundheit, soziale Fürsorge, Bildung, Kultur/Kunst, Information/Kommunikation, Umwelt, Transport/Verkehr, Sport/Erholung) in das System einbezogen. Bedürfnisse sind bekanntlich ein wesentlicher Bestimmungsfaktor der Produktion und vermitteln die Wechselbeziehungen zwischen Produktion und Konsumtion. Der Grad der Bedürfnisbefriedigung kann als Indikator der Lebensqualität angesehen werden.

Seit 1986 werden seitens des Instituts für Soziologie und Sozialpolitik Hauptrichtungen der sozialen Entwicklung und grundlegende Bedürfniskomplexe unter sekundäranalytischer Auswertung von statistischem Material, Untersuchungsergebnissen verschiedener Institutionen und auf der Grundlage eigenständiger soziolgischer Untersuchungen analysiert, um für die Gesellschaftsleitung relevante Informationen über die Verwirklichung sozialer Ziele der ökonomischen Strategie unter jeweils konkreten Bedingungen zur Verfügung stellen zu können. Diese Art der Sozialberichterstattung fußt in ihrer Gliederung auf Grundelementen der Sozialstatistik, Bedürfniskomplexen der Volkswirtschaft, Zielbereichen der Sozialpolitik und dem schon erwähnten System sozialer Indikatoren.
Gegenwärtige Gliederung:

1 Soziale Entwicklung und ökonomische Strategie
1.1 Soziale Ziele der ökonomischen Strategie
1.2 Ökonomisches Wachstum und soziale Entwicklung

2 Entwicklung der Sozialstruktur und der Struktur der Volkswirtschaft
2.1 Klassen- und Schichtstruktur
2.2 Arbeiterklasse
2.3 Intelligenz
2.4 Genossenschaftsbauern
2.5 Handwerker
2.6 Struktur der Volkswirtschaft

3 Entwicklung der Bevölkerungsstruktur
3.1. Bevölkerungsentwicklung und Veränderung der Altersstruktur
3.2 Zur Vereinbarkeit von Berufstätigkeit und Mutterschaft
3.3 Familienentwicklung

4 Entwicklung und Nutzung des Arbeitsvermögens
4.1 Entwicklung des Beschäftigungsgrades
4.2 Arbeitssicherheit und Gesundheitsschutz
4.3 Mobilität
4.4 Entwicklung des Automatisierungs- und Mechanisierungsgrades
4.5 Arbeitsbedingungen
4.6 Arbeitszeit
4.7 Qualifikationsstruktur und qualifikationsgerechter Einsatz

5 Die Entwicklung der Geldeinnahmen und -ausgaben der Bevölkerung
5.1 Die Entwicklung der Geldeinnahmen
5.2 Die Entwicklung der Einkommensverwendung

6 Die Entwicklung ausgewählter Lebensbedingungen
6.1 Die Entwicklung des Einzelhandelsumsatzes und seiner Struktur
6.1.1 Zur Entwicklung des Nahrungs- und Genußmittelverbrauchs
6.1.2 Zur Entwicklung des Bekleidungsumsatzes
6.1.3 Zur Entwicklung bei sonstigen Industriewaren
6.2 Dienstleistungen für die Bevölkerung
6.3 Die Versorgung mit Wohnungen
6.4 Gesundheitliche und soziale Betreuung
6.5 Erholung
6.5.1 Die Entwicklung von Erholungsbedürfnissen
6.5.2 Zeitliche Voraussetzungen für Erholung
6.5.3 Entwicklung des Tourismus

Durchgängiges Gliederungsprinzip dieser sozialpolitisch orientierten Analyse der Lebenslage der Bevölkerung ist die sozialstrukturelle, demographische und territoriale Differenzierung. Obgleich damit noch nicht dem notwendigen Anspruch nach Analyse des Zusammenhanges von sozialer Lage, ökonomischer Mittelverausgabung und Leistung der sozialen Subjekte (soziale Effektivität) für die gesellschaftliche Entwicklung entsprochen werden konnte, dies ist vor allem auch der gegenwärtigen Datenlage geschuldet, wird damit ein dringendes, gesellschaftliches Anliegen realisiert: Entwicklungsniveau und Zukunftssperspektiven gesellschaftlicher Entwicklungen zu analysieren und damit Möglichkeiten zur effektiveren Verbindung von ökonomischer Leistung und sozial-politischer Verteilung zu erkunden. Dabei bedürfen insbesondere die sozialen Ziele, Bedingungen und Wirkungen der sektoralen und territorialen Strukturwandlungen einer fundierten Analyse. Vier Tendenzen zeichnen sich dabei besonders ab:

Erstens setzen sich die modernen Schlüsseltechnologien in bestimmten Industriezweigen besonders rasch durch. Infolge der in der DDR gegebenen Standortverteilung der Produktivkräfte sind die entsprechenden sozialen Auswirkungen territorial außerordentlich differenziert. Zweitens gewinnt generell der Dienstleistungsbereich als Wachstumsbereich der Volkswirtschaft an Bedeutung, dies ist mit entsprechenden sozialstrukturellen Veränderungen verbunden. Drittens sind mit dem Übergang der Kombinate zur Selbsterwirtschaftung der Mittel Veränderungen in den Realisierungsformen des sozialistischen Eigentums verbunden, wodurch sich auch erhebliche Modifikationen in den Interessenstrukturen der sozialen Subjekte ergeben. Viertens gewinnt bei der gegenwärtigen Ausbreitungsgeschwindigkeit der modernen Technologien die wissenschaftlich-technische Intelligenz als Hauptinnovator wissenschaftlich-technischen Fortschritts weiter an Bedeutung. Als ein weiteres wichtiges Merkmal soziologischer Gesellschaftsanalyse ist der jeweils erreichte Grad der Bedürfnisbefriedigung zu benennen. Der Grad der Bedürfnisbefriedigung widerspiegelt in hohem Maße das erreichte materielle und geistig-kulturelle Lebensniveau. Einkommen und Verbrauch, Versorgungsniveau und Ausstattungsgrad der Haushalte mit modernen Konsumgütern sind dafür wichtige Indikatoren. Dennoch ist die Messung der erreichten Lebensqualität ein noch ungelöstes Problem. Soziologische Untersuchungen zeigen, daß sich in den vergangenen Jahren erhebliche Veränderungen im Inhalt und in der Struktur der Bedürfnisse vollzogen haben. Höhere Qualität in den Konsumtionsbedürfnissen, wachsende Bedürfnisse nach Entfaltung der Individualität, Kommunikation, Geselligkeit, Gemeinschaftserlebnissen, demokratischer Mitwirkung in gesellschaftlichen Angelegenheiten, intakter Umwelt und zunehmende Differenzierung und Vielfalt in den geistig-kulturellen Bedürfnissen sind dafür ein Indiz.

Die Einheit von Wirtschafts- und Sozialpolitik bleibt ein programmatisches Ziel sozialistischer Gesellschaftsentwicklung, welches auch unter den neuen Bedingungen in unserem Lande gültig ist, aber im Prozeß der Realisierung neu durchdacht werden muß: proportionale Entwicklung der Wirtschaft, Produktivitätsentwicklung, Wirtschaftswachstum sind progressiv mit der Entwicklung der sozialen Lage zu verbinden. Soziale Lage wird definiert als "Gesamtheit der objektiven Existenzbedingungen von Klassen, Schichten und sozialen Gruppen innerhalb eines als Gesellschaftsformation bestimmbaren Systems gesellschaftlicher Verhältnisse". [13] Unter soziologischen bzw. sozialpolitischen Gesichtspunkten wird der Begriff "soziale Lage" wie folgt präzisiert: "Inhalt und die Bedingungen der Arbeit (vor allem hinsichtlich des Verhältnisses von körperlicher und geistiger Arbeit); die Qualifikation und Bildung und die durch sie bedingten Lebensumstände, die zusammen mit dem geistigen Niveau der Arbeit in der sozialistischen Gesellschaft immer mehr zum bestimmenden Faktor der sozialen Differenzierung werden; das Einkommen und das darauf beruhende Niveau der Befriedigung der Bedürfnisse; die Stellung im System des gesellschaftlichen Leitungs- und Entscheidungsprozesses sowie territoriale Umstände, vor allem hinsichtlich des Verhältnisses von Stadt und Land." Das soziale Wohlbefinden der Menschen wird letztlich durch ihre soziale Lage bestimmt. Bei der Veränderung bzw. Entwicklung der sozialen Lage sind die sich aus dem wissenschaftlich-technischen Fortschritt ergebenden Möglichkeiten zu nutzen, um sozial progressive qualitative Veränderungen in den Arbeits- und Lebensbedingungen, den Arbeits- und Lebenstätigkeiten, in den sozialen Beziehungen und Verhältnissen durchzusetzen. Innovativer Wandel in der sozialen Lage kann nur durch die Verbindung von Sozial- und Leistungsprinzip erreicht werden. Wandlungen in der sozialen Lage sind an die Bedürfnis- und Interessenstrukturen der sozialen Subjekte (Klassen, Schichten, soziale Gruppen, Individuen) gebunden und müssen im sozialen Entwicklungsprozeß durch Interessenkonsens erreicht werden. In den letzten Jahren war die Entwicklung der sozialen Lage in unserem Lande durch Prioritäten wie Wohnungsbauprogramm, Preissubventionen für Waren und Dienstleistungen des Grundbedarfs, zu starke soziale Differenzierungen vermeidende Einkommenspolitik, Verbesserung der Arbeitsbedingungen, Förderung junger Familien mit Kindern, Förderung der Jugend und der Frauen bestimmt. Künftig wird die progressive Gestaltung der Arbeitsinhalte und Arbeitsbedingungen, der Ausbau der Dienstleistungen, die Verbesserung des Gesundheitsschutzes, die qualitative Veränderung der Infrastruktur und die Verbesserung der ökologischen Situation im Zentrum der sozialen Wandlungen stehen müssen. Die Sozialindikatorenforschung sieht sich deshalb mit neuen Problemstellungen konfrontiert, wofür Lösungen erarbeitet werden müssen. Derartige Lösungen setzen eine sachliche Analyse der gegenwärtigen Situation voraus. Im Rahmen dieses Beitrages kann ich diesbezügliche Probleme nur andeuten.[14]

Die sich im Ergebnis der wissenschaftlich-technischen und technologischen Entwicklungen vollziehenden Veränderungen in den Arbeitsinhalten, Arbeitstätigkeiten und Arbeitsbedingungen verlaufen außerordentlich widersprüchlich. Während einerseits eine Reduzierung von Arbeitsplätzen mit Erschwernissen registriert werden kann, körperliche und geistige Monotonie in der Arbeit zurückgedrängt wird, Anforderungen an Qualifikation, Disponibilität und Mobilität zunehmen, sich das Niveau der Arbeitssicherheit erhöht, progressive und innovative Arbeitstätigkeiten und Arbeitsinhalte zunehmen, bleibt andererseits körperliche Schwerarbeit in bestimmten Bereichen bestehen (Landwirtschaft, Bauwesen, Reparaturen, Transport, Dienstleistungen) und treten immer deutlicher im Ergebnis veränderter Arbeitsbedingungen und Arbeitsinhalte neue Anforderungen an Denk-, Gedächtnis-, Konzentrations-, Anpassungs- und Entscheidungsleistungen und damit verbundene mentale Arbeitsanforderungen und emotionale Belastungen hervor. Gegenwärtig arbeiten fast 25 % der Berufstätigen an exponierten Arbeitsplätzen, davon ca. 20 % mit Gesundheitsrisiko. 20 - 40% des derzeitigen Krankenstandes werden auf arbeitsbedingte Faktoren zurückgeführt. Daraus ergibt sich die Notwendigkeit, die Reproduktionsbedingungen der Arbeitskraft innerhalb und außerhalb des Arbeitsprozesses so zu gestalten, daß sie dem wachsenden Anteil geistiger Komponenten der Arbeitstätigkeit gerecht werden (Arbeitszeitregime, Wohnbedingungen, Berufsverkehr, Dienstleistungen, Warenangebot, Erholungsmöglichkeiten).

Die weitere Verbesserung des Gesundheitsschutzes und der sozialen Betreuung ist ein sozialpolitisches Anliegen hohen Ranges, dies schließt die Befähigung der Bürger zu gesunder Lebensweise ein. Vor allem aber wächst der Bedarf an medizinischer Grundbetreuung. Vor einigen Wochen fand in unserem Lande eine nationale Gesundheitskonferenz statt, die ein diesbezügliches Programm beraten und verabschiedet hat. Nach unseren Untersuchungen kommt einer gesunden Lebensweise gegenwärtig und künftig besondere Priorität zu.

Gesundheit hat in der Bedürfnisstruktur der Menschen einen hohen Stellenwert. Zugleich muß beachtet werden, daß die Gesundheit stark von anderen Faktoren beeinflußt wird: Arbeitsinhalt und Arbeitsbedingungen, Umwelt, Sport, Ernährung, Erholung, medizinische und soziale Betreuung. Soziales Wohlbefinden fördert Gesundheit - wie umgekehrt auch. Es scheint daher legitim, daß sich die Sozialindikatorenforschung künftig stärker den objektivem und subjektiven Bedingungen der Gesundheit zuwendet. Ein Indikator für gesunde Lebensweise ist die Lebenserwartung. Die Lebenserwartung der erwachsenen Bürger in der Deutschen Demokratischen Republik hat sich in den letzten Jahren nur unwesentlich verändert. Unter 33 entwickelten Staaten der Welt liegt unser Land derzeit nur an 26. Stelle. Die in der Statistik ausgewiesene Erhöhung ist auf die Senkung der Mutter- und Säuglingsterblichkeit zurückzuführen. Die Lebenserwartung der über 15jährigen Männer hat sich seit 1952 um 0,9 Jahre, bei den über 45jährigen Männern um 0,2 Jahre erhöht und ist bei den über 65jährigen Männern um 0,1 Jahre zurückgegangen. Bei den Frauen ergibt sich ein günstigeres Bild: bei den über 15jährigen beträgt die Erhöhung 3,4 Jahre, bei den über 45jährigen 2,3 Jahre und bei den über 65jährigen 1,6 Jahre. Eine deutliche Erhöhung der Lebenserwartung und damit eine Annäherung an das internationale Niveau entwickelter Länder ist vor allem an die Verbesserung des Gesundheitszustandes der Männer über 20 Jahre und der Frauen im mittleren und höheren Lebensalter gebunden. Damit ergeben sich entsprechende Anforderungen an die soziale und gesundheitliche Betreuung, aber auch Konsequenzen für alle Lebensbereiche des Menschen, insbesondere auch für die Ernährung. Aus dem hohen sozialen, ökonomischen aber auch politischen Stellenwert des Ernährungsbedürfnisses ergibt sich die Notwendigkeit, das Ernährungsniveau als wichtigen Bestandteil des Lebensniveaus - vor allem auch unter Beachtung gesundheitlicher Wirkungen qualitativ zu verändern. Das gegenwärtig erreichte hohe Ernährungsniveau in der Deutschen Demokratischen Republik führt zu negativen gesundheitlichen Folgeerscheinungen mit hohen sozialen und ökonomischen Belastungen. Das Problem in der gegenwärtigen Ernährungssituation besteht in der immer noch ansteigenden Nahrungsenergieaufnahme in allen Bevölkerungsschichten, deren Ursachen vor allem in einem starken Verbrauchsanstieg von Fleisch und Fleischerzeugnissen, anderen tierischen Nahrungsmitteln, aber auch im steigenden Alkoholkonsum zu suchen sind. Es häufen sich weitere Erscheinungen von Fehlernährung. Die Lösung des Problems ist vor allem in der qualitativen Verbesserung der Verbrauchsstruktur, in der Änderung des Konsumverhaltens und der Änderung der Befriedigungsstruktur der Bedürfnisse zu suchen. Bedeutung kommt natürlich einer Änderung der Konsumtionsstruktur zugunsten höherwertiger industrieller Konsumgüter zu. Strukturwandel in der Konsumtionsstruktur ist vor allem bedingt durch qualitative Veränderungen in der Bedürfnisstruktur und bedarf entsprechender Möglichkeiten adäquater Realisierung. Die Sozialindikatorenforschung der Deutschen Demokratischen Republik hat sich in den letzten Jahren in verstärktem Maße den Mensch-Umweltbeziehungen zugewandt; es entstanden sozio-ökologische Forschungsgruppen, so auch am Institut für Soziologie und Sozialpolitik der Akademie der Wissenschaften der DDR. Es können selbstverständlich nicht alle Dimensionen des ökologischen Problems hier angesprochen werden. Außer Frage steht indessen, daß eine progressive qualitative Wandlung in der sozialen Lage ohne stärkere Beachtung der ökologischen Komponente nicht möglich ist. Wer dies nicht beachtet, gefährdet die ökonomische und soziale Reproduktion künftiger Generationen - gefährdet den sozialen Lebensprozeß in Gegenwart und Zukunft. Dies hat weitreichende Konsequenzen für strukturelle Wandlungen unserer Gesellschaft, aber auch für die Veränderung des Verhaltens aller sozialen Gruppen, Institutionen und Organisationen.

Die Mensch-Umwelt-Beziehungen sind so zu gestalten, daß die Natur als Quelle des Lebens, des materiellen und ideellen Reichtums der Menschheit geschützt, gesichert bzw. wiederhergestellt wird, die physische und psychische Gesundheit der Menschen gesichert, ihre Lebensfreude und ihr Wohlbefinden befördert wird. Zu diesem Zwecke muß eine Reihe von Aufgaben forciert gelöst werden:

a) Effektive Nutzung der begrenzten Bodenfläche bei gleichzeitigem Ausbau von Landschaftsgebieten;

b) verbesserte Wasserbereitstellung und Abwasserbehandlung um zu verhindern, daß sich durch Eindringen von Agrochemikalien und Nährstoffen in Seen und Talsperren die Wasserbeschaffenheit verschlechtert und die Aufbereitung von Trinkwasser beeinträchtigt wird. 1985 waren 66 % der Fließgewässer stark belastet und nur z. T. für Trinkwasser, Bewässerung und Industrie nutzbar. Besonders in den industriellen Ballungsgebieten gibt es Probleme durch Nitratbelastung des Trinkwassers;

c) weitere Reduzierung der Luftverunreinigung durch Staub, Abgase und Geruchsstoffe. Ca. 37 % der Wälder sind in der DDR geschädigt - besonders hohe Schädigungen gibt es in den Bezirken Dresden und Karl-Marx- Stadt;

d) Reduzierung von Lärm besonders in den Städten, der sich vor allem aus wachsender Verkehrsdichte und verschlechternden Fahrbahnzuständen ergibt.

Das Bedürfnis nach intakter Umwelt erhält wachsenden Stellenwert und kann nur durch ein abgestimmtes Umweltschutzsystem einschließlich umweltbewußten Verhalten jedes Bürgers und produktiven Umweltschutzinitiativen realisiert werden. Umweltpropaganda, entsprechende Restriktionen und Aufklärung gewinnen an Bedeutung. Da die Umweltverschmutzung ein grenzüberschreitendes Problem ist, sind natürliche international koordinierte Maßnahmen erforderlich.

Die Erhaltung und der schrittweise Ausbau der sozialen Infrastruktur ist eine der grundlegenden Bedingungen für die Entwicklung des materiellen und kulturellen Lebensniveaus. Dies schließt eine vorrangige Entwicklung der nichtproduzierenden Bereiche ein.

Schwerpunkte für die Reproduktion bzw. Entwicklung der Infrastruktur sind:

a) Überwindung erheblicher territorialer Differenzierungen. Der Versorgungsgrad mit Wohnraum (Anzahl der vorhandenen Wohnungen je 1000 Einwohner) liegt gegenwärtig in Berlin bei 490, in den Bezirken Leipzig und Karl-Marx-Stadt bei 435 und den Bezirken Rostock, Schwerin und Neubrandenburg bei 380. Territorial differenziert ist auch der Ausstattungsgrad der Wohnungen mit IWC bzw. Bad zwischen den Bezirken: Berlin (98 %/99%), Bezirke Frankfurt/Oder und Rostock (85%/86 %), Bezirk Gera (74 %/88 %), Bezirke Karl-Marx-Stadt und Dresden (66 %/81 %). Der Versorgungsgrad mit Kinderkrippen betrug 1987 in Berlin 864 und in Dresden 692. Einen unterschiedlichen Versorgungsgrad gibt es in der medizinischen und sozialen Betreuung, zum Beispiel bei Feierabendheimplätzen (Berlin 76,8/1000 Rentner und Karl-Marx-Stadt 32,7/1000 Rentner). Weitere Differenzierungen betreffen die Versorgung mit Dienstleistungen, Sportstätten und kulturelle Einrichtungen.

b) Die Zurückdrängung des weiteren Verfalls der Infrastruktur bezieht sich auf Ausrüstungen der Stadtwirtschaft, kulturelle Einrichtungen, Krankenhäuser, Sporteinrichtungen, kommunale Straßen und vor allem die Innenstädte.

c) Eine wichtige Aufgabe ist der Ausbau lebensnotwendiger Elemente der Infrastruktur wie Fernsprechnetze, Fernsehverkabelung, Datenfernübertragung, Telefonanschlüsse, Leistungen der Post

Die Lösung der skizzierten Aufgaben im Bereich der Infrastruktur ist in erster Linie natürlich für die Bevölkerung der Deutschen Demokratischen Republik relevant, hat aber auch Bedeutung für die Erweiterung des Auslandstourismus (betr. insbesondere historische Kulturstätten) in unserem Lande.

Sozialindikatoren, gesellschaftliche Dauerbeobachtung, prospektive Sozialberichterstattung - Aufgaben, die sich aus den vor sich gehenden sozialen Wandlungsprozessen in der Deutschen Demokratischen Republik ableiten.

Eine umfassende reale Analyse dieses Wandlungsprozesses und seiner Resultate steht noch aus. Dieser Wandlungsprozeß erhält in diesen Tagen neue Dimensionen. Grundlegende Reformen stehen auf der Tagesordnung. Interne und globale Probleme sind miteinander verflochten. Widersprüche zwischen qualitativ neuartigen Erfordernissen der sozialistischen Gesellschaftsentwicklung und vorhandenen Strukturen, Mechanismen und Institutionen müssen gelöst werden. Natürlich ist die soziale Entwicklung der Deutschen Demokratischen Republik auch maßgeblich durch die Umbruchsituation der Menschheit, durch die zunehmende Verschärfung und Verflechtung der globalen Probleme geprägt. Die alles überragende Frage lautet: Wie kann gesellschaftlicher Fortschritt in Frieden auf lange Sicht gewährleistet werden. Die Bewältigung der globalen Menschheitsprobleme (Friedenssicherung, ökologische Krise, Bevölkerungsexplosion, Unterentwicklung und Hunger, Sicherung von Gesundheit und Beschäftigung) wird als Voraussetzung für soziale Entwicklung, Humanität, Demokratie, Bedürfnisbefriedigung, Persönlichkeitsentwicklung angesehen. Kein Land kann der Bewältigung dieser Probleme ausweichen. Die Sozialindikatorenforschung hat dem Rechnung zu tragen.

1 Vgl. H. Berger und G. Winkler, Zur Entwicklung der Beziehungen von Soziologie und Sozialpolitik in der DDR, in: Jahrbuch für Soziologie und Sozialpolitik, Akademie-Verlag Berlin 1989.

2 Vgl. G. Winkler et.al., Soziale Ziele und Bedingungen der ökonomischen Entwicklung in der DDR, Studie Berlin 1989.

3 Vgl. Statistisches Jahrbuch der Deutschen Demokratischen Republik, 1988, S. 268 - 276, Staatsverlag der DDR, Berlin 1988.

4 Ebenda, S. 290 f.

5 Ebenda, S. 100 ff.

6 Statistisches Jahrbuch der DDR, 1988, S. 103.

7 Vgl. H. Berger, H. F. Wolf und A. Ullmann (Hrsg.), Handbuch der soziologischen Forschung, Akademieverlag, Berlin 1989, S. 4 ff.

8 Vgl. Ebenda, S. 34-41.

9 Vgl. Autorenkollektiv unter Leitung von H. Berger, Soziologie des Sozialismus, Teil I + II, Berlin 1987, AdW der DDR (Beiträge aus der Forschung).

10 Vgl. H. Berger, Stand, Aufgaben und Funktion der Soziologie in der DDR, in: Kölner Zeitschrift für Soziologie und Sozialpsychologie. Heft 1/ 1988, Westdeutscher Verlag, S. 117-126.

11 Vgl. H. Berger et.al., System sozialer Indikatoren der sozialistischen Lebensweise, AdW der DDR, Berlin 1984, (Beiträge aus der Forschung).

12 Vgl. G. Winkler (Hrsg.), Lexikon Sozialpolitik, Akademieverlag, Berlin 1988, S. 250.

13 Vgl. Ebenda, S. 250 f.

14 Anmerkung: Die nachstehenden Ausführungen stützen sich auf die Studie des Instituts für Soziologie und Sozialpolitik, Soziale Ziele und Bedingungen der ökonomischen Entwicklung in der DDR, Berlin 1989.

Sozialindikatorenforschung in der DDR
Retrospektive und Perspektive

Eckhard Priller

1. Einleitung

Die gesellschaftlichen Veränderungen in der DDR seit Oktober/November 1989 haben nicht nur zu grundlegenden Wandlungen in allen Bereichen des gesellschaftlichen Lebens geführt, sondern eröffneten zugleich Forschungsrichtungen wie der Sozialindikatorenforschung völlig neue Chancen. Bislang bestehende Restriktionen beim Datenzugang, bei der Erhebung spezieller Informationen oder bei der Veröffentlichung von Untersuchungsergebnissen sind nicht mehr wirksam. Ansätze, die den veränderten gesellschaftlichen Bedingungen entsprechen, sind gefragt. Die Umgestaltung der Wirtschaft nach marktwirtschaftlichen Prinzipien führt zu einer wachsenden sozialen Dynamik. Mit den anstehenden Wirtschafts- und Sozialreformen sind grundlegende sektorale, territoriale, sozialstrukturelle, sozialökonomische, demographische u. a. Wandlungen verbunden. Die ökonomischen und sozialen Veränderungen im deutschen Einigungsprozeß haben für die Bürger der DDR eine weitreichende Umgestaltung ihrer Lebensbedingungen und ihres Lebensniveaus zur Folge. Gleichzeitig werden sich soziale Widersprüche, wie sie die Gesellschaft bisher nicht kannte, herausbilden. Auf dem Arbeitsmarkt ist mit einem Umfang an Arbeitslosigkeit zu rechnen, der in optimistischen Modellrechnungen bei zehn Prozent der Berufstätigen liegt. Umschulungen werden bereits für über 1,5 Millionen Berufstätige anvisiert. Bedingt durch Veränderungen im Angebot von Waren und Dienstleistungen sowie bei Subventionen in der Nahrungsgüterwirtschaft, im Verkehrswesen und bei der Wohnungsvermietung wird sich das Konsumverhalten und der Ausstattungsgrad der Haushalte mit Industriewaren (z. B. PKW) verändern. Dies alles wird nicht ohne Einfluß auf die Wertorientierungen, Zufriedenheiten und Meinungen der Menschen in der Gesellschaft bleiben.

Um die künftigen Probleme gesellschaftlichen Wandels in der DDR genauer erfassen zu können, müssen die dafür benötigten ökonomischen und sozialen Informationen bereitgestellt werden. Forderungen, wie sie in den letzten Jahrzehnten in modernen Gesellschaften allgemein erhoben wurden, der Wirtschaftsberichterstattung eine adäquate Sozialberichterstattung zur Seite zu stellen, haben in einer solchen Umbruchphase einen besonderen Stellenwert. Daß allein mit der Bereitstellung von Informationen die bestehenden enormen Schwierigkeiten nicht zu bewältigen sind, dürfte allgemein einsichtig sein. Die Dimensionen und das Ausmaß der sozialen Problemstellungen sollten aber vor Augen führen, daß durch den weiteren Ausbau von Ansätzen der Sozialindikatorenforschung ein bedeutender Beitrag zu einer aktiven Gesellschafts- und Sozialpolitik geleistet werden kann.

Interesse und Bedarf an sozialen Informationen über die DDR sind seit den politischen Ereignissen im Jahre 1989 sprunghaft gewachsen, und sie werden, einhergehend mit den wirtschaftlichen und sozialen Veränderungen, eine anhaltende Bedeutung haben. Analysen zu sozialen Strukturen und Prozessen, über die objektive Lebenslage der Bürger in der Gesellschaft und ihr subjektives Wohlbefinden in Form von Zufriedenheiten bzw. Unzufriedenheiten mit bestimmten Lebensbereichen, ihre Sorgen, Erwartungen und Lebenseinstellungen (Werte) stoßen in der Sozialwissenschaft, Politik und Öffentlichkeit gleichermaßen auf Interesse. Für die Sozialwissenschaft stellt die analytische Betrachtung der wirtschaftlichen und sozialen Umbrüche, die in relativ kurzen Zeiträumen zu erwarten und in solchen Ausmaßen nur selten zu beobachten sind, eine Herausforderung dar. Auf bereits entwickelte Instrumentarien kann dabei nur in begrenztem Maße zurückgegriffen werden. Indikatoren, die in der DDR bisher für Gesellschaftsanalysen verwendet wurden, und verfügbare statistische Informationen erfassen die sich vollziehenden Prozesse nur unvollständig. Das in westeuropäischen Ländern mit Erfolg benutzte Instrumentarium (z. B. Mikrozensus) ist kurzfristig nicht einsetzbar, da dafür eine gründliche Vorbereitungszeit vorausgesetzt werden muß. Insgesamt ist der Tatsache Rechnung zu tragen, daß spezielle theoretische, methodologische und methodische Konzepte für die Dauerbeobachtung einer Gesellschaft zu entwickeln sind, die sich im Umbruch befindet. Sie haben in besonderem Maße zu berücksichtigen, daß es sich um spezifische Strukturen und um Übergangsprozesse handelt, die eine hohe Dynamik aufweisen.

Die Sozialindikatorenforschung hat deshalb nicht nur die Überarbeitung bisher zum Einsatz gekommener Instrumente und die Adaption international erprobter Vorgehensweisen zu leisten, sondern sie muß sich zugleich mit dem Entwurf neuer Indikatoren sowie dem Einsatz spezieller Untersuchungs- und Analysemethoden befassen, die den spezifischen aktuellen Problemen in besonderer Weise Rechnung tragen. Indem sie sich dieser Aufgabe stellt, zieht sie auch die Hoffnungen weiterer Gebiete der Sozialwissenschaften auf sich, mittels fundierter Konzepte, methodischer Grundlagen und einer breiten Datenbasis die notwendigen Voraussetzungen für umfassende Gesellschaftsanalysen zu schaffen.

Für eine aktive Sozialpolitik können weder Politiker noch Planer oder Verwaltungen auf soziale Informationen und eine effiziente Sozialberichterstattung verzichten. Der Bedarf an sozialen Informationen ist für sie in einer gesellschaftlichen Situation, in der ein Übergang von einer zentralistischen Plan- und Kommandowirtschaft zur sozialen Marktwirtschaft nicht nur in der Ökonomie, sondern in allen Gesellschaftsbereichen ansteht, von grundlegender Bedeutung. Gesellschaftliche Dauerbeobachtung, Probleminformation, Frühwarnung und Erfolgskontrolle sind entscheidende Voraussetzungen, um die anstehenden Probleme gesellschaftlicher Veränderungen und gesellschaftlichen Wandels in der Politik zu meistern. Dieser Bedarf der Politik an sozialen Informationen besteht in jeder modernen Gesellschaft, unabhängig davon, welche politischen Parteien oder Gruppierungen die Regierungsverantwortung tragen.

In der Vergangenheit hat die politische Führung in einem ideologisch geprägten administrativ-bürokratischen System den sozialen Informationen nicht den ihnen zukommenden gesellschaftsanalytischen Wert beigemessen. Die Wirtschaftsberichterstattung hatte gegenüber der Sozialberichterstattung ein überragendes Primat. Gesellschaftsanalysen konnten als kritische und politikberatende Untersuchungen, obwohl öffentlich häufig das Gegenteil postuliert wurde, nur in begrenztem Maße erstellt werden. Kritischen Ergebnissen, deren Erörterung und Verbreitung zumeist durch eine verordnete Geheimhaltung verhindert wurde, ist von den Politikern trotz ihrer zumeist eindeutigen Signalfunktionen nicht der notwendige Ernst beigemessen worden. Konsequenzen für die praktische Politik resultierten aus diesen Ergebnissen nur in seltenen Fällen.

Neben Wissenschaft und Politik fordert gegenwärtig in der DDR nicht zuletzt die breite Öffentlichkeit Informationen über soziale Zustände und Prozesse, um sich ein Bild zu machen, wie es um verschiedene soziale Sachverhalte in der Gesellschaft wirklich bestellt ist, welche Entwicklungen sich bisher vollzogen haben, wo soziale Unterschiede bestehen und Probleme besonders hervortreten. Indem jeder einzelne Bürger die Möglichkeit erhält, auf solche Art Kenntnisse über gesellschaftliche Entwicklungen und Situationen zu erlangen, durch entsprechende Vergleiche in die Lage versetzt wird, einen engen Bezug zwischen der Gesellschaft und seiner persönlichen Lebenssituation herzustellen, erweitert sich auch das moderne Demokratieverständnis. Eine "Informationsgesellschaft" darf sich nicht auf die Wissenschaft und die Politik beschränken, sondern muß die Öffentlichkeit, den einzelnen Bürger, in geeigneter Weise berücksichtigen. Für ihn ist es zugleich wichtig, daß die sozialen Informationen nicht eine auf "Erfolgsbilanz" orientierte Manipulation und Auswahl erfahren - wie dies in der Vergangenheit für die DDR charakteristisch war. Sie haben vielmehr ein reales Bild von der Gesellschaft zu liefern und die Problemsicht der Bürger zu fördern.

2. Sozialindikatorenforschung - Rückblick und Bilanz

Soziale Indikatoren und Sozialindikatorenforschung sind für die DDR kein Novum. Im Rahmen der Planwirtschaft fanden von Anfang an neben ökonomischen Kennziffern zugleich soziale Kennziffern zur Fixierung von Aufgabenstellungen auf unterschiedlichen Ebenen und in verschiedenen Gesellschaftsbereichen Verwendung. Sie wurden im Bereich des Gesundheitswesens (z. B. Krankenstand, Krankenhausbetten je 10.000 der Bevölkerung), im Bildungswesen (z.B. Anzahl der Schulabgänger mit 10-Klassen-Abschluß), der Kultur (z.B. Anzahl der Theaterbesucher) usw. ebenso benutzt wie im Bereich der Arbeit und Beschäftigung (z. B. Qualifikationsniveau der Berufstätigen, Anteil der Schichtarbeit) oder der Konsumtion (z. B. Verbrauch an Lebensmitteln pro Kopf der Bevölkerung, Ausstattung der Haushalte mit langlebigen Konsumgütern).

Mit Hilfe von sozialen Kennziffern als Planungs- und Abrechnungsgrößen sollte erreicht werden, die ökonomische Entwicklung eng mit der sozialen Entwicklung zu verbinden und beide Seiten als einheitlichen Prozeß zu gestalten. Diese Zielstellung, besonders seit den siebziger Jahren als "Einheit von Wirtschafts- und Sozialpolitik" verstärkt propagiert, ordnete sich ein in Versuche zur "Vervollkommnung" des Systems der Leitung und Planung der Gesellschaft. Die sich zunehmend abzeichnenden langfristigen und komplexen Probleme der ökonomischen und sozialen Entwicklung sollten durch ein höheres Maß an Differenziertheit, Wissenschaftlichkeit und Operationalität besser gelöst werden. Es ist in diesem Zusammenhang daher nicht verwunderlich, daß sich die Sozialindikatorenforschung in den sozialistischen Ländern vor allem unter dem Gesichtspunkt der Vervollkommnung von Leitung und Planung entwickelte[1]. Die Funktion sozialer Kennziffern blieb deshalb nicht auf analytische Aufgaben beschränkt. Weil sie einen praktischen Beitrag für die Leitung und Planung der Gesellschaft erbringen sollten, wurden vor allem normative, prognostizierende, kontrollierende und stimulierende Funktionen von Sozialindikatoren hervorgehoben[2].

Die Betonung dieser praktischen Funktionen sozialer Indikatoren war zugleich ein wichtiges Argument für die Etablierung einer solchen Forschungsrichtung Ende der siebziger Jahre. Obwohl man sich an verschiedenen Wissenschaftseinrichtungen (z. B. Hochschule für Ökonomie in Berlin, Universitäten in Berlin und Leipzig, Hochschule in Weimar) dieser Problematik zuwandte, wird die Sozialindikatorenforschung erst seit der Gründung des Instituts für Soziologie und Sozialpolitik (1978) systematisch betrieben. Neben der wissenschaftlichen Bearbeitung soziologischer und sozialpolitischer Fragestellungen unternahmen die Staatliche Zentralverwaltung für Statistik (1990 in Statistisches Amt der DDR umbenannt) und die Staatliche Plankommission Aktivitäten zur Verbesserung der Berichterstattung über soziale Sachverhalte und die Planung des Lebensniveaus.

Vor allem die Ergebnisse der Staatlichen Zentralverwaltung für Statistik in den siebziger Jahren waren für die Sozialindikatorenforschung von Bedeutung. Die Wissenschaftler standen einerseits unter dem politischen Erwartungsdruck, den Nachweis für eine erfolgreiche Wirtschafts- und Sozialpolitik zu erbringen, andererseits hatten sie sehr bald die Notwendigkeit erkannt, die Analyse sozialer Prozesse zu verbessern, was durch die internationale Zusammenarbeit gefördert wurde. Auf dem Gebiet der Erarbeitung statistischer Kennziffern ist die Rolle der Ständigen Kommission für Statistik des Rates für gegenseitige Wirtschaftshilfe (RGW) hervorzuheben, die ein System der Sozialstatistik initiierte. Dieses "System der Hauptkennziffern der Sozialstatistik und die Methodologie ihrer Berechnung" wurde unter Leitung von Rudolf Andorka (Ungarn) bis 1978 erarbeitet, von der Fachstatistikertagung der Mitgliedsländer des RGW und Jugoslawiens abgestimmt und von den entsprechenden Gremien der RGW-Statistik gebilligt. Durch Restriktionen einzelner Länder bei der Bereitstellung von Daten konnte dieser fundierte Ansatz für den Aufbau der Sozialstatistik nur in einzelnen Bereichen ausgefüllt werden.

Eine Zusammenfassung von Kennziffern über soziale Bereiche erfolgte in der amtlichen Statistik der DDR durch spezielle Kennziffernsammlungen. Zu nennen sind vor allem die Kennziffernsammlungen "Sozialstatistik", "Jugend" und "Frauen". Während sich die Kennziffernsammlung "Sozialstatistik" weitgehend an das Programm der RGW-Sozialstatistik anlehnte, beinhalteten die beiden anderen Kennziffernsammlungen Zusammenstellungen von selektiven Informationen zu den beiden genannten Bevölkerungsgruppen, die jedoch nicht allgemein zugänglich waren.

Von besonderem Interesse für die Datenbasis der Sozialindikatorenforschung waren Informationen des zentralisierten Berichtswesens vor allem aus den Komplexen Bevölkerung, Lebensstandard, Wohnungsbestand, Bürgeraktivitäten, Arbeitskräfte, Bildung und Versorgung sowie die repräsentativen Bevölkerungsbefragungen der amtlichen Statistik, die nur beschränkt zugänglich waren und daher nur partiell verwendet werden konnten. Es handelt sich dabei um Erhebungen zum Haushaltsbudget, die Einkommensstichproben und die Zeitbudgetuntersuchungen[3]. Die Erhebungen zum Haushaltsbudget finden seit 1960 statt. Es werden Informationen über die Verwendung von Geldeinnahmen und Geldausgaben der Haushalte ermittelt. Diese Statistik liefert wichtige Informationen zur Beurteilung der Einkommenssituation und der Verbrauchsverhältnisse in Haushalten nach sozialen Differenzierungen. Ein wesentlicher Mangel der Statistik des Haushaltsbudgets besteht darin, daß nur ausgewählte Bevölkerungsgruppen (Arbeiter- und Angestelltenhaushalte, Rentnerhaushalte, Haushalte von LPG-Mitgliedern) einbezogen sind und damit kein umfassender Überblick zu den Einkommens- und Verbrauchsverhältnissen aller sozialen Gruppen möglich ist.

Diesen Mangel haben auch die Daten aus der Einkommensstichprobe (nur Arbeiter- und Angestelltenhaushalte). Die regelmäßigen Einkommensstichproben, die seit 1959 im Abstand von zwei bis drei Jahren stattfinden, liefern Informationen zum Einkommensniveau und zur Einkommensentwicklung. Darüber hinaus werden Daten zur Ausstattung der Haushalte mit ausgewählten Gebrauchsgütern sowie über die Nutzung von Gärten bzw. Wochenendgrundstücken erhoben. Zeitbudgeterhebungen liegen für 1974, 1980, 1985 und 1990 vor, sie beziehen sich auf die erwachsene Bevölkerung (ab 16 Jahre). Im Mittelpunkt steht dabei die Nutzung der arbeitsfreien Zeit (gegliedert nach verschiedenen Tätigkeiten), die Belastung der einzelnen Familienmitglieder durch Hausarbeit sowie Tendenzen des Freizeitverhaltens.

Intensive Bemühungen um die Zusammenführung der Sozialindikatorenforschung mit den Ansätzen und den Datenfonds der amtlichen Statistik sind erst in der letzten Zeit erfolgreich gewesen. Bereits vorher entwickelte Vorstellungen für eine engere Zusammenarbeit scheiterten einerseits an dem beschränkten Zugang zum statistischen Datenfonds, andererseits an der geringen Bereitschaft zur Veränderung des vorhandenen Systems der amtlichen Statistik. Vorschläge zur Weiterentwicklung und Qualifizierung der Sozialstatistik fanden erst nach dem Umbruch im Herbst 1989 Resonanz und werden für die weitere Arbeit des Statistischen Amtes der DDR berücksichtigt.

Rückblickend sei auf einige Etappen und Ergebnisse der Sozialindikatorenforschung verwiesen. Als Mitte der siebziger Jahre die Sozialindikatorenproblematik in das Blickfeld der DDR-Soziologie rückte, wurde deutlich, daß Fortschritte auf diesem Gebiet verstärkte Grundlagenforschung erforderten. Bis Ende der siebziger Jahre befaßte man sich in dieser ersten Etappe der Sozialindikatorenforschung mit Begriffsklärungen, mit dem erkenntnistheoretischen und dem methodologischen Stellenwert von Sozialindikatoren. In diesem Zusammenhang wurden Relevanz, Funktion und Klassifikation von Indikatoren sowie Probleme der Indikatorengewinnung und -messung behandelt[4]. Von grundlegender methodologischer und praktischer Bedeutung war die Bestimmung der Rolle soziologischer Forschung für die Gesellschaftsanalyse. Konzentrierte sich die DDR-Soziologie zuvor weitgehend auf die Betrachtung einzelner gesellschaftlicher Sphären und Bereiche sowie das soziale Verhalten von Gruppen, bezog die Sozialindikatorenforschung die Analyse sozialökonomisch bedeutsamer Prozesse in der Gesellschaft als Ganzes mit ein, um diese in ihrer Strukturiertheit, Dynamik, Entwicklung und Funktionsweise erfassen zu können.

Die zweite Etappe (etwa 1980 bis 1983) konzentrierte sich auf die Entwicklung eines konkreten Indikatorensystems. Dabei wurden zunächst internationale Erfahrungen ausgewertet, besonders das Sozialpolitische Entscheidungs- und Indikatorensystem (SPES) für die Bundesrepublik Deutschland[5], das von Allardt entwickelte System zur Ermittlung gesellschaftlicher Wirkungen auf die individuelle Bedürfnisbefriedigung[6] und das von dem sowjetischen Soziologen Bestushev-Lada entwickelte Konzept zur Analyse der Lebensweise[7]. Dem folgte die Ausarbeitung einer Methodik für ein System sozialer Indikatoren zur Untersuchung der Lebensweise in der DDR, das vor allem sozialstrukturelle, demographische und territoriale Differenzierungen berücksichtigte[8]. Beim Aufbau des Indikatorensystems wurde zwischen Grundlagen (ökonomische, soziale, politische, demographische, territoriale und geistig-kulturelle Grundlagen) und Bestandteilen bzw. Elementen (materielle Lebensbedingungen, Lebenstätigkeiten, soziale Beziehungen und geistige Regulative in Form von individuellen Reflexionen und Werten) der Lebensweise unterschieden. Durch die Einbeziehung von zehn Bedürfniskomplexen (Arbeit, Ernährung, Bekleidung, Wohnen, Gesundheit/Fürsorge, Bildung/Erziehung, Kultur/Kunst, Information/Kommunikation, Sport/Erholung, Transport/Verkehr) fanden wichtige gesellschaftliche Bereiche Berücksichtigung. Obwohl mit diesem Indikatorensystem eine langfristige Orientierung für die weitere Arbeit gegeben wurde, blieb die Wirksamkeit unmittelbar nach der Fertigstellung begrenzt. Die Ursachen sind in den folgenden miteinander verbundenen und sich bedingenden Faktoren zu sehen:

- Es bestand nur ein geringer Bedarf an gesamtgesellschaftlichen Informationen, da in der Wissenschaft und Politik ein gewisses - auf Einzelbereiche beschränktes - Ressortdenken vorherrschte. Die Öffentlichkeit war weitgehend von einer differenzierten und kritischen Gesellschaftsinformation ausgeschlossen.

- Die vorhandene Datenbasis reichte nicht aus, um das entwickelte Indikatorensystem mit den entsprechenden statistischen Angaben auszufüllen. Die Möglichkeiten, fehlende Informationen durch eigene soziologische Erhebungen bereitzustellen, waren begrenzt. Die methodischen Konzepte für entsprechende Erhebungen waren unzureichend, die infrastrukturelle Ausstattung der Sozialwissenschaften (keine oder nur geringe Verfügbarkeit von Interviewernetzen und moderner Computertechnik) war mangelhaft, außerdem bestanden Genehmigungsverfahren für empirisch-soziologische Untersuchungen, die der Zustimmung des Ministerrats bedurften.

- Der Zugang zur Datenbasis der amtlichen Statistik war beschränkt. Gesellschaftskritische Daten konnten in der Regel nicht bzw. nur für interne Analysen verwertet werden.

- Es fehlte auch ein ausreichendes Wissenschaftspotential, um die im Rahmen des Indikatorensystems insgesamt mehr als 600 "ideal" konstruierten Indikatoren mit Daten aufzufüllen, da in der DDR nur eine geringe Zahl von Soziologen ausgebildet worden war.

Für die dritte Etappe der Sozialindikatorenforschung, die bis Ende 1989 reichte, hatte das entwickelte Indikatorensystem zur Lebensweise eine wichtige Bedeutung in dreifacher Hinsicht:

- Die Methodik fand in verschiedenen Vorhaben der amtlichen Statistik Berücksichtigung (Erweiterung der Kennziffernsammlung "Sozialstatistik", Untersuchungen zum Haushalts- und Zeitbudget).

- Für die von 1986 bis 1989 vom Institut für Soziologie und Sozialpolitik durchgeführten Analysen zu Hauptrichtungen der sozialen Entwicklung (ab 1990 "Sozialreport"), die weitgehend Intentionen der Sozialberichterstattung folgten, bildete das Indikatorensystem den strukturellen Rahmen.

- Es wurden Schwachstellen des Indikatorensystems deutlich, die eine Weiterentwicklung notwendig erscheinen ließen. Im Vordergrund stand der weitere Ausbau der Informationsgrundlagen für soziologische Gesellschaftsanalysen. Es galt, Daten zu wichtigen gesellschaftlichen Bereichen zu erschließen, zu denen bislang keine oder nicht genügend differenzierte Informationen vorlagen. Gleichzeitig mußten die Instrumente soziologischer Gesellschaftsanalyse vervollkommnet werden.

Im Rahmen eines Projekts "Strategien soziologischer Informationsgewinnung"[9] wurden folgende Vorschläge und Forderungen entwickelt:

1. Sicherung eines umfassenden Zugangs der Wissenschaft zu den statistischen Informationsfonds. Neben den grundlegenden und in der Regel allgemein zugänglichen statistischen Materialien, wie Jahrbücher und spezielle Kennziffernsammlungen, wurde gefordert, daß weitere Informationsquellen und moderne Informationsmittel der Statistik sowie anderer gesellschaftlicher und staatlicher Institutionen den Sozialwissenschaften offenstehen müssen (z. B. Datenbank, Statistik, Bevölkerungsregister, Individualdaten der Einkommensstichprobe, des Haushaltsbudgets und des Zeitbudgets).

2. Führung einer Dokumentation über durchgeführte empirisch-soziologische Untersuchungen, um über Daten aus diesen Informationsquellen kurzfristig informiert zu sein. Durch die Sammlung von Datensätzen aus diesen Erhebungen sollte ein nationales Archiv empirisch-soziologischer Untersuchungen aufgebaut werden.

3. Etablierung einer speziellen repräsentativen Erhebung zur Untersuchung der sozialen Entwicklung, die internationalen Standards (z.B. Wohlfahrtssurvey, ALLBUS) folgen sollte.

4. Koordinierung empirisch-soziologischer Untersuchungen der verschiedenen Institutionen und Forschungseinrichtungen, um Doppelarbeit zu vermeiden und über entsprechende methodische Anschlußstücke (Standarddemographie) eine bessere Kombination und Verknüpfbarkeit von Daten zu erreichen.

5. Entwicklung und verstärkter Einsatz standardisierter Instrumente zur soziologischen Informationsgewinnung, um die methodische Qualität der Daten zu verbessern.

6. Ausbau und Weiterentwicklung der Sozialstatistik, die den zunehmenden Bedarf an sozialen Informationen über grundlegende Bereiche, Strukturen und Entwicklungen sichert. Neben der Durchführung eines Mikrozensus wurde die qualitative Verbesserung der Einkommensstichprobe, der Haushaltsbudget- und der Zeitbudgetuntersuchungen angestrebt.

7. Aufbau und Nutzung von Forschungsdatenbanken, die inhaltlich an den Schwerpunkten einer Sozialberichterstattung auszurichten sind. Mit Hilfe moderner Informations- und Kommunikationstechnologien sollten Verfügbarkeit und schneller Zugriff zu sozialen Informationen verbessert werden.

Diese Vorschläge und Forderungen waren als Teil eines langfristig und systematisch angelegten Konzepts sozialer Informationsgewinnung gedacht, das die informationellen Grundlagen gesellschaftlicher Dauerbeobachtung und vertiefter Gesellschaftsanalysen verbessern sollte. In diesem Zusammenhang wurde mit Nachdruck unterstrichen, daß eine komplexe Betrachtung gesellschaftlicher Sphären und Bereiche notwendig ist, verstärkt Zeitreihendaten erfaßt und bereitgestellt werden müssen, die sozialstrukturellen, demographischen und territorialen Differenzierungsfaktoren stärkerer Beachtung bedürfen sowie die Aspekte internationaler Vergleichsforschung und der Kompatibilität der Datenbasis besser berücksichtigt werden müssen.

3. Perspektive der Sozialindikatorenforschung - Kontinuität und Neuorientierung

Die jüngsten Resultate der Sozialindikatorenforschung verbinden sich mit hohen Erwartungen an ihre zukünftigen Entwicklungsmöglichkeiten. In Fortsetzung der vom Institut für Soziologie und Sozialpolitik jährlich erarbeiteten Analysen zu Hauptrichtungen der sozialen Entwicklung konnte Anfang 1990 ein Sozialreport publiziert werden, der einem breiten Kreis von Wissenschaftlern, Politikern und der Öffentlichkeit zugänglich ist[10]. Mit differenzierten Zahlen, Tabellen und Graphiken wird ein aufschlußreiches Bild über soziale Zustände in der DDR vermittelt. Statistische Daten und Ergebnisse soziologischer Untersuchungen zu Tendenzen der sozialen Entwicklung wurden zusammengestellt und kommentiert. Die Konzentration auf eine analytische Betrachtungsweise zeichnet nicht nur ein Bild von der sozialen Lage in der DDR, sondern verweist gleichzeitig auf das Niveau und die Leistungsfähigkeit der Sozialindikatorenforschung und der Sozialberichterstattung in der DDR. Im "Sozialreport '90" wurden auch Daten einer im Januar 1990 durchgeführten soziologischen Erhebung mitgeteilt, die sich vor allem auf Fragen zum sozialen Wohlbefinden, der subjektiv empfundenen Lebensumstände, der Werte und Bedürfnisse konzentrierte. "Leben 1990" erfaßte rund 1.500 Bürger unterschiedlicher Alters- und Qualifikationsgruppen aus verschiedenen Territorien der DDR. Die "harten" Daten der Statistik über die objektiven Lebensbedingungen konnten auf diese Weise durch entsprechende subjektive Wahrnehmungen ergänzt und unterschiedliche Lebenslagen auch von dieser Seite beleuchtet werden. Sicherlich läßt sich diese Erhebung nicht mit dem Niveau und Standard entsprechender Untersuchungen in der BRD (z. B. Wohlfahrtssurveys) vergleichen. Sie ist allerdings ein wichtiger Schritt zur Realisierung von Forderungen der letzten Jahre nach repräsentativen Untersuchungen zu sozialen Lebenslagen unter Einschluß von subjektiven Sozialindikatoren. Positiv für die Erstellung des Sozialberichts hat sich erwiesen, daß die amtliche Statistik seit November 1989 neue Wege bei der Bereitstellung von Daten über Entwicklungstrends und Ergebnisse sozialer Prozesse beschreitet. Nachdem die Wissenschaft erweiterte Zugangsmöglichkeiten zum staatlichen Datenfonds des zentralisierten Berichtswesens und der fachlichen Berichterstattung hat, verbesserte sich die Datenbasis für den Sozialbericht grundlegend.

Der Sozialreport zeigt, daß bereits vor dem politischen Umbruch Konzepte, Ansätze und praktische Erfahrungen für eine Sozialberichterstattung vorhanden waren, die erst jetzt sichtbar und produktiv werden. Durch die Umbrüche in den gesellschaftlichen Rahmenbedingungen und Strukturverschiebungen in den individuellen Lebenslagen (Veränderungen in der Erwerbstätigkeit, den Eigentums-, Nutzungs- und Vermögensverhältnissen, bei Einkommen und Verbrauch, der Ausstattung der Haushalte, der Zeitverwendung usw.) wird der Bedarf an sozialen Informationen - den der Sozialreport befriedigen möchte - weiter steigen. Künftig müssen Sozialindikatorenforschung und Sozialberichterstattung in besonderer Weise den Fragen nachgehen, wie sich Wohlfahrtsentwicklung in Abhängigkeit von der wirtschaftlichen Entwicklung gestaltet. Von beträchtlichem Interesse wird es dabei sein, inwieweit wirtschaftlicher Aufschwung mit steigender Lebensqualität verbunden ist und welche Faktoren den Wandel von sozialer Gleichheit in den elementaren Lebensbedürfnissen zu Ungleichheiten in der Lebensqualität bestimmen. Ein besonderer Schwerpunkt wird in dieser Hinsicht die Einkommens- und Verbrauchssituation sein.

Zu diesen Problemen und anderen brisanten, aktuellen sozialen Fragen (z. B. Arbeitsmarkt und Beschäftigung, soziale Sicherung) reichen Darstellungen im Rahmen des Sozialberichts nicht aus. Notwendig sind spezielle Forschungs- und Untersuchungsprogramme zu sozialen Problemfeldern, die in entsprechenden Studien ihren Niederschlag finden müssen. Neben der Form des Sozialreports erhalten regionale Analysen zukünftig ein stärkeres Gewicht. Ursachen sind die gegenwärtig bestehenden starken Differenzierungen auf regionaler Ebene, die - wie bisherige Analysen zeigen - sowohl in wirtschaftlichen wie in sozialen Bereichen vorhanden sind. Der Bedarf an regionalen Analysen wird durch die Herausbildung von Länderstrukturen in der DDR verstärkt.

Einen weiteren Schwerpunkt bilden künftig vergleichende Analysen zwischen den Territorien der BRD und der DDR. Sie können die vorhandenen Unterschiede in verschiedenen sozialen Bereichen deutlich machen und deren differenzierte Veränderung weiter verfolgen. Ausgehend von den inhaltlichen Schwerpunktsetzungen und Ergebnissen der Sozialindikatorenforschung erhält die Sicherung einer entsprechenden Datenbasis besonderes Gewicht. Wie bereits dargestellt wurde in den letzten Jahren ein entsprechendes Konzept entwickelt, dessen Realisierungschancen und -bedingungen sich grundlegend verbessert haben. Die Umsetzung der dargelegten Vorschläge und Vorstellungen hat bereits begonnen, und erste Ergebnisse wurden erzielt. Von besonderem Gewicht sind die Maßnahmen zum Ausbau der Sozialstatistik und zur Durchführung spezieller empirischer Erhebungen. Die in den letzten Jahren von der Sozialindikatorenforschung unterbreiteten Anregungen zum Ausbau der Sozialstatistik haben bei der gegenwärtigen Umstrukturierung und Neubestimmung von Aufgaben der amtlichen Statistik entsprechende Resonanz gefunden. Die Sozialstatistik ist als eigenständiges Teilgebiet durch die Bildung eines selbständigen Bereichs "Sozial- und Bevölkerungsstatistik" endgültig aus dem Schatten der bisherigen Wirtschaftsstatistik getreten. Zur statistischen Abbildung und Analyse sozialer Prozesse stellt sich die Sozialstatistik vor allem folgende Aufgaben:

- Darstellung, Messung und Untersuchung von Massenerscheinungen des Lebensniveaus und seiner Bestandteile (individuelle Konsumtion als Besitz, Verbrauch und Nutzung von Konsumgütern und Dienstleistungen; Lebenshaltung; Wohnbedingungen; materielle und zeitliche Arbeitsbedingungen; Freizeitbedingungen usw.).

- Statistische Beobachtung aller objektiven Existenzbedingungen der sozialen Gruppen (soziale Lage bzw. Lebenslage).

- Widerspiegelung der Lebensweise als konkret-historisch bestimmte Art und Weise der Gestaltung des Lebens in allen Tätigkeitsbereichen der Menschen.

Durch die Ausrichtung des Sozialstatistik sowohl auf die Gesamtbevölkerung aus volkswirtschaftlicher bzw. gesamtgesellschaftlicher Sicht als auch auf eine stärkere sozialstrukturelle, demographische und territoriale Differenzierung ist die bisherige Art und Weise der Datenrekrutierung (Volkszählungen, Stichprobenbefragungen, zentralisiertes Berichtswesen der amtlichen Statistik, fachliches Berichtswesen) zu vervollkommnen und zu ergänzen. Neben der Entwicklung und erstmaligen Umsetzung eines Mikrozensusprogramms ist vorgesehen, die bisher durchgeführten Bevölkerungsbefragungen des Statistischen Amtes (Statistik des Haushaltsbudgets, Einkommensstichprobe, Zeitbudgeterhebung) auszubauen. Die Beschränkungen auf einzelne Bevölkerungsgruppen (z. B. Arbeiter- und Angestelltenhaushalte) sind so zu verändern, daß eine echte Repräsentativität in bezug auf die Gesamtbevölkerung erreicht wird. Inhaltlich sind die Erhebungsprogramme durch eine verstärkte Einbeziehung von Sozialwissenschaftlern aussagefähiger zu gestalten. Für die im Mai 1990 durchgeführte Zeitbudgetuntersuchung wurde ein Zusatzbogen entwickelt, der - anknüpfend an Fragestellungen der Sozialindikatorenforschung - die Ausübung von speziellen Freizeittätigkeiten und die Zufriedenheit mit einzelnen Lebensbereichen gesondert erfaßt. Mit diesem Zusatzbogen werden erstmalig subjektive Sozialindikatoren in einer Bevölkerungsbefragung der amtlichen Statistik erprobt und neue Felder der Zusammenarbeit mit der Sozialindikatorenforschung erschlossen.

Die Möglichkeiten und Voraussetzungen zur Durchführung soziologischer Erhebungen haben sich grundlegend verändert. Die Einschränkungen zur Genehmigung entsprechender Untersuchungen wurden durch neue gesetzliche Regelungen revidiert[11]. Bevölkerungsbefragungen, die international für die Sozialindikatorenforschung eine wichtige Datenquelle darstellen, konnten bereits teilweise durchgeführt werden, wie die erwähnte Untersuchung des Instituts für Soziologie und Sozialpolitik "Leben 1990", die im Januar 1990 erfolgte, zeigt. Weitere Projekte, die an ausgereiften theoretischen und methodischen Konzepten anknüpfen, sind vorgesehen. Die seit mehreren Jahren in der BRD praktizierten Erhebungen des Sozio-Ökonomischen Panels und des Wohlfahrtssurveys sollen auf die DDR übertragen werden. Dadurch wird nicht nur die Datenbasis erweitert, sondern auch ein wichtiger Impuls für qualifizierte Gesellschaftsanalysen vermittelt.

1 Vgl. H. Berger/W. Klimek/E. Priller: Vergleichende Studie über soziale Indikatoren, in: Protokolle und Informationen 1/1980, Wissenschaftlicher Rat für Sozialpolitik und Demographie, Berlin 1980; H. Berger/E. Priller (Hrsg.): Indikatoren in der soziologischen Forschung, Berlin 1982, S. 53.

2 Vgl. H. Berger/W. Klimek: Zum Begriff und zur Rolle von Indikatoren in der soziologischen Forschung, in: Jahrbuch für Soziologie und Sozialpolitik 1980, Berlin 1980, S. 155.

3 Übersicht über die regelmäßigen repräsentativen Bevölkerungsbefragungen des Statistischen Amtes der DDR (Arbeitsmaterial des Statistischen Amtes der DDR, Stand März 1990).

4 Vgl. H. Berger/W. Klimek: Zum Begriff und zur Rolle von Indikatoren in der soziologischen Forschung, in: Jahrbuch für Soziologie und Sozialpolitik 1980, Berlin 1980, S. 146 ff; E. Priller: Die Gewinnung von Indikatoren zur soziologischen Erforschung der Arbeitsbedingungen, ebd., S. 162 ff; H. Berger/E. Priller (Hrsg.) Indikatoren in der so-

ziologischen Forschung, Berlin 1982. Vgl. auch Beiträge von W. Speigner, H. F. Wolf, E. Priller, M. Lindtner, A. Ullmann, in: Informationen zur soziologischen Forschung in der DDR, 4/1976.

5 W. Zapf (Hrsg.): Lebensbedingungen in der Bundesrepublik. Sozialer Wandel und Wohlfahrtsentwicklung, Frankfurt/New York 1978, S. 54 ff.

6 E. Allardt: Definition an Aeasurement of Social Indicators in a Comparative Scandinavian Study, Paris 1976 (UNESCO).

7 I. V. Bestushev-Lada: Soziale Kennziffern der Lebensweise der sowjetischen Gesellschaft, Moskau 1980 (russisch).

8 Vgl. H. Berger u.a.: System sozialer Indikatoren der sozialistischen Lebensweise, in: Beiträge aus der Forschung - Soziologie und Sozialpolitik 1/1984; H. Berger/E. Priller: Grundsätze und Methodik eines Systems sozialer Indikatoren der sozialistischen Lebensweise, in: Jahrbuch für Soziologie und Sozialpolitik 1984, Berlin 1984, S. 57 ff.

9 E. Priller: Methoden soziologischer Informationsgewinnung zur Erforschung von Wechselbeziehungen zwischen ökonomischer und sozialer Entwicklung, in: Jahrbuch für Soziologie und Sozialpolitik 1987, Berlin 1987, S. 112 ff; E. Priller: Methodologische und methodische Grundlagen soziologischer Informationsgewinnung, Schriftenreihe Soziologie und Sozialpolitik - Beiträge aus der Forschung 3/1989.

10 G. Winkler (Hrsg.): Sozialreport '90, Daten und Fakten zur sozialen Lage in der DDR, Berlin 1990.

11 Bekanntmachung über Maßnahmen zur Neugestaltung von Rechtsvorschriften auf dem Gebiet der Bevölkerungsbefragungen und der Meinungsforschung, Gesetzblatt der DDR, Teil I, Nr. 17 vom 16. März 1990.

Lebenslagenanalysen in der Bundesrepublik Deutschland

Stefan Hradil

1. Herkömmliche Konzeptionen von Lebenslagen

Versteht man unter "Lebenslagen" die Ensembles der Lebensbedingungen von Gesellschaftsmitgliedern, die ihnen im Vergleich zu anderen Menschen Vorteile oder Nachteile bringen, so bestanden noch zu Beginn der siebziger Jahre in der Sozialstrukturanalyse zwei sehr gegensätzliche Auffassungen, wie Lebenslagen zustande kommen und wie sie aussehen:

Seit dem Ende des Zweiten Weltkrieges, in den fünfziger und sechziger Jahren dominierte die **Schichtungssoziologie**. Schichtungssoziologen gingen davon aus, daß es bestimmte, gesellschaftlich knappe und begehrte, abgestuft verteilte "Güter" sind, die den Kern individueller Lebenslagen ausmachen. Im Vordergrund standen hierbei die beruflich vermittelten Ressourcen Einkommen, Prestige und (Aus-)Bildung. Die theoretische Grundlage schichtungssoziologischer Lebenslageanalysen bildeten meist funktionalistische Theorien, wonach es ungleiche Beiträge zur Erreichung gesellschaftlich verbreiteter Zielsetzungen waren, die ungleiche Belohnungen notwendig machten.

Seit Ende der sechziger Jahre bildete die marxistische **Klassentheorie** den kritischen Gegenpol zur Schichtungssoziologie. Diese Sichtweise von Lebenslagen schien in nahezu allen Punkten unvereinbar mit schichtungssoziologischen Analysen: Nicht "subjektiv" wahrnehmbare Ressourcen, sondern die "objektive" Besitz- und Machtstellung im Produktionssystem waren der Ausgangspunkt; nicht abgestufte, sondern dichotomisch polarisierte Lebens- und Handlungsbedingungen wurden beachtet; nicht integrationstheoretisch, sondern konflikttheoretisch wurde argumentiert, aus den ungleichen Machtpositionen und den polarisierten Lebenslagen von Bourgeoisie und Proletariat erwachsen nach Auffassung von Klassentheoretikern objektiv unvereinbare Interessen und Kämpfe, nicht gesellschaftlicher Wettstreit, wie das Schichtungssoziologen betonen.

Diese beiden Lebenslageinterpretationen standen sich noch in den siebziger Jahren nicht nur in Konfrontation gegenüber, sie dominierten auch ganz eindeutig die gesamte Lebenslage- und Sozialstrukturanalyse. Nahezu alle äußeren, gesellschaftlich geprägten Lebensbedingungen von Menschen (seien es Wohn- oder Arbeitsbedingungen, soziale Sicherheit oder soziale Kontakte), nahezu alle inneren Haltungen (von der Sozialisation bis zur politischen Partizipation, von der Kirchenbindung bis zur Kriminalität, von Sprachstilen bis hin zum Freizeitverhalten) wurden im Zusammenhang entweder mit der Klassenstellung oder der Schichtzugehörigkeit gebracht. Es gab keine nennenswerten anderen Lebenslageerklärungen und -beschreibungen neben Klassen- und Schichtschemata.

Daran hat sich viel geändert. Seit den siebziger Jahren ist aus der Konfrontation dieser beiden Lebenslageinterpretationen eine Koalition geworden, aus ihrer Dominanz sind sie in die Defensive geraten. Wie ist das gekommen?

Erstens sind die beiden Deutungen im Laufe der siebziger und achtziger Jahre immer näher aneinandergerückt. Auf der einen Seite haben sich marxistische Klassenschemata ausdifferenziert und sind immer näher an mehr oder minder vertikale Berufsgruppenklassifikationen geraten. Dies zeigte sich schon in den empirischen Klassenanalysen des Instituts für Marxistische Studien (IMSF 1973 ff.) und Forschungen des "Projekts Klassenanalyse" (PKA 1973, 1974) zu Beginn der siebziger Jahre. Beide berücksichtigten sie (unterschiedliche Mittelklassen bzw. -schichten und rechneten mit ihnen auch weiterhin. Diese Tendenz zur differenzierten Erfassung von ungleichgestellten Berufsgruppen auch in marxistischen Klassenschemata wird völlig klar in neueren Klassentypologien, wie der in Abbildung 1 gezeigten.

Auf der anderen Seite hatte sich auch das Schichtkonzept dem Klassenkonzept angenähert. Hat das marxistische Klassenkonzept eine "Verberuflichung" erfahren, so kann man die Wandlungen des Schichtkonzepts zunächst als "Objektivierung", dann als "Ökonomisierung" bezeichnen. Aus dem eher ökonomiefernen, auf das "Miteinander-Umgehen" gerichteten Konzept von "Interaktions-Prestige-Schichten" der Nachkriegszeit war ein auf objektive Merkmale (Beruf, Einkommen, Bildung, Wohnlage) und

Abb. 1: Typologie der Klassenlagen in der kapitalistischen Gesellschaft

Ausstattung an Produktionsmitteln

	Besitz an Produktionsmitteln	Nicht-Besitz (Lohnarbeit)				
Genügend Kapital, um Arbeitnehmer zu beschäftigen und selbst nicht zu arbeiten	1) Bürgertum (Bourgeoisie)	4) fachl. qualif. Manager	7) fachl. teilw. qualif. Manager	10) fachl. nicht-qualif. Manager	+	
Genügend Kapital, um Arbeitnehmer zu beschäftigen, muß aber selbst mitarbeiten	2) Kleine Arbeitgeber	5) fachl. qualif. Aufsichtsperson	8) fachl. teilw. qualif. Aufsichtsperson	11) fachl. nicht-qualif. Aufsichtsperson	>0	Ausstattung an Organisationsmitteln*
Genügend Kapital, für Selbständigkeit, aber nicht zur Beschäftigung von Arbeitnehmern	3) Kleinbürgertum	6) fachl. qualif. Nicht-Manager	9) fachl. teilw. qualif. Arbeiter	12 "Proletarier" (Arbeiterklasse)	-	
		+ qualifiziert	>0 teilweise qualifiziert	- nicht qualifiziert		
		Ausstattung an Qualifikation*				

* Die drei Stufen bzgl. Organisation und Qualifikation von Lohnabhängigen bedeuten:
+: Ausbeuter; >0: weder Ausbeuter noch ausgebeutet; -: ausgebeutet

(Quelle: Wright 1985, S. 88)

Abb. 2: Gemeinsamkeiten von neueren Klassen- und Schichtmodellen und ihre Schwachpunkte

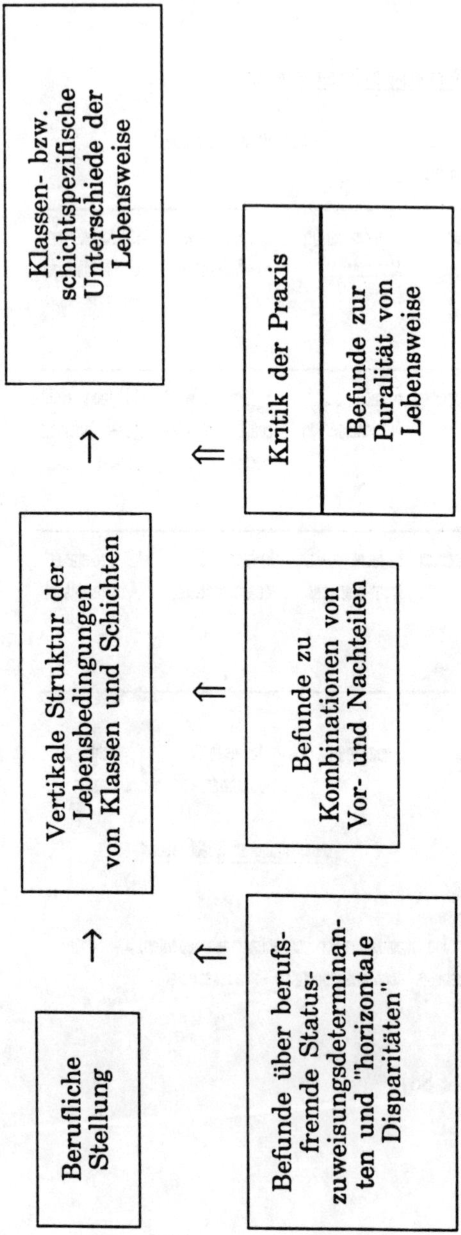

deren generellem Prestige abgestelltes Schichtkonzept und schließlich im Laufe der sechziger Jahre das oben erwähnte mehrdimensionale Konzept "sozio-ökonomischer Schichtung" geworden, worin dem (Berufs-)Prestige die quasi-objektiven Dimensionen Einkommen und Bildung zur Seite gestellt wurden. Damit war das Schichtkonzept de facto zu einer vertikalen Klassifikation von Berufsgruppen und ihrer (un)vorteilhaften Ausstattung mit gesellschaftlich begehrten "Gütern" geworden.

Die einander angenäherten Klassen- und Schichtkonzepte wiesen seit den siebziger Jahren, zunächst weithin unerkannt, immer mehr Gemeinsamkeiten auf: Sie waren beide

- **ökonomisch** fundiert, d. h. sie suchten die Ursachen der Herausbildung von Lebenslagen im wirtschaftlichen Bereich und sahen im Beruf die Schlüsselposition und den Hauptzugangsweg zu (un)vorteilhaften Lebenslagen,
- **vertikal** ausgerichtet, d. h. sie beschrieben die Lebenslagen der Gesellschaftsmitglieder insgesamt als ein mehr oder minder durchgehendes Höher und Tiefer und implizierten damit weitgehende Statuskonsistenz, d. h. das Zusammentreffen von Vorteilen mit Vorteilen und von Nachteilen mit Nachteilen,
- im psychologischen Sinne **deterministisch**, d. h. sie gingen beide davon aus, daß die wichtigen gesellschaftlichen Unterschiede der Lebensweise, des Denkens und Handelns eine Folge der beruflich verankerten äußeren Lagen der Menschen sind.

Diese drei wichtigen Gemeinsamkeiten stellten zugleich auch empirische Prüfkriterien dar. Seit den siebziger Jahren wurde gefragt, ob der Beruf wirklich die zentrale Zuweisungsinstanz der Lebenslage ist, ob Lebenslagen in sich wirklich konsistent und insgesamt wirklich vertikal angeordnet waren, ob die äußere Lage wirklich das Denken und Handeln der Menschen so sehr prägte. An diesen drei Stellen setzte in den siebziger und achtziger Jahren auch immer mehr Kritik an klassen- und schichtungssoziologischen Modellen von Lebenslagen ein (vgl. Abbildung 2). Und diese gemeinsame Kritik führte - zusammen mit darauf beruhenden Alternativvorstellungen über die gesellschaftliche Struktur von Lebenslage - dazu, daß Klassen- und Schichtmodelle aus der Dominanz in die Defensive gerieten und daß die einander ähnlich gewordenen Lebenslagevorstellungen von der Konfrontation abgingen und eine (eher stille) Defensivkoalition eingingen.

Die empirische Kritik an klassen- und schichtspezifischen Lebenslagevorstellungen läuft nicht darauf hinaus, daß diese falsch seien. Sie kommt vielmehr zum Ergebnis, daß sie **zu eng, zu einfach** und **zu deterministisch** sind.

Zu **eng** sind sie, da eine ganze Reihe mehr oder minder berufsferner Dimensionen der Lebenslage nicht berücksichtigt werden. Und diese sind, wie z. B. soziale Sicherheit, Freizeitbedingungen, Zugangschancen zu staatlich bereitgestellter Infrastruktur, Arbeitsbedingungen, "Ungleichbehandlungen" und Stigmatisierungen, vielen Menschen immer wichtiger geworden. Zu eng sind klassen- und schichtspezifische Lebenslagemodelle auch insofern, als sie auf berufsfremde oder dem Beruf vorgeordnete Determinanten der Lebenslage nicht eingehen. Viele von ihnen, wie z. B. Geschlecht, Alter, Nationalität, Wohnort, Kohorte (Geburtsjahrgangsgruppe), Familienverhältnisse - und nicht der Beruf - stehen derzeit im Mittelpunkt gesellschaftlicher und politischer Aufmerksamkeit. Mit der Ungleichheit zwischen den Geschlechtern und zwischen Nationalitäten werden derzeit Wahlkämpfe bestritten.

Welche Kraft diese Determinanten haben, geht z. B. daraus hervor, daß die Haushaltsgröße (und damit die Kinderzahl) das Pro-Kopf-Einkommen der Haushalte stärker beeinflußt als die berufliche Stellung (Bertram 1981). In Abbildung 3 wurde mit den Wohnbedingungen absichtlich eine Lebenslagedimension gewählt, von der man, da Häuser und Wohnungen ebenso wie Einrichtungen käuflich sind, annehmen sollte, daß sie in erster Linie eine Frage des Berufs und des Erwerbseinkommens sind. Aber die Graphik zeigt, wie sehr auch Nationalität, Alter und Geschlecht, unabhängig vom Beruf, die Wohnsituation prägen.

Zu **einfach** sind klassen- und schichtungssoziologische Modelle der Lebenslage, da schon innerhalb der "klassischen" berufsnahen Dimension Geld, Bildung und Prestige wesentlich mehr Verwerfungen existieren (und wohl auch schon früher existierten: Bertram/Dannenbeck 1990) als rein vertikale, Statuskonsistenz unterstellende Lagekonzeptionen vorsahen. Abbildung 4 beruht auf einer eigenen (zusammen mit Thomas Riede und Regina Berger-Schmitt, Sfb 3, Universität Mannheim, durchgeführten) Sekundäranalyse des "Wohlfahrtssurveys 1988" und macht - anders als schichtungssoziologische Modelle und Verfahren - mit Hilfe der Clusteranalyse auch typische

Abb. 3: Determinanten der Wohnbedingungen

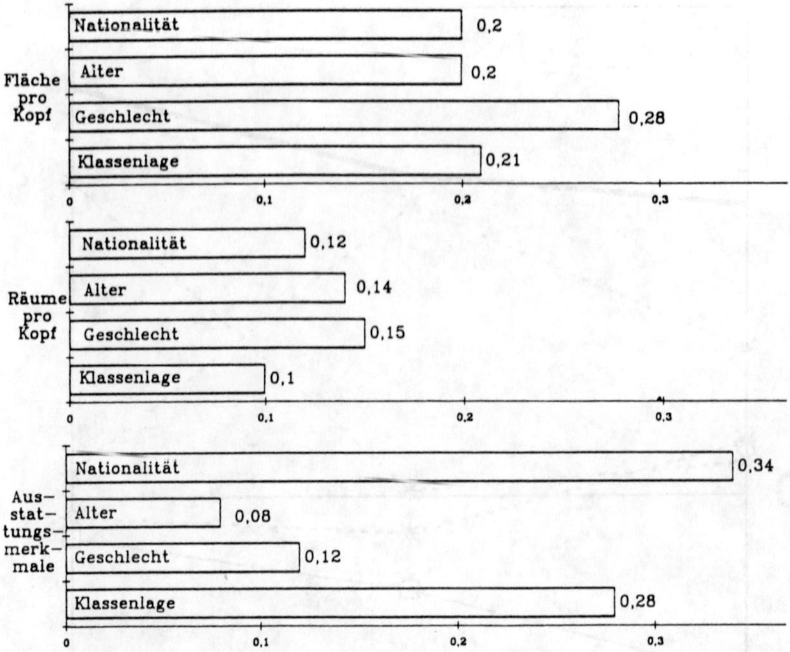

(nach: Noll/Habich 1990)

Nachgewiesen sind drei Dimensionen der Wohnbedingungen, vier soziale Merkmale des Haushaltsvorstands und die Kraft, mit der sie (unabhängig von den anderen Merkmalen) die Güte der Wohnbedingungen beeinflussen.

Statusinkonsistenzen (z. B. niedriges Einkommen, hohes Berufsprestige) sichtbar. An den nicht-waagerechten Linien wird deutlich, daß Statusinkonsistenzen insbesondere im Bereich der mittleren Lagen eher die Regel als die Ausnahme sind und wir mindestens eine "Einkommens-Mittelschicht" und eine "Bildungs-Mittelschicht" auseinanderhalten müssen.

Schon aus rein logischen Gründen sind solche komplexen Gleichzeitigkeiten von Vor- und Nachteilen um so eher zu erwarten, je mehr Lagedimensionen berücksichtigt werden, etwa die oben genannten, relativ berufsfernen Berei-

Abb. 4: **Statusinkonsistenzen im Schichtungsgefüge**

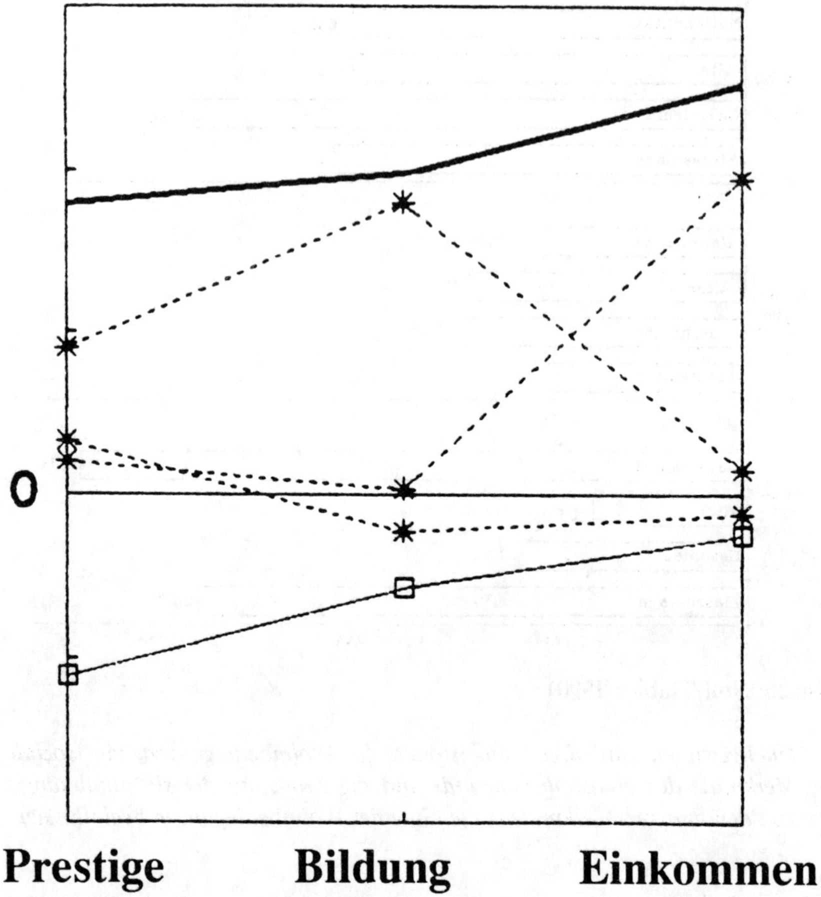

che der Sozialen Sicherheit, der Freizeitbedingungen, der Wohnbedingungen etc. Die im folgenden Abschnitt angeführten Untersuchungen bestätigen diese Erwartungen und zeigen, daß die Gesamtstruktur gesellschaftlicher Lebenslagen wesentlich komplizierter ist, als in rein vertikalen Klassen- und Schichtvorstellungen angenommen. Diese Befunde machten auch darauf aufmerksam, daß es ein erkenntnishemmendes Denkschema ist, soziale

Ungleichheit, d. h. gesellschaftliche Vor- und Nachteile zwischen Menschen, von vornherein mit einem quasi-eindimensionalen Höher und Tiefer der Sozialstruktur insgesamt gleichzusetzen.

Zu **deterministisch** sind Klassen- und Schichtmodelle, da sie eine kausale Abhängigkeit und strukturelle Deckungsgleichheit zwischen der jeweiligen äußeren Lage im vertikalen Gefüge von Lebensbedingungen und der jeweiligen inneren Haltung und Lebensweise erwarten, und diese Erwartungen schicht- und klassenspezifischer Lebensformen sich in neueren Untersuchungen aber immer weniger bestätigten. Vielleicht gab es klassen- und schichtspezifische Lebensformen auch früher schon viel weniger als Soziologen dachten, heute auf jeden Fall sind die Werthaltungen, Einstellungen und Verhaltensweisen vieler Menschen relativ unabhängig von ihrer Klassen- und Schichtstellung (Lüdtke 1989; Gluchowski 1988; Zapf u.a. 1987; zusammenfassend: Hradil 1990). Subkulturen, Milieus und Lebensstile sind heute auch relativ fein ausdifferenziert und zerfallen in sehr viele verschiedenartige, oft schwer zu trennende Gruppierungen und nicht in vertikal anzuordnende Großgruppen. Die Abbildungen 5 und 6 veranschaulichen dies. Sie machen aber zugleich darauf aufmerksam, daß Anzahl und Zuschnitt soziokultureller Gruppierungen sowie der Grad ihrer Abhängigkeit vom Klassen- und Schichtgefüge in den einzelnen Studien recht unterschiedlich gesehen wird. Dies muß keine Unzulänglichkeit der Sozialforschung sein, dies kann sehr wohl mit der inneren Vielgestaltigkeit, der Multizentriertheit und Unstetigkeit der Lebensformen selbst zusammenhängen.

Die beiden Abbildungen 5 und 6 zeigen aber auch, daß man den Determinismusvorwurf gegen Klassen- und Schichtschemata nicht überziehen sollte. Die Verfügung über Geld, Prestige, vor allem aber über Bildung hat - zusammen mit dem Alter und den Familienverhältnissen - durchaus noch die Kraft, bestimmte Lebensformen wahrscheinlich und andere unwahrscheinlich zu machen.

Nach soviel Kritik an herkömmlichen Lebenslagevorstellungen sind zwar zahlreiche erklärende Theorien über die Herausbildung bestimmter neuer Sozialstrukturen entstanden. Es fehlen aber pragmatisch zu handhabende Konzepte zur empirischen Erforschung und Beschreibung der heute maßgebenden, d. h. weitergefaßten, komplizierteren und nur relativ verhaltensprägenden, Lebenslagen.

Abb. 5: Soziale Schicht und Grundorientierung von Milieus in der Bundesrepublik

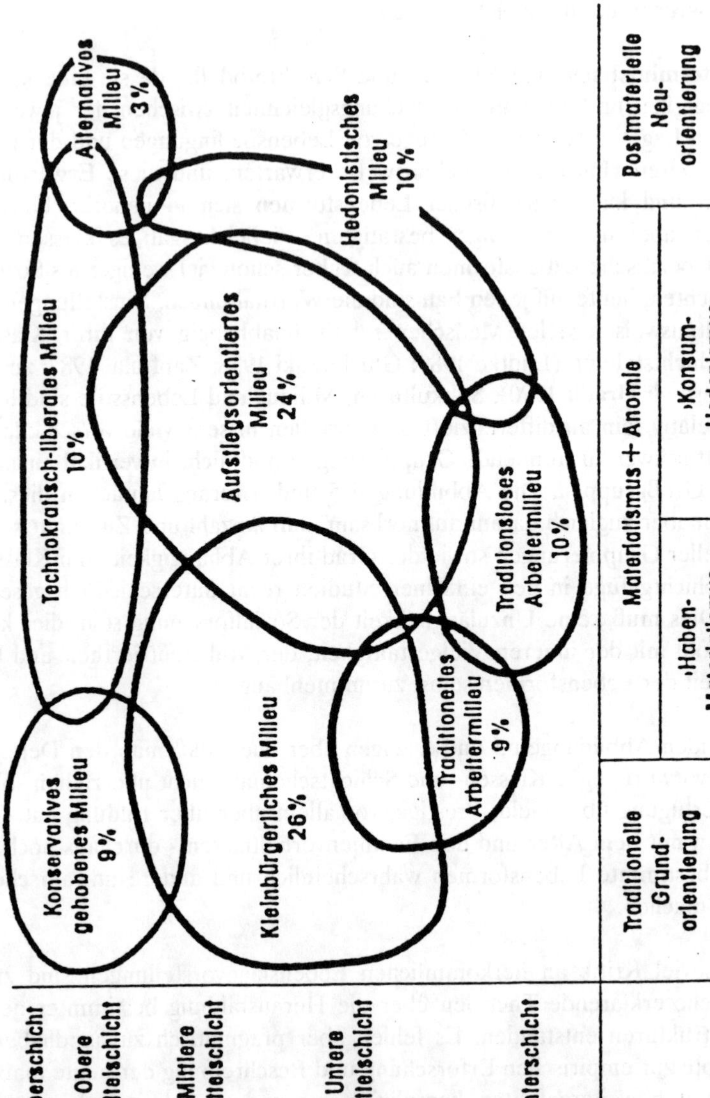

(Quelle: Sinus-Institut, zit. n.: Hradil 1987, S. 131)

Abb. 6: Schichtzuordnung und gesellschaftliche Wertorientierungen von Lebensstil-Gruppierungen

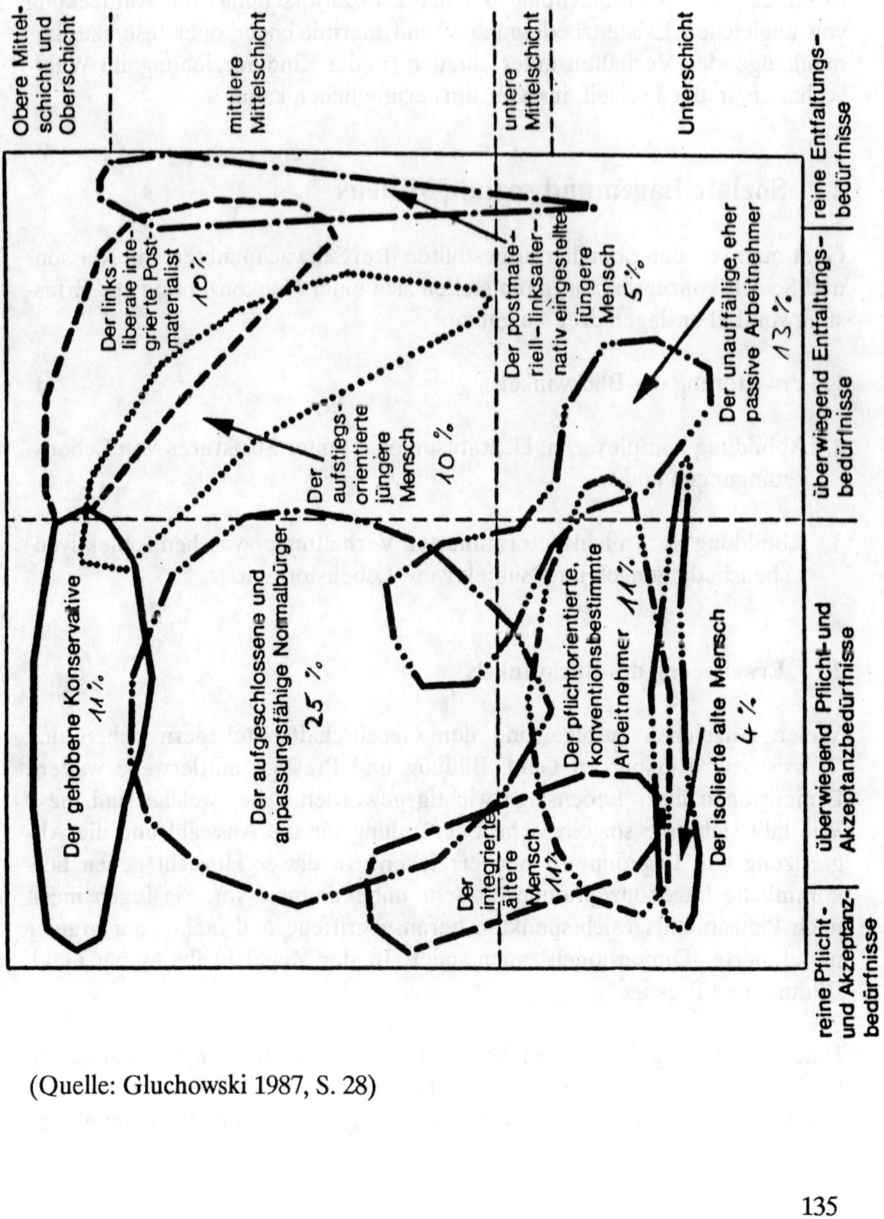

(Quelle: Gluchowski 1987, S. 28)

Ein solches Konzept habe ich vorgeschlagen (Hradil 1987) und mittlerweile empirisch umgesetzt. Es mag im folgenden als Vorschlag dienen, wie man mit komplexen Lebenslagen in fortgeschrittenen Industriegesellschaften zurechtkommen kann und Praktikern (u. a. aus der Pädagogik, aus der Marktforschung, der Wahlforschung und der Freizeitforschung) die Aufdeckung von ungleichen Existenzbedingungen und hiermit enger oder loser zusammenhängenden Verhaltensunterschieden (in der Kindererziehung, im Wahlverhalten, in der Freizeit, im Konsum) ermöglichen kann.

2. Soziale Lagen und soziale Milieus

Geht man von den oben herausgestellten drei Schwachpunkten von Klassen- und Schichtkonzepten aus, dann stellen sich einer Neukonzeption zur Erfassung von Lebenslagen drei Aufgaben:

1. Erweiterung des Blickwinkels,

2. Abbildung komplexer, u. U. statusinkonsistenter Strukturen von Lebensbedingungen und

3. Abbildung auch nicht determinierter Verhältnisse zwischen "objektiven" Lebensbedingungen und "subjektiven" Lebensformen.

2.1 Erweiterung des Blickwinkels

Vielen Anzeichen zufolge sind den Gesellschaftsmitgliedern neben den "klassischen" Ressourcen Geld, Bildung und Prestige mittlerweile weitere Dimensionen ihrer Lebenslage wichtig geworden. Aber welche sind dies? Wie läßt sich eine soziologische Begründung für die Auswahl und die Abgrenzung von Lagedimensionen erreichen? In dieser Hinsicht gehen herkömmliche Lagekonzeptionen oft sehr unbekümmert vor. Sie fügen meist nach Plausibilitätsgesichtspunkten herausgegriffene und mehr oder minder undefinierte "Dimensionen" aneinander. In der Regel bleibt es bei Geld, Bildung und Prestige.

Eine Erweiterung des Blickwinkels und eine bessere Begründung der der zu berücksichtigenden Dimensionen der Lebenslage ist möglich, wenn zunächst von Kriterien eines "guten Lebens" ausgegangen wird, von allgemein akzeptierten Zielsetzungen (z. B. Gesundheit und Wohlstand), die ein Leben "gut" erscheinen lassen, wenn sie erfüllt sind. Es bestehen grundsätzlich mehrere Möglichkeiten, zu solchen normativen Bezugspunkten der Dimensionendefinition zu gelangen: Man kann von den Gesellschaftsmitgliedern "subjektiv" erfragen, welche Gesichtspunkte ihnen wichtig sind. Oder man kann diese Kriterien "objektiv" aus Theorien ableiten. Beide Wege erscheinen mir zu gefährlich. Die "subjektive" Ermittlung ist durch individuelle Rationalisierungen, Moden, Ideologien und Machteinwirkungen gefährdet, die dem einzelnen bestimmte Zielsetzungen in den Vordergrund schieben oder im Hintergrund verschwinden lassen. Die Ergebnisse der "objektiven" Ableitung aus Bedürfnis-, Interessen- oder ähnlichen Theorien sind mir zu stark vom gewählten theoretischen Ansatz und damit von den Blickwinkeln der beteiligten Soziologen abhängig.

In demokratischen Gesellschaften mit einer vergleichsweise liberalen Willensbildung erscheint ein Mittelweg gangbar: Aus den Zielsetzungen institutionalisierter Willensbildungsorgane (Parteien, Verbände, Massenmedien), die sich in der öffentlichen Diskussion durchgesetzt haben und über die relativ große Übereinstimmung besteht, lassen sich die gesellschaftstypischen Kriterien eines "guten Lebens" erkennen. Folgt man diesem Weg, der auch in der Sozialindikatorenforschung begangen wird, so erkennt man, daß sich in den letzten Jahrzehnten eine Ausweitung der "gesellschaftlich akzeptierten Lebensziele" von ökonomisch geprägten, über wohlfahrtsstaatlich bestimmte bis hin zu soziokulturell fundierten Lebenszielen ergeben hat.

Man kann **Dimensionen der Lebenslage** dann als jene gesellschaftlich bereitgestellten Bedingungen definieren, die es Gesellschaftsmitgliedern besser oder schlechter erlauben, die oben genannten Lebensziele in ihrem Handeln zu erreichen (z. B. kann Gesundheit durch gesunderhaltende Arbeits- und Umweltbedingungen erreicht werden, Wohlstand ist durch Geld zu erreichen). Die demgemäß bestimmten Lagedimensionen sind in Abbildung 7 dargestellt.

Der nebenstehende Katalog von Lagedimensionen hat zwar den ersten Mangel herkömmlicher Klassen- und Schichtdefinitionen, deren Enge, überwunden und eine Erweiterung des Blickwinkels erreicht. Aber Lebenslagen sind nicht durch Einzeldimensionen, sondern durch die Gemeinsamkeit von Lagekomponenten gekennzeichnet. Menschen leben nicht separat unter Gesundheits-, Wohn-, Einkommensbedingungen etc., Menschen leben in Konstellationen dieser Bedingungen.

Abb. 7: Dimensionen sozialer Ungleichheit
(Quelle: Hradil 1987, S. 147)

Bedürfnisse		Dimensionen ungleicher Lebensbedingungen
Wohlstand Erfolg Macht	„ökonomische"	Geld Formale Bildung Berufsprestige Formale Machtstellung
Sicherheit Entlastung Gesundheit Partizipation	„wohlfahrts- staatliche"	Arbeitslosigkeits- und Armutsrisiken Soziale Absicherung Arbeitsbedingungen Freizeitbedingungen Wohn(umwelt)bedingungen Demokratische Institutionen
Integration Selbstverwirklichung Emanzipation	„soziale"	Soziale Beziehungen Soziale Rollen Diskriminierungen/Privilegien

2.2 Abbildung komplexer Lebenslagen

Die Schichtungssoziologie verfügt über eine Lösung zur simultanen Abbildung von Lagedimensionen, aber über eine sehr rigide. Sie addiert die "Güte" der Einzelkomponenten, weist so jedem Menschen eine bestimmte Gesamtsumme zu und ordnet ihn so auf einen Kontinuum des gesellschaftlichen Höher oder Tiefer ein. Diese additive Abbildungslogik setzt nicht nur Vergleichbarkeit oder Konvertibilität der Lagedimensionen voraus. Sie ebnet - wie erwähnt - auch Statusinkonsistenzen (z. B. hohes Einkommen, geringes Ansehen) systematisch ein.

Eine Alternative besteht in der kombinatorischen Abbildungslogik. Hier wird jeder individuellen Kombination von Einkommenshöhe, Bildungsgrad, Güte der Wohnbedingungen etc. nachgegangen. Das Problem kombinatorischer Abbildung von Lebenslagen besteht allerdings in der hohen Zahl möglicher Kombinationen. Sozialstruktur- und Lebenslagenanalysen führen sich selbst ad absurdum, wenn sie mit hunderttausenden von "Lagen" operieren.

Eine zwar theoretisch nicht ganz befriedigende, da schematische und formalistische, alle Dimensionen gleichbehandelnde, aber immerhin praktikable Lösung des Problems besteht darin, einander inhaltlich ähnliche und relativ häufig vorkommende Kombinationen rechnerisch zu bündeln (durch Faktoren und Clusteranalysen, ähnlich wie oben im Falle des Nachweises von häufigen Statusinkonsistenzen innerhalb der geläufigen Dimensionen sozialer Schichtung). Diese typischen Konstellationen (un)vorteilhafter Lebensbedingungen lassen sich als "Soziale Lagen" (Hradil 1987) bezeichnen, während mit "Lebenslagen" die jeweils individuellen Kombinationen ungleicher Lebensbedingungen gemeint sind.

Wir (Thomas Riede, Angelika Berger-Schmitt, beide Sfb 3, Universität Mannheim, und ich) haben in der oben erwähnten Sekundäranalyse des "Wohlfahrtssurveys 1988", des westdeutschen Datensatzes, der derzeit die besten Voraussetzungen für Lebenslageanalysen bietet und die meisten Lebenslagedimensionen enthält, die Art und Anzahl von Sozialen Lagen in der Bundesrepublik ermittelt. Im folgenden Schaubild (Abbildung 8) sind die berücksichtigten Lagedimensionen - alle oben genannten sind bislang in keiner empirischen Studie enthalten - in der Fußzeile aufgeführt, die gezackten Linien markieren die Soziale Lage je einer Gruppierung. Die Höhe der Markierungspunkte innerhalb der Linien zeigt die Güte der jeweiligen

Abb. 8: Soziale Lagen in der Bundesrepublik Deutschland

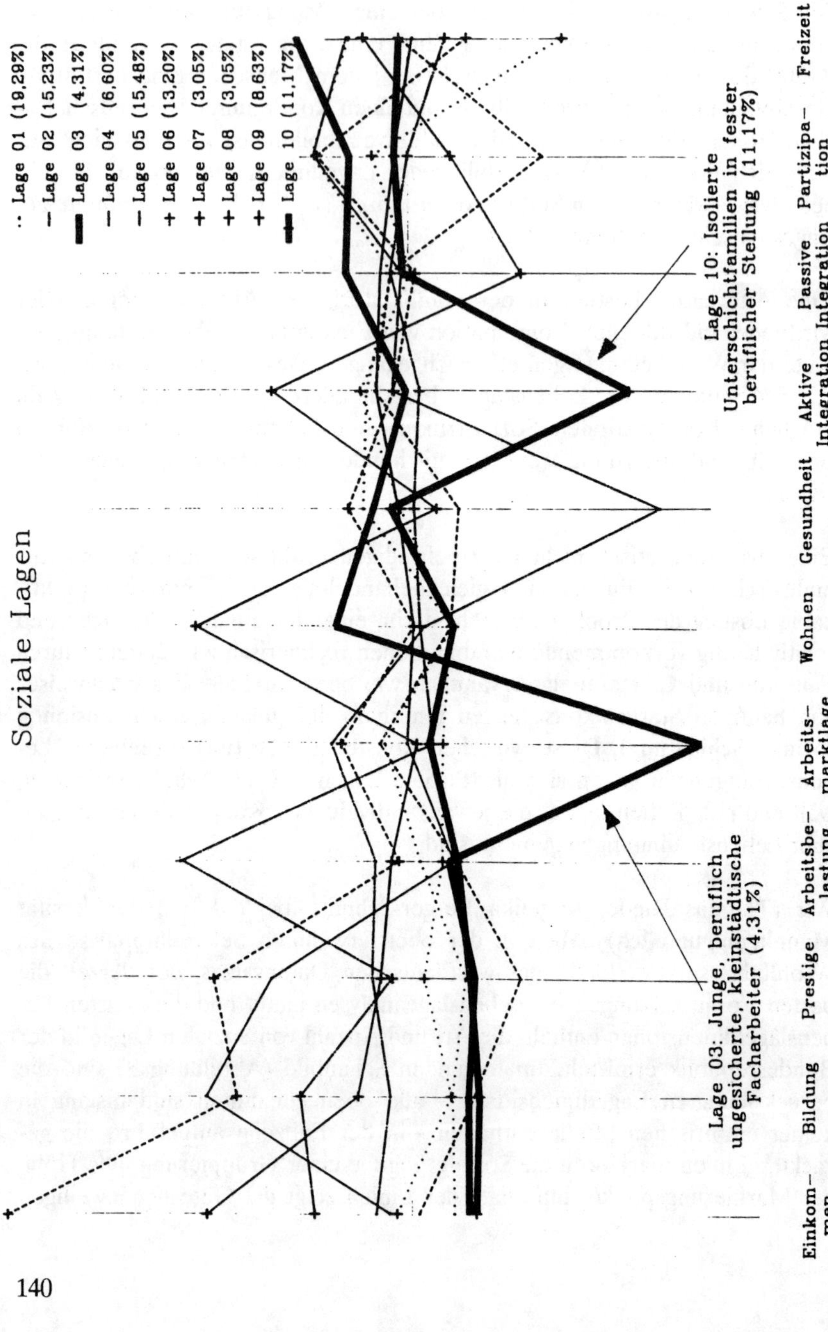

Lebensbedingungen und ihre Entfernung vom Bevölkerungsdurchschnitt an. Die beiden fettgedruckten, hervorgehobenen Lageprofile haben wir mit Bezeichnungen versehen, um die besonderen Eigenarten dieser Sozialen Lagen und die hervorstechenden sonstigen Merkmale ihrer typischen Mitglieder hervorzuheben (wegen z. T. geringer Fallzahlen sind die Prozentzahlen nur als Hinweise zu verstehen).

Insgesamt zeigen die Lagenprofile, wie häufig Statusinkonsistenzen heute sind, also Vorteile mit Nachteilen einhergehen, wie sehr also die vereinfachende additive Abbildungsweise der Schichtungssoziologie in die Irre führt, die Statuskonsistenzen nivelliert und nur **ein** Oben und Unten für die Gesamtheit aller Lagedimensionen kennt.

Besonders aufschlußreich sind in diesem Zusammenhang die beiden hervorgehobenen Sozialen Lagen. Blickt man nur auf die drei links vermerkten, "klassischen" Lagedimensionen der Schichtungssoziologie, so erscheinen die beiden Sozialen Lagen statuskonsistent und praktisch identisch. Man würde sie als Teil der Unterschicht einordnen. Berücksichtigt man jedoch auch die weiter rechts vermerkten Lagedimensionen, so ist unübersehbar, daß die Soziale Lage beider Gruppierungen deutlich auseinander geht. Vor allem die miserablen Arbeitsmarktchancen der Sozialen Lage Nummer 3 und die soziale Isolation der Sozialen Lage Nummer 10 sind Kennzeichen, die die Lage der beiden Gruppierungen voneinander abheben und zeigen, wie große Unterschiede es zwischen scheinbar gleichen sozialen Schichten gibt.

Auch nach Erweiterung des Blickwinkels und der Abbildung komplexer sozialer Lagen bleibt noch ein wesentlicher Mangel der herkömmlichen Schichtungssoziologie bestehen: Ihre objektivistische und (im psychologischen Sinne) deterministische Annahme, der zufolge entscheidende Teile des Denkens und Handelns der Menschen aus deren äußeren Lebensbedingungen abgeleitet werden können.

Dieser Unterstellung stehen aber - wie erwähnt - immer mehr empirische Befunde der neueren Milieu-, Subkultur- und Lebensstilforschung gegenüber. Hier versteht man unter Milieus die jeweiligen gruppenspezifischen (beruflichen, lokalen etc.) Umwelten von Menschen sowie gruppenspezifische Wahrnehmungs- und Nutzungsmuster von Umwelten (z. B. das Milieu der Krankenhausärzte oder der Kleingärtner), welche das Verhalten der einzelnen prägen und vereinheitlichen. Subkulturen werden Gruppierungen mit jeweils eigenen und in Teilen von der Gesamtgesellschaft abweichenden

Werten und Normen genannt (z. B. die der Frauenbewegung oder der Punks). Als Lebensstile gelten jeweils eigene, routinisierte Formen der Organisation des Alltags und der Lebensplanung (familialer, freizeitorientierter, karriereorientierter Lebensstil).

Empirische Forschungen auf diesen Gebieten zeigten (vgl. die o. a. Abbildungen), daß wesentlich größere Anteile des Denkens und Handelns der Menschen als zuvor angenommen in relativer Unabhängigkeit von äußeren Rahmenbedingungen der gesellschaftlichen Existenz im allgemeinen und von der Schichtzugehörigkeit im besonderen zustandekommen. Zu den äußeren gesellschaftlichen Lebensbedingungen, die noch nennenswerte Kraft zur Beeinflussung der Lebensweise besitzen, zählen insbesondere das Alter, die Bildung und die Familienverhältnisse. Die einschlägigen Forschungen (u.a. Berking u.a. 1990; Gluchowski 1988; Lüdtke 1989; Schulze 1990) wiesen auch darauf hin, daß Gesellschaftsmitglieder im Hinblick auf ihre Denk- und Verhaltensweisen in wesentlich mehr Gruppierungen zerfallen, als nur in wenige, vertikal anzuordnende Großgruppen, wie etwa in schichtspezifische Subkulturen.

Dies bestätigen auch unsere Forschungen. Abbildung 9 beruht ebenfalls auf der erwähnten Sekundäranalyse des "Wohlfahrtssurveys 1988". Sie zeigt acht typische "Soziale Milieus" in der Bundesrepublik Deutschland. Diese bestehen aus jeweils typischen Kombinationen bestimmter Werthaltungen, Einstellungen zu Familie und Politik und Verhaltensweisen im Alltag. Die beiden hervorgehobenen und benannten "Sozialen Milieus" sind insofern besonders aufschlußreich, als eines von ihnen (Nr. 8) in engem Zusammenhang mit äußeren sozialen Merkmalen und der Zugehörigkeit zu bestimmten sozialen Lagen steht. Zwei Drittel der Mitglieder dieses Sozialen Milieus gehören den Sozialen Lagen Nr. 2 und 10 an. Hier finden sich auch besonders viel ältere Menschen: Das andere (Nr. 4) der beiden hervorgehobenen Sozialen Milieus findet sich dagegen in allen Sozialen Lagen nahezu gleichmäßig. Die Zugehörigkeit zu ihm kann offenbar relativ frei von der Lagezugehörigkeit gewählt werden.

Die Zugehörigkeit zu bestimmten Milieus, seien sie "Makro-Milieus", von der gezeigten Art, seien es "Meso-Milieus" (in Betrieben, Gewerkschaften etc.), seien es "Mikro-Milieus" (in Freundeskreisen, in der Nachbarschaft) hat wichtige Funktionen auch im Hinblick auf die Lagezugehörigkeit. Sie prägt u. a. die Wahrnehmung und Interpretation der äußeren Sozialen Lage.

Abb. 9: Soziale Milieus in der Bundesrepublik Deutschland

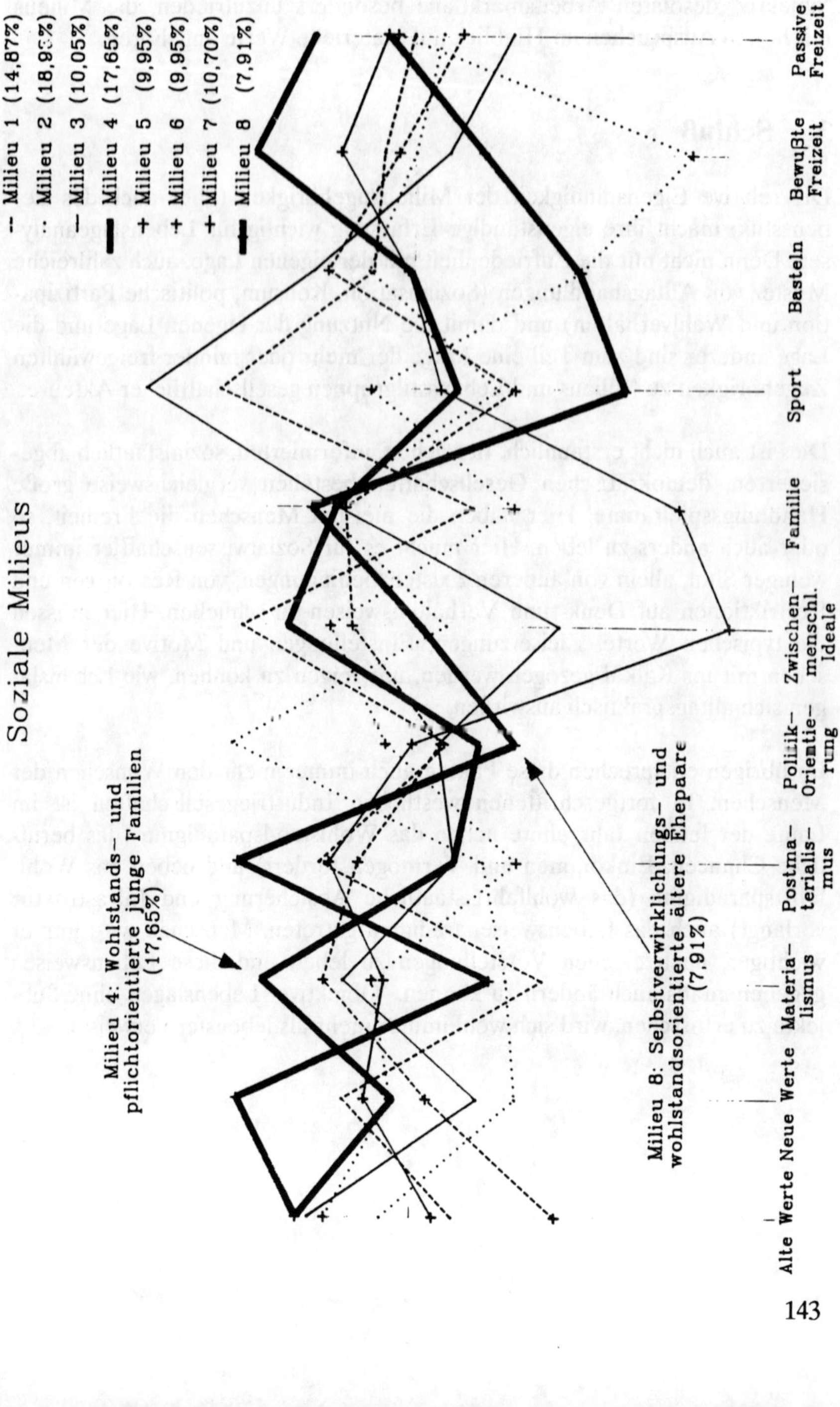

So sind nachweislich diejenigen Mitglieder der Sozialen Lage Nr. 3 mit ihrer "objektiv" desolaten Arbeitsmarktlage besonders unzufrieden, die Milieus mit hohen Ansprüchen im Hinblick auf materielle Werte angehören.

3. Schluß

Die relative Eigenständigkeit der Milieuzugehörigkeit (aber auch des Lebensstils) macht ihre eigenständige Erfassung wichtig für Lebenslageanalysen. Denn nicht nur die Zufriedenheit mit der eigenen Lage, auch zahlreiche Muster von Alltagshandlungen (Sozialisation, Konsum, politische Partizipation und Wahlverhalten) und damit die Nutzung der eigenen Lage und die Lage anderer sind zum Teil eine Frage der mehr oder minder freigewählten Zugehörigkeit zu Milieus und Lebensstilgruppen gesellschaftlicher Akteure.

Dies ist auch nicht erstaunlich. In reichen, informierten, sozialstaatlich abgesicherten, demokratischen Gesellschaften bestehen vergleichsweise große Handlungsspielräume. Hier haben die meisten Menschen die Freiheit, so oder auch anders zu leben. Hier macht es für Sozialwissenschaftler immer weniger Sinn, allein von äußeren Existenzbedingungen, von Ressourcen und Restriktionen auf Denk- und Verhaltensweisen zu schließen. Hier müssen die typischen Werte, Zielsetzungen, Einstellungen und Motive der Menschen mit ins Kalkül gezogen werden, um zeigen zu können, wie Lebenslagen sich alltagspraktisch auswirken.

Im übrigen entsprechen diese Fakten auch immer mehr den Wünschen der Menschen. In fortgeschrittenen westlichen Industriegesellschaften ist im Laufe der letzten Jahrzehnte neben das Wohlstandsparadigma (das berufliche Chancen, Einkommen und Vermögen fordert) und neben das Wohlfahrtsparadigma (das wohlfahrtsstaatliche Absicherung und Infrastruktur verlangt) auch das Lebensweiseparadigma getreten. Menschen wird immer wichtiger, nach eigenen Vorstellungen zu leben und diese Lebensweisen gegebenenfalls auch ändern zu können. "Objektive" Lebenslagen ohne Subjekte zu erforschen, wird sich wohl immer mehr als lebensfern erweisen.

Literatur

Berger, P. A./Hradil, S. (Hg.) 1990: Lebenslagen, Lebensläufe, Lebensstile. SOZIALE WELT, Sonderband 7, Göttingen.

Berking, H. u.a. 1990: Zwischen Integration und Abgrenzung. Lebensstile in einem Berliner Bezirk, in: Berger, P. A./Hradil, S. (Hg.) 1990: Lebenslagen, Lebensläufe, Lebensstile. SOZIALE WELT, Sonderband 7, Göttingen.

Bertram, H. 1981: Sozialstruktur und Sozialisation, Neuwied.

Bertram, H./Dannenbeck, C. 1990: Zur Theorie und Empirie regionaler Disparitäten - Pluralisierung der Lebenslagen und Individualisierung der Lebensführung in der BRD, in: Berger, P. A./Hradil, S. (Hg.) 1990: Lebenslagen, Lebensläufe, Lebensstile. SOZIALE WELT, Sonderband 7, Göttingen.

Bolte, K. M./Hradil, S. 1988: Soziale Ungleichheit in der Bundesrepublik Deutschland, Opladen, 6. Auflage.

Gluchowski, P. 1987: Lebensstile und Wandel der Wählerschaft in der Bundesrepublik Deutschland, in: Aus Politik und Zeitgeschichte (Beilage zur Wochenzeitschrift "Das Parlament"), B 12.

Gluchowski, P. 1988: Freizeit und Lebensstile, Erkrath.

Hradil, S. 1987: Sozialstrukturanalyse in einer fortgeschrittenen Gesellschaft. Von Klassen und Schichten zu Lagen und Milieus, Opladen.

Hradil, S. (Hg.) 1989: Der betreute Mensch? Beiträge zur soziologischen Diskussion aktueller Maßnahmen des Wohlfahrtsstaates, Soziologenkorrespondenz NF 13.

Hradil, S. 1990: Milieus, Subkulturen, Lebensstile - Alte Begriffe und neue Strukturen, in: Vaskovics, L. (Hg.): Subkulturen und Subkulturkonzepte, Opladen.

Hradil, S. 1990 a: Postmoderne Sozialstruktur? in: Berger, P. A./Hradil, S. (Hg.) 1990: Lebenslagen, Lebensläufe, Lebensstile. SOZIALE WELT, Sonderband 7, Göttingen.

Institut für Marxistische Studien und Forschungen 1973 ff.: Klassen- und Sozialstruktur der BRD 1950 - 1970, Frankfurt.

Lüdtke, H. 1989: Expressive Ungleichheit, Opladen.

Noll, H.-H./Habich, R. 1990: Individuelle Wohlfahrt: vertikale Ungleichheit oder horizontale Disparitäten? in: Berger, P. A./Hradil, S. (Hg.) 1990: Lebenslagen, Lebensläufe, Lebensstile. SOZIALE WELT, Sonderband 7, Göttingen.

Projekt Klassenanalyse 1973, 1974: Materialien zur Klassenstruktur der BRD, Teil 1 u. 2, Westberlin.

Schulze, G. 1990: Die Transformation sozialer Milieus in der Bundesrepublik Deutschland, in: Berger, P. A./Hradil, S. (Hg.) 1990: Lebenslagen, Lebensläufe, Lebensstile. SOZIALE WELT, Sonderband 7, Göttingen.

Wright, E. O. 1985: Classes, London.

Zapf, W. u.a. 1987: Individualisierung und Sicherheit, München.

Subjektives Wohlbefinden in der Bundesrepublik

Wolfgang Glatzer

1. Grundlagen der Messung und Interpretation von Wohlbefinden

1.1 Problemstellung

Die Bundesrepublik der achtziger Jahre kann durch ganz unterschiedliche Typisierungen gekennzeichnet werden, je nachdem ob ein kritischer oder ein affirmativer Standpunkt eingenommen wird. Das kritische Bild kann folgendermaßen zusammengefaßt werden: Ein mehrere Jahrzehnte währendes starkes wirtschaftliches Wachstum ist zu Ende gegangen und es werden nur noch niedrige oder keine positiven Wachstumsraten mehr erreicht. Arbeitslosigkeit breitete sich aus und die Arbeitslosenquote stabilisierte sich auf einer Höhe, die anzeigt, daß Massenarbeitslosigkeit zu einem strukturellen Problem wurde. Die starke Beanspruchung der öffentlichen Haushalte führte zu einer erheblichen Staatsverschuldung und setzte dem Ausbau des Wohlfahrtsstaates Grenzen. Neue Armutsrisiken stellten die privaten Haushalte vor ungewohnte Herausforderungen und führten zu einer Verdreifachung der Zahl der Sozialhilfeempfänger in den letzten beiden Jahrzehnten. Die ökologische Belastung rückte vom Stellenwert eines Zukunftsproblems zu einem akuten Problem der gegenwärtigen Generation auf; das Vertrauen auf die Fortschrittlichkeit der Technik scheint erschüttert.

Das affirmative Bild verweist demgegenüber darauf, daß ein im internationalen und historischen Vergleich außerordentlich hohes Einkommens- und Wohlstandsniveau erreicht wurde. Die privaten Haushalte verfügen über umfangreiche Ressourcen, insbesondere eine umfassende Haushaltsausstattung und sie sind damit in der Lage, auch vorübergehende Problemsituationen zu bewältigen. Die tarifliche Arbeitszeit liegt international gesehen ganz niedrig, die Arbeitsproduktivität sehr hoch. Das System der sozialen Sicherung gewährt nahezu für die gesamte Bevölkerung Schutz vor zahlreichen Lebensrisiken. Es gelang, eine weitgehende Preisstabilität zu erhalten und damit unerwünschte Umverteilungseffekte zu vermeiden. Das gesellschaftliche System ist trotz einer gewissen Trägheit innovationsfähig; dies zeigt sich insbesondere daran, wie es auf die Umweltproblematik reagiert.

Je nachdem welches Bild man teilt, ergeben sich unterschiedliche Erwartungen für das subjektive Wohlbefinden der Bundesbürger. Für jeden Bundesbürger gilt, daß er sein "Bild" der gesellschaftlichen Lage und seiner individuellen Lage aus ganz unterschiedlichen Facetten zusammensetzen kann. Welche Facetten sind für ihn bedeutsam, wie stark gewichtet er sie und wovon ist er selbst unmittelbar betroffen, sind dabei relevante Fragen. Diagnosen der objektiven Lebensbedingungen erlauben also kaum Rückschlüsse auf das subjektive Wohlbefinden, das sich unter diesen Bedingungen einstellt.

Im folgenden wird gefragt, wie die Bundesbürger ihre Lebensbedingungen wahrnehmen und bewerten und wie sie ihr Wohlbefinden charakterisieren. Die Daten dazu wurden in repräsentativen Umfragen in den Jahren 1978 - 1988 gewonnen. Diese "Wohlfahrtssurveys" wurden unter der Leitung von Wolfgang Zapf, Wolfgang Glatzer und Heinz Herbert Noll im Rahmen des Sonderforschungsbereichs 3 durchgeführt. Der vorliegende Beitrag ist ein Resümee der von vielen Mitarbeitern vorgenommenen Untersuchungen.

Ich werde zunächst einige Anmerkungen zum Verhältnis von Wohlbefinden und Lebensqualität machen. Dann werde ich kurz auf die Durchführung der Umfragen eingehen. Schließlich werde ich in sechs Thesen die grundlegende Struktur des subjektiven Wohlbefindens der Bundesbürger aufzeigen. Es handelt sich um Aspekte, die meinem Eindruck nach für eine Charakterisierung des Wohlbefindens in modernen Gesellschaften weitgehend verallgemeinert werden können.

1.2 Wohlbefinden und Lebensqualität

Wohlbefinden ist ein Thema, das im Alltag ständig virulent ist. Dies findet nicht zuletzt im Ritual vieler Begrüßungsformeln seinen Ausdruck. Merkwürdigerweise ist das Thema "Wohlbefinden" in der Soziologie sehr selten aufgegriffen worden. Zwei neuere Publikationen, die sich mit "Glück" (Greiffenhagen, Greiffenhagen 1988) und "Zufriedenheit" (Hofstätter 1986) befassen, sind eher die Ausnahme. Die Abstinenz der Soziologie zu diesem Thema ließe sich damit begründen, daß "Wohlbefinden" eigentlich ein Problem der Psychologie sei und mit Soziologie wenig zu tun habe. Dieses Argument paßt allerdings nicht zu grundlegenden Befunden zum Wohlbefinden. Wohlbefinden ist ein strukturelles Phänomen, in den Worten Durkheims ein "sozialer Tatbestand". Ein stabil bleibendes Verteilungsmuster des Wohlbefindens zeigt an, daß sich darin enthaltene "Strukturen" über die Köpfe der Individuen hinweg aufrechterhalten. Ein solcher Umstand hat noch immer soziologische Erklärungen herausgefordert.

Wohlbefinden hat ein engeres und ein weiteres Begriffsverständnis. Im engeren Sinn bezieht sich der Begriff auf die emotionale Situation eines Individuums - dieses kann sich glücklich, zufrieden, sorgenvoll oder entfremdet fühlen. Es handelt sich dabei um Konzepte subjektiven Wohlbefindens, die eine relativ umfassende Beurteilung der individuellen emotionalen Situation darstellen.

Der Begriff kann sich darüber hinaus auch auf Bewertungen der individuellen Lebensumstände beziehen: die Zufriedenheit mit der Wohnung, dem Einkommen, der Gesundheit, den Kollegen usw. Es handelt sich dabei um spezielle Aspekte des subjektiven Wohlbefindens, die sich nach der jeweiligen individuellen Wichtigkeit ordnen lassen. In manchen Studien werden diese Aspekte als Determinanten des allgemeinen subjektiven Wohlbefindens betrachtet. Ob man im subjektiven Bereich so ohne weiteres Kausalbeziehungen unterstellen und identifizieren kann, ist aber eine umstrittene Frage. Der amerikanische Begriff des "Well-being" wird meist noch umfassender verwendet und schließt die "Qualität" objektiver Lebensbedingungen mit ein. Im deutschen Sprachgebrauch werden subjektives Wohlbefinden und objektive Lebensbedingungen als unterschiedliche Sphären verstanden, die sich gegenüberstehen und beeinflussen. Die individuelle Kombination wird als Wohlfahrtsposition bezeichnet (s. Abbildung 1).

Wohlfahrtspositionen sind ein Indikator für Lebensqualität. Das Konzept der Lebensqualität hat eine lange Tradition. Sinngemäß ist es bereits bei den antiken Philosophen vorhanden und in wörtlicher Form haben es schon die Wohlfahrtsökonomen gebraucht (erstmals Pigou 1920). Eine herausragende gesellschaftspolitische Bedeutung gewinnt das Konzept der Lebensqualität am Beginn der siebziger Jahre; es entwickelt sich zu der zum Wachstumsglauben kontrastierenden Zielvorstellung. Seitdem stellt das Konzept der Lebensqualität einen Maßstab für die Bewertung sozialen Fortschritts dar, es wird teilweise quer zu den herkömmlichen politischen Fronten befürwortet bzw. abgelehnt. Sozialwissenschaftler haben in verschiedenen Ländern begonnen, die "Lebensqualität" zu messen und zu beobachten, und internationale Organisationen wie die OECD und die EG haben sich ebenfalls dieser Aufgabe angenommen. Die Dauerbeobachtung der Lebensqualität ist Teil des Programms der Sozialberichterstattung, sie impliziert die Messung und Analyse nicht nur der objektiven Lebensbedingungen, sondern auch des subjektiven Wohlbefindens.

Abb. 1: Wohlfahrtspositionen

Objektive Lebensbedingungen	Subjektives Wohlbefinden gut	schlecht
gut	*WELL-BEING*	*DISSONANZ*
schlecht	*ADAPTION*	*DEPRIVATION*

Gegen die Messung von Wohlbefinden werden mehrere Einwände vorgebracht. Wohlbefinden sei ein theoretischer Begriff, der sich nicht vergleichend messen ließe. Wer aber "Wohlbefinden" als rein theoretischen Begriff versteht, der sich der Meßbarkeit entzieht, wird allerdings mit dem Problem konfrontiert, daß sich über das Niveau an Wohlbefinden in unserer Gesellschaft fast Beliebiges behaupten läßt. Erst eine sorgfältige Konkretisierung und Operationalisierung des Konzepts wird ermöglichen, Verteilungen und Veränderungen festzustellen und vielleicht auf dieser Grundlage Lebensbedingungen anzustreben, die mehr Wohlbefinden fördern.

Ein anderer Einwand besagt, daß Wohlbefinden "manipulierbar" sei und Untersuchungsergebnisse politisch mißbraucht werden könnten. Subjektives Wohlbefinden an sich sollte in der Tat keine politische Zielgröße sein, sondern Politik sollte sich auf die Gestaltung der Lebensbedingungen beziehen. Wohlbefinden beruht auf Bedürfnisbefriedigung und es erscheint zweifelhaft, ob diese dauerhaft manipuliert werden kann. Die Quellen von subjektivem Wohlbefinden sind äußerst vielfältig. Der Trend zur Pluralisierung der Lebensstile in der modernen Gesellschaft bringt dies wohl zum Ausdruck.

Ein anderes Vorurteil gegenüber dem Konzept des Wohlbefindens beruht auf der Annahme, daß die zufriedene und glückliche Gesellschaft im Grunde eine schreckliche Vorstellung sei, wäre dies doch gleichbedeutend mit Sattheit, Trägheit, Immobilität und Passivität. Forschungsergebnisse dazu erlauben zwei Gegenargumente hervorzubringen: Erstens entsprechen die glücklicheren und zufriedeneren Individuen nicht dem angeführten Negativbild und zweitens ist die Vorstellung, es könne Glück und Zufriedenheit dauerhaft für alle geben, eine utopische und unerreichbare Vorstellung.

Die Alltagserfahrung wie eine Reihe vorliegender sozialwissenschaftlicher Studien lehrt, daß es unterschiedliche Ausprägungen von Wohlbefinden gibt, daß Vergleiche zwischen Individuen möglich sind, ebenso wie Individuen im Zeitablauf über ein unterschiedliches Wohlbefinden Auskunft geben können. Dies läßt sich nicht mit vollständiger Exaktheit messen, aber doch so ausreichend, daß wir nicht bei Vermutungen stehen bleiben müssen.

1.3 Die Wohlfahrtssurveys

Die wahrgenommene Lebensqualität und das subjektive Wohlbefinden können adäquat nur mit repräsentativen Umfragen gemessen werden. Die Ergebnisse sollen nämlich verallgemeinerungsfähig für die Bundesrepublik sein und über das Wohlbefinden aus der Sicht der Bundesbürger Aufschluß geben. Unsere Bevölkerungsumfragen, die Wohlfahrtssurveys, wurden 1978, 1980, 1984 und 1988 durchgeführt und umfaßten 2012, 2427, 2067 bzw. 2144 nach dem Zufallsverfahren ermittelte Befragte. Diese für die deutsche Wohnbevölkerung ab 18 Jahren repräsentativen Stichproben wurden um einige spezielle Stichproben ergänzt. Da in den üblichen Bevölkerungsstichproben der Umfrageforschung in der Bundesrepublik keine Ausländer einbezogen sind, wurde 1982 eine spezielle Gastarbeiterstichprobe (770 Befragte) zusätzlich befragt. Wir betrachten die Lebensbedingungen und das Wohlbefinden von Minderheiten wie den Gastarbeitern als wichtigen Bestandteil der Wohlfahrtssituation in der Bundesrepublik.

Ehepartnerbefragung/Wiederholungsbefragung
Die Themen unserer Umfragen betreffen neben den üblichen Fragestellungen zur demographischen und sozioökonomischen "Verortung" des Befrag-

ten hauptsächlich Fragen zu einigen objektiven Lebensbedingungen und insbesondere zum subjektiven Wohlbefinden. Fragen und Skalen bauen auf eigenen Voruntersuchungen und die angelsächsische und skandinavische Wohlfahrtsforschung auf. Die Replikation von identischen Fragen ist bei den vier Wohlfahrtssurveys ein wichtiger Gesichtspunkt gewesen, aber es wurden ebenso neue inhaltliche und methodische Fragestellungen aufgenommen.

Bei Umfrageergebnissen wird heute nachhaltig die Frage gestellt, inwieweit sie verläßliche Zahlen liefern. Fehlerquellen können bei der Ausschöpfung der angesetzten Stichprobe entstehen. Bei Umfragen unserer Art werden ungefähr zwei Drittel der angestrebten Zielpersonen erreicht. An den vier durchgeführten Umfragen zeigt sich, daß es zwischen 1978 und 1988 schwieriger geworden ist, hohe Ausschöpfungsraten zu erzielen. Schließlich ist der Zufallsfehlerspielraum zu beachten. Ein Ergebnis von 5% heißt z. B., daß der wahre Wert für die Grundpopulation, also die Bevölkerung der Bundesrepublik, bei 3,6% oder 6,4% liegen kann. Bei einem Wert von 50% kann der wahre Wert bei 53,2% oder 46,8% liegen. Diese Fehlerspanne muß man - wie weitere hier nicht zu behandelnde Fehlerquellen - in Rechnung stellen. Aber jemand, der weiß, wie ungenau wir die Einwohnerzahl, die Wohnungszahl oder das Brutto-Sozialprodukt der BRD kennen, wird nicht sagen können, daß die Umfragedaten besonders unzuverlässig seien. Dieses Hintergrundwissen ist notwendig, um die nun folgenden Ergebnisse angemessen beurteilen zu können.

2. Aspekte des subjektiven Wohlbefindens

2.1 Die Ambivalenz subjektiven Wohlbefindens

Von den vielen Möglichkeiten, individuelles Wohlbefinden zu beschreiben, werden die Begriffe "Zufriedenheit" und "Glück" sowohl umgangssprachlich als auch in sozialwissenschaftlichen Studien vorrangig verwendet. "Zufriedensein" ist im Vergleich zum "Glücklichsein" eine eher kognitive Bewertung und hängt insbesondere von sozialen Vergleichen mit wichtigen Bezugsgruppen und davon ab, was jemand wünscht, erwartet, erhofft und anstrebt. "Glück" ist ein eher affektiver Zustand und scheint sich aus dem Verhältnis positiver und negativer Erfahrungen und Erlebnisse eines Individuums zu ergeben. Man kann davon ausgehen, daß die meisten Menschen nach Zufriedenheit und Glück streben und daß dauerhafte Unzufriedenheit und dauerhaftes Unglücklichsein eine extreme psychische Belastung darstellen.

Die Bundesbürger stufen auf einer Skala, die von "0" (ganz und gar unzufrieden) bis "10" (ganz und gar zufrieden) reicht, ihre Lebenszufriedenheit im Durchschnitt bei 7,8 (1978) bzw. 7,7 (1980, 1984) bzw. 7,9 (1988) ein, also deutlich im oberen Bereich. Dies bestätigt zunächst, daß der Tendenz nach ein eher hohes Zufriedenheitsniveau besteht und daß es sich dabei um einen strukturellen Tatbestand handelt. (Tabelle 1)

Für die Erfahrung von Glück gilt das gleiche Muster. Weit mehr Bundesbürger stufen sich als ziemlich glücklich und sehr glücklich ein, nur weniger als ziemlich und sehr unglücklich. Obwohl "im Augenblick glücklich zu sein" der Tendenz nach bedeutet, auch "mit dem Leben zufrieden zu sein", gibt es bedeutsame Abweichungen. (Tabelle 2) Sie zeigen an, daß "Glück" und "Zufriedenheit" unterschiedliche Dimensionen sind und daß es unterschiedliche Aspekte von subjektivem Wohlbefinden gibt, die sich als eher kognitiv bzw. als eher affektiv verstehen lassen (vgl. Andrews/Withey 1976).

Unter den Gesichtspunkten von "Lebenszufriedenheit" und "Glück" vermittelt die westdeutsche Bevölkerung den Eindruck eines eher hohen Wohlbefindens. Dieses Bild ändert sich, wenn die Fragestellung auf negative Aspekte des subjektiven Befindens gerichtet wird, auf "Besorgnis", "Anomie", "Sorgen und Schwierigkeiten".

Unter "Besorgnis" werden negative mentale Erfahrungen der Individuen verstanden. Es zeigt sich, daß ein großer Teil der Befragten von Beeinträchtigungen des Wohlbefindens berichtet. (Tabelle 3) Dies scheint schwer damit vereinbar, daß sich 90% der Befragten als mit dem Leben weitgehend zufrieden bezeichnen. Die Schlußfolgerung, die sich daraus für das Zufriedenheitskonzept ergibt, ist, daß Zufriedenheit nicht mit der Abwesenheit negativer individueller Erfahrungen und Empfindungen gleichgesetzt werden darf. Auch bei den Hochzufriedenen nennt ein nicht unerheblicher Anteil der Befragten Besorgnissymptome (Tabelle 3). Zufriedenheit mit dem Leben tritt also auch auf, wenn ein im Einzelfall unterschiedliches Maß an subjektiven Belastungen wahrgenommen wird. Zwischen den Symptomen beeinträchtigenden Wohlbefindens und der allgemeinen Lebenszufriedenheit besteht dennoch erwartungsgemäß eine klare negative Beziehung.

Tab. 1: Die Zufriedenheit mit dem Leben

Frage: "Was meinen Sie, wie zufrieden sind Sie gegenwärtig - alles in allem - heute mit Ihrem Leben?"

		Zufriedenheitsskala von 0 bis 10 unzufrieden 0-4	5	6	7	8	ganz und gar zufrieden 9	10	Insgesamt	Durchschnitt
1978	%	4,2	5,6	7,3	15,4	31,5	18,0	17,9	100	7,8
1980	%	4,2	8,4	8,3	17,7	29,8	13,0	18,4	100	7,7
1984	%	6,0	6,6	6,2	14,4	32,0	17,3	17,4	100	7,7
1988	%	3,4	4,6	7,3	15,2	33,8	18,8	16,8	100	7,9

Datenbasis: Wohlfahrtssurvey 1978,1980,1984,1988.

Tab. 2: Emotionales Wohlbefinden

Frage: Ist Ihr Leben im Augenblick...?

	sehr unglücklich	ziemlich unglücklich	ziemlich glücklich	sehr glücklich	Insgesamt
	in %				
1978	0,7	3,8	74,0	21,5	100
1980	0,6	5,1	68,7	25,6	100
1984	1,1	7,9	71,2	19,8	100
1988	0,6	4,0	72,4	23,0	100

Datenbasis: Wohlfahrtssurvey 1978,1980,1984,1988.

Tab. 3: Besorgnissymptome nach Lebenszufriedenheit

Besorgnissymptome	Anteil unter allen Befragten			Anteil unter den Unzufriedenen[1]			Anteil unter Hochzufriedenen[2]		
	1978	1984	1988	1978	1984	1988	1978	1984	1988
	in %								
Öfter erschöpft oder erschlagen	54	47	44	82	69	75	46	37	37
Immer wieder Ängste und Sorgen	19	21	19	69	55	56	11	9	14
Ständig aufgeregt oder nervös	16	16	12	51	33	22	9	10	9
Gewöhnlich unglücklich oder niedergeschlagen	14	15	10	64	55	55	7	6	5
Öfter Zittern oder Schütteln	9	8	6	31	23	23	7	6	4
Keines der angegebenen Symtome	41	43	47	8	19	15	51	58	56

1 Einstufung "Null" bis "Vier" auf der Zufriedenheitsskala "Null" bis "Zehn"
2 Einstufung "Zehn" auf der Zufriedenheitsskala von "Null" bis "Zehn"

Datenbasis: Wohlfahrtssurvey 1978,1984,1988.

Ähnliche Ergebnisse erhalten wir bei der Messung der Verbreitung von "Anomie", d. h. von Gefühlen der "Machtlosigkeit", "Sinnlosigkeit" und "Einsamkeit" (Tabelle 4).

Besorgnis und Anomie geben relativ allgemeine Beeinträchtigungen individuellen Wohlbefindens wider. Die konkreten Probleme in Haushalten und Familien werden deutlich, wenn die Befragten selbst zu Wort kommen. Ein Großteil der Bundesbürger (44%) berichtet 1988 auf eine entsprechende offene Frage von "Sorgen und Schwierigkeiten in der Familie". Dies weist darauf hin, daß die Befragten durchaus kritische Tatbestände zur Sprache bringen und diese kein Tabu darstellen. Am weitesten verbreitet sind "Sorgen und Schwierigkeiten" wegen Krankheiten, Behinderungen und Altersbeschwerden. Ein Drittel der Antworten betrifft solche Probleme. Beispiele für entsprechende Sorgen sind "meine angeschlagene Gesundheit", die

Tab. 4: Anomiesymptome

		Stimmt ganz und gar	Stimmt eher	Stimmt eher nicht	Stimmt ganz und gar nicht	Ins-ge-samt
				in %		
Ich fühle mich oft einsam	1978	7,6	9,9	21,9	60,7	100
	1980	7,1	11,1	23,7	58,1	100
	1984	7,1	10,1	27,4	55,5	100
	1988	4,6	9,3	29,7	56,4	100
Das Leben ist heute so kompliziert geworden, daß ich mich fast nicht mehr zurecht finde	1980	4,1	11,1	28,5	56,2	100
	1984	4,0	9,7	27,5	58,8	100
	1988	3,0	8,0	28,6	60,3	100
Meine Arbeit macht mir eigentlich keine Freude	1980	5,1	10,1	28,5	56,3	100
	1984	6,2	8,5	29,3	56,0	100
	1988	4,2	9,3	29,7	56,4	100

Datenbasis: Wohlfahrtssurvey 1978,1980,1984,1988.

"Krankheiten der Kinder", "mein Mann ist pflegebedürftig", "meine schwere Krankheit, daß ich ganz auf die Hilfe der Nachbarn angewiesen bin". Nach der Häufigkeit der Nennungen folgen auf die "Gesundheitssorgen" "finanzielle Probleme", "Ehe-/Familien- und Haushaltsprobleme" und "Schul- und Ausbildungsprobleme", die jeweils in 11 bis 13% der Antworten genannt werden. Bei diesen Sorgen und Schwierigkeiten bedeutet es einen Unterschied für das subjektive Wohlbefinden, ob sie leicht überwindbar oder langfristig unabwendbar erscheinen. Der Belastungsdruck, der mit der Unüberwindlichkeit von Sorgen und Schwierigkeiten verbunden ist, macht sich in einer niedrigeren Lebenszufriedenheit bemerkbar.

2.2 Die Zufriedenheitsschere zwischen privaten und öffentlichen Lebensbereichen

Im Wohlfahrtssurvey 1978 sind insgesamt 31 Zufriedenheitsfragen gestellt worden, die zum größten Teil von allen Befragten beantwortet werden konnten, wie etwa die Frage nach der Zufriedenheit mit der Gesundheit; zum kleineren Teil sind die Fragen nur für Teilgruppen der Bevölkerung zutreffend, wie die Frage nach der Zufriedenheit mit dem Beruf. Die Zufriedenheitsskalen enthalten wiederum einheitlich die Werte von null (ganz und gar unzufrieden) bis zehn (ganz und gar zufrieden). Für cinc vereinfachende Darstellung wird das Zufriedenheitsniveau in einem Lebensbereich gekennzeichnet durch den Anteil der "eher Zufriedenen" (Skalenwerte 6 bis 10), den Anteil der "Hochzufriedenen" (Skalenwert 10), den Anteil der "eher Unzufriedenen" (Skalenwert 0 bis 4) und den Durchschnittswert auf der Zufriedenheitsskala (Tabelle 5).

Die Unterschiedlichkeit der Zufriedenheitsniveaus im Vergleich der vielfältigen Lebensbereiche rückt die Behauptung zurecht, daß Zufriedenheitsmessungen stets zu einem hohen Zufriedenheitsniveau führen. Es stellt sich zwar heraus, daß es kaum Bereiche gibt, in denen der Anteil "eher Unzufriedener" erheblich größer ist als der Anteil der "eher Zufriedenen". Aber der Anteil "eher Zufriedener" variiert im Vergleich der Lebensbereiche 1978 zwischen 40 % und 97 %. 1988 zwischen 30 % und 96 % erheblich. Die Spannweite der Durchschnittswerte reicht 1978 immerhin von 5,0 bis 9,0; 1988 von 4,5 bis 8,9. Einem mittleren Zufriedenheitsniveau entspricht die Zufriedenheit mit dem Haushaltseinkommen und die Zufriedenheit mit der Freizeit. Die höchsten Zufriedenheitsniveaus finden sich bei der Zufriedenheit mit der Ehe bzw. Partnerschaft, bei der Zufriedenheit mit dem Familienleben und der Zufriedenheit damit, wie der eigene "Haushalt funktioniert"; die niedrigsten Zufriedenheitsquoten ergeben sich bei der Zufriedenheit mit der "öffentlichen Sicherung und der Bekämpfung von Kriminalität" sowie der Zufriedenheit "mit dem Umweltschutz in unserem Land".

In dieser Polarisierung vermitteln die Ergebnisse den Eindruck, daß Lebensbereiche, die der öffentlichen Sphäre zuzurechnen sind, der Tendenz nach ein niedrigeres Zufriedenheitsniveau haben als Lebensbereiche, die der privaten Sphäre zuzurechnen sind. Dafür sind freilich zwei Erklärungen denkbar. Einerseits besteht die Möglichkeit, daß die Befriedigung von Bedürfnissen und Ansprüchen im privaten Bereich tatsächlich höher ist als im öffentlichen Bereich. Dies stünde in Übereinstimmung mit der alten These von einem Ungleichgewicht zwischen privater und öffentlicher Versorgung, pointiert gesagt, von "privatem Reich und öffentlicher Armut". Es ist aber auch nicht auszuschließen, daß die Bereitschaft und Neigung, im Hinblick auf öffentliche Angelegenheiten Unzufriedenheit zu zeigen, höher ist als im Hinblick auf private Angelegenheiten. Zu beachten ist dabei jedoch, daß

Tab. 5: Zufriedenheit[1] mit Lebensbereichen

		Eher zufrieden	Hoch-zufrieden	Eher unzufrieden	Mittel-wert
		in %			
Ehe/Partnerschaft[2]	1978	97,4	48,4	0,8	9,0
	1984	95,1	43,7	2,4	8,8
	1988	96,1	47,2	1,5	8,9
Familienleben[3]	1978	95,7	38,6	2,0	8,7
	1984	93,4	29,6	1,8	8,4
	1988	96,6	37,9	1,9	8,7
Wohngegend	1978	83,0	32,5	8,9	7,9
	1988	86,3	39,2	7,8	8,1
Hausfrauendasein[4]	1978	86,9	24,9	5,1	7,9
	1984	85,1	27,0	7,6	7,8
	1988	86,3	29,1	5,6	7,9
Arbeitsteilung[2]	1980	85,6	28,4	6,9	7,9
	1984	85,4	29,6	8,4	7,9
	1988	88,4	40,9	6,5	8,2
Arbeitsplatz[5]	1980	89,0	11,5	5,2	7,6
	1984	90,3	21,2	5,7	7,9
	1988	92,3	15,3	3,7	7,8
Lebensstandard	1978	84,6	14,5	6,6	7,4
	1984	80,8	16,2	9,5	7,4
	1988	83,1	16,3	7,3	7,5
Wohnung	1978	83,2	29,2	6,8	7,8
	1984	85,4	35,8	5,6	8,0
	1988	88,8	37,4	4,7	8,2
Freizeit	1978	82,7	25,8	10,4	7,6
	1984	81,5	26,9	9,6	7,7
	1988	85,2	28,6	8,1	7,8
Haushaltseinkommen	1978	82,2	13,3	10,0	7,2
	1980	77,3	14,7	11,0	7,1
	1984	74,1	14,0	14,5	6,9
	1988	77,7	14,3	10,8	7,1
Gesundheit	1978	79,0	16,3	11,6	7,3
	1984	74,1	18,5	14,9	7,1
	1988	78,1	19,7	12,6	7,3
Soziale Sicherung	1978	76,6	9,7	13,6	6,9
	1984	74,2	11,2	13,7	6,8
	1988	77,1	11,2	10,1	7,0
Ausbildung[6]	1978	70,9	14,7	17,1	6,7
	1984	72,2	19,0	15,5	7,0
	1988	76,7	22,6	13,1	7,2
Demokratie	1978	73,5	7,1	10,2	6,0
	1988	68,5	7,2	13,2	6,5
Kirche[7]	1978	56,8	8,6	24,6	5,9
	1984	54,8	9,2	25,1	5,8
	1988	49,5	7,1	30,3	5,5
Politische Beteiligung	1978	49,7	8,7	27,3	5,6
	1988	57,3	8,8	21,5	6,0
Öffentliche Sicherheit	1978	43,7	1,9	40,0	5,0
	1984	46,5	2,3	31,4	5,2
	1988	58,2	4,4	23,4	5,8
Umweltschutz	1978	40,4	1,6	38,7	5,0
	1984	22,2	0,9	58,3	3,8
	1988	30,3	1,8	46,1	4,5

1 Zufriedenheitsskala von 0 bis 10; "eher zufrieden" = 6-10; "hochzufrieden" = 10; "eher unzufrieden" = 0-4.
2 Nur Befragte mit (Ehe-)Partner.
3 Nur Befragte mit Ehepartner.
4 Nur nichterwerbstätige Hausfrauen.
5 Nur abhängig Beschäftigte (ganz- und halbtags).
6 Nur Befragte, die gegenwärtig Schüler/Studenten sind.
7 Nur Protestanten und Katholiken.
Datenbasis: Wohlfahrtssurvey 1978, 1980, 1984, 1988.

innerhalb verschiedener privater bzw. verschiedener öffentlicher Bereiche immer noch eine beträchtliche Streuung der Zufriedenheit besteht. Auch im öffentlichen Bereich finden sich relativ hohe Zufriedenheitsniveaus, wie die Zufriedenheit mit dem "Netz der sozialen Sicherung", und ganz niedrige Zufriedenheitsniveaus, wie die Zufriedenheit mit "dem Umweltschutz in unserem Land". Zwischen den einzelnen öffentlichen Lebensbereichen bestehen außerdem recht geringe Korrelationen, so daß von einer pauschalen negativen Bewertung bei den einzelnen Individuen nicht die Rede sein kann.

2.3 Lebensbedingungen und Vergleichsprozesse beeinflussen das subjektive Wohlbefinden

Die Hypothese, daß die Menschen unter besseren Lebensbedingungen auch zufriedener sind, klingt selbstverständlich. Umso überraschender waren die Ergebnisse früher Untersuchungen, die fanden, daß der Zusammenhang zwischen Lebensbedingungen und subjektivem Wohlbefinden recht schwach ausgeprägt ist. Es wurden die verschiedensten Erklärungen entwickelt: z. B., daß die Bürger nur individuelle Verbesserungen gegenüber relevanten Vergleichsgruppen mit höherer Zufriedenheit honorieren, nicht aber, wenn es allen gleichmäßig besser geht; daß Individuen, die unter sozialem Druck stehen, Unzufriedenheit leugnen; daß sich ihre Ansprüche resignativ an die Umstände anpassen; daß Unzufriedenheitsäußerungen kulturell gelernt und damit in gewisser Weise von den eigenen Erfahrungen unabhängig sind; daß gerade die Gutsituierten für neue Wertmaßstäbe offen sind und deshalb eher Kritik und Unzufriedenheit äußern und daß unterschiedliche individuelle Vergleichsmaßstäbe gleiche Ausgangslagen in ganz unterschiedlichem Maß als befriedigend erscheinen lassen. Alle diese Effekte sind mehr oder weniger Teil einer gesellschaftlichen Konstruktion von Wirklichkeit und drücken die Korrelationen zwischen Lebensbedingungen und ihrer Bewertung aus. Darüber hinaus sind methodische Argumente zu beachten: objektive und subjektive Antworten zu Problemen, über die sie vorher nicht nachgedacht haben; auch sind die Beziehungen zwischen objektiven und subjektiven Variablen möglicherweise nicht linear, sondern verlaufen nach dem Muster von Schwellenwerten.

Zugespitzt bedeutet dies, daß gute Lebensbedingungen durchaus mit einem niedrigen Wohlbefinden einhergehen können und schlechte Lebensbedingungen mit positiven Bewertungen. Wir nennen die erste Konstellation das "Unzufriedenheitsdilemma" und die zweite das "Zufriedenheitsparadox".

Dies läßt sich am Beispiel der Zufriedenheit mit dem Haushaltseinkommen veranschaulichen. Die Befragten werden nach der Höhe ihres gewichteten Haushaltseinkommens in Gruppen von 20 % (Quintile) eingeteilt. Im obersten Quintil sind 27 % hochzufrieden, im untersten sind 28 % ziemlich unzufrieden. Dies sind die konsistenten Wohlfahrtspositionen (vgl. Tabelle 6). Die inkonsistenten Wohlfahrtspositionen, die "Dissonanten" (3 % (Unzufriedene im obersten Quintil) und die "Adaptierten" (6 % Hochzufriedene im untersten Quintil) sind deutlich in der Minderheit. Die große Mehrheit der Befragten befindet sich in relativ konsistenten Wohlfahrtspositionen.

Tab. 6: Zufriedenheit mit dem Haushaltseinkommen nach dem Einkommensniveau 1988

Zufriedenheit mit dem Haushaltseinkommen[1]	Einkommensniveau (Quintile) 1 unten	2	3	4	5 oben	Insgesamt
	in %					
Sehr hoch (10)	6	10	13	15	27	14
Mittel (5-9)	66	74	77	77	70	74
Sehr niedrig (0-4)	28	12	10	8	3	12

1 Zufriedenheitsskala von 0 bis10.

Datenbasis: Wohlfahrtssurvey 1988.

Freilich kann das Einkommensniveau die Einkommenszufriedenheit nur begrenzt erklären, und damit bleibt die Frage offen, welche weiteren Determinanten sich feststellen lassen. Untersucht wurde vor allem der Einfluß von Vergleichsspannen auf die Zufriedenheit mit dem Haushaltseinkommen überprüft. Als Vergleichsspanne wird beispielsweise die wahrgenommene Differenz zwischen dem eigenen Haushaltseinkommen und dem Haushaltseinkommen eines durchschnittlichen Bundesbürgers bezeichnet. Andere Vergleichsspannen betreffen die Differenz zwischen dem eigenen Haushaltseinkommen und dem Haushaltseinkommen von Freunden, dem Haushaltseinkommen vor fünf Jahren oder dem besten Haushaltseinkommen, das man noch erwartet. Die Ergebnisse darauf aufbauender multivariater Analysen stützen folgende Behauptungen: Die Einkommenshöhe beeinflußt die Einkommenszufriedenheit, aber die wahrgenommene relative Einkommensposition in der Einkommensschichtung ist für die Einkommenszufriedenheit von größerer Bedeutung. Der Abstand zwischen dem eigenen Haushaltseinkommen und dem Haushaltseinkommen eines durchschnittlichen Bundesbürgers ist die stärkste Determinante der Zufriedenheit mit dem Haushaltseinkommen. Dies kommt auch in der bivariaten Darstellung deutlich zum Ausdruck: Je höher jemand das eigene Haushaltseinkommen über dem eines durchschnittlichen Bundesbürgers einstuft, desto zufriedener ist er (vgl. Tabelle 7).

Tab. 7: Die Einstufung des eigenen Haushaltseinkommens im Vergleich zum Haushaltseinkommen eines durchschnittlichen Bundesbürgers 1988

Eigenes Einkommen im Vergleich zum Bundesbürger[1]	Einkommensniveau (Quintile) 1 unten	2	3	4	5 oben	Insgesamt
	in %					
Weit höher	3	6	12	15	32	14
Etwas höher	16	30	36	42	42	33
Gleich	23	25	21	18	15	20
Etwas niedriger	27	28	24	19	9	21
Weit niedriger	31	11	6	5	2	11

1 Weit höher: drei und mehr Einheiten höher auf zehnstufiger Leiter; etwas höher: eine und zwei Einheiten höher; gleich: identische Einstufung; etwas niedriger: eine oder zwei Einheiten niedriger; weit niedriger: drei und mehr Einheiten niedriger.

Datenbasis: Wohlfahrtssurvey 1988.

Die Einkommenszufriedenheit hängt darüber hinaus davon ab, wie man das eigene Haushaltseinkommen im Vergleich zum Einkommen von Freunden und Bekannten wahrnimmt. Dieses Ergebnis, daß die relative Einkommensposition einen starken Einfluß auf die Einkommenszufriedenheit hat, steht in Übereinstimmung mit soziologischen Theorien relativer Deprivation: Individuen fühlen sich depriviert, wenn sie sich im Vergleich zu ihren relevanten Bezugsgruppen schlechter gestellt sehen. Die Einkommenszufriedenheit hängt auch von der jeweiligen Erwartungsspanne ab. Je weiter entfernt das vorhandene Haushaltseinkommen von dem Haushaltseinkommen ist, das man noch zu erreichen glaubt, desto unzufriedener ist man mit dem Haushaltseinkommen. Hingegen ist der wahrgenommene Einkommensanstieg in den letzten fünf Jahren ohne Einfluß auf die Einkommenszufriedenheit. Die Untersuchung des Einflusses von Einkommensänderungen in Wiederholungsbefragungen zeigt aber, daß Einkommenszuwächse nicht immer ohne Bedeutung sind: Der entscheidende Punkt ist, daß sich eine Erhöhung der Einkommenszufriedenheit nicht einfach aus einem Einkommensanstieg, sondern aus einem überproportionalen Anstieg des eigenen Einkommens ergibt.

Aus den Determinanten der Einkommenszufriedenheit ergibt sich eine interessante Konsequenz. Es ist unmöglich, daß alle Bürger zugleich eine hohe Einkommenszufriedenheit erreichen. Es können sich nicht alle gleichzeitig überproportional verbessern, da relative Verbesserungen des einen immer relative Verschlechterungen anderer implizieren. Auch steigen die Einkommenserwartungen mit höherem Einkommen, was ebenfalls die Entstehung vollständiger Zufriedenheit verhindert. Sollten die Mechanismen der Gewinnung von Zufriedenheit in anderen Lebensbereichen oder Versorgungsdimensionen ähnlich sein, dann wäre es ausgeschlossen, gleichzeitig ein hohes Zufriedenheitsniveau für alle zu erreichen.

2.4 Kumulation bei Problemgruppen

Unter Problemgruppen verstehen wir Bevölkerungsgruppen, die hinter den Standards der breiten Bevölkerung deutlich zurückbleiben oder in ihrem subjektiven Wohlbefinden stark beeinträchtigt sind. Die Lage dieser Problemgruppen wird prekärer, wenn es der großen Mehrheit besser geht, weil sich dann die Wohlfahrtsdefizite relativ vergrößern.

Insgesamt haben wir fünf objektive und fünf subjektive Problemgruppen genauer betrachtet: Zum einen sind dies die 10 % der Haushalte mit dem geringsten Einkommensniveau; es handelt sich vor allem um kinderreiche Familien und um alleinlebende ältere Frauen, die nicht erwerbstätig waren oder als Arbeiterin beschäftigt waren. Andere von uns untersuchte Problemgruppen sind Personen, deren Wohnungen heute üblichen Wohnstandards hinsichtlich Wohnungsgröße und -ausstattung nicht entsprechen (10 %); Personen ohne Berufsausbildung (28 %) und die Behinderten und von dauerhaften Krankheitsfolgen Betroffenen (13 %). Eine Problemgruppe sind auch die sozial Isolierten. Die Situation, allein zu leben und keine engen Freunde zu haben, ist bei 4 % der Bevölkerung gegeben. Sie tritt vorwiegend am Ende des Lebenszyklus auf und betrifft 41 % der Rentner aus der Arbeiterschicht. Da der Anteil älterer Menschen zukünftig erheblich wächst, ist zu erwarten, daß Probleme sozialer Isolation ein größeres gesellschaftliches Gewicht erhalten. Auf der Seite der subjektiven Beeinträchtigungen des Wohlbefindens haben wir drei Problemgruppen untersucht. Es sind die Befragten, die sich oft einsam fühlen (7 %), die sich gewöhnlich unglücklich oder niedergeschlagen fühlen (15 %), die immer wieder von Ängsten und Sorgen geplagt werden (21 %). Es zeigt sich, daß sich die subjektiven Wohlfahrtsdefizite bei bestimmten Bevölkerungsgruppen konzentrieren.

Bei den objektiven Wohlfahrtskomponenten gibt es weniger, bei den subjektiven Wohlfahrtskomponenten gibt es mehr Kumulation. Zum Beispiel wohnen die Angehörigen ärmerer Haushalte etwa doppelt so häufig in schlecht ausgestatteten Wohnungen und in beengten Wohnverhältnissen wie der Durchschnitt der Haushalte. Arme sind aber nicht in größerem Umfang als andere Personen von dauerhaften gesundheitlichen Schäden betroffen, und sie haben keine besonderen Defizite an engen Sozialbeziehungen. Auffällig ist aber der starke Zusammenhang zwischen Armut und dem Auftreten von Ängsten und Sorgen.

Insgesamt kann man sagen, daß es im objektiven Bereich eher selten Kumulationen schlechter Lebensbedingungen gibt. Aber wenn sie vorliegen, führen sie zu einem extrem niedrigen subjektiven Wohlbefinden. Die Bevölkerungsgruppe, die in fast allen Lebensbereichen am meisten benachteiligt erscheint, sind Witwen aus Arbeiterhaushalten. Problemlagen kumulieren insbesondere auch bei Arbeitslosigkeit, und dies verschärft sich bei anhaltender langfristiger Arbeitslosigkeit.

Aus der Perspektive der sozialen Schichtung ist festzustellen, daß zwischen der Arbeiterschicht und den anderen Bevölkerungsschichten eine markante Wohlfahrtsdifferenz besteht. Das gleiche gilt für die Trennlinie zwischen deutschen und ausländischen Arbeitnehmern. Die Untersuchung erstreckt sich auf die fünf größten Gastarbeiternationalitäten, also Türken, Jugoslawen, Italiener, Griechen und Spanier. Der Vergleich ihrer Lebensbedingungen und ihres subjektiven Wohlbefindens wurde mit der gesamten deutschen Bevölkerung, aber auch mit der deutschen Arbeiterschicht vorgenommen, da diese vom Erwerbsstatus her am ähnlichsten sind.

In fast allen Dimensionen ist der Abstand der deutschen Arbeiterschicht zu den Deutschen insgesamt deutlich geringer als der Abstand zwischen Gastarbeiterbevölkerung und deutscher Arbeiterschicht. Insgesamt kann man diesen Befund durchaus als Illustration und Bestätigung der These von der "Unterschichtung" der deutschen Arbeiterbevölkerung durch die Gastarbeiter ansehen. Die Immigration hat dazu geführt, daß sich am Boden der deutschen Schichtungspyramide eine neue Unterschicht etablierte und den deutschen Arbeitern eine relative Statusverbesserung ermöglichte. Die Gastarbeiter in der BRD sind aber trotz aller Wohlfahrtsdefizite immer noch relativ zufrieden. Eine Erklärung dafür erhält man, wenn man die Zufriedenheit im Heimatland, wie sie in der Rückerinnerung der Gastarbeiter besteht, betrachtet. Sie liegt bei allen Nationalitäten weit unter der heutigen Lebenszufriedenheit. In dieser Unzufriedenheit im Heimatland kann eine Antriebskraft zur Auswanderung gesehen werden und auch ein Rückwanderungshemmnis. Viele Gastarbeiter rechnen allerdings mit einer Statusverbesserung, wenn sie heute in ihr Heimatland zurückkehren würden.

2.5 Strukturelle Stabilität bei individueller Variation

Ein erstaunliches Phänomen und eine schlagkräftige Illustration für die Stabilität von Strukturen ist die Beobachtung, daß die Verteilung vieler Merkmale in unseren Umfragen konstant bleibt. So verhält es sich mit den meisten Aspekten der beobachteten Lebensbedingungen und der wahrgenommenen Lebensqualität. So erscheint der Durchschnittswert für die Lebenszufriedenheit beinahe ultrastabil, wenn man die Jahre 1978, 1980, 1984 und 1988 vergleicht (vgl. Tabelle 1). Der Anteil der Bundesbürger, die sich als ziemlich oder sehr unglücklich bezeichnen, entspricht einer leichten U-Kurve aber auch hier sind die Verschiebungen gering (vgl. Tabelle 2).

Auch die negativen Aspekte des Wohlbefindens sind durch eine weitgehende Stabilität gekennzeichnet (vgl. Tabellen 3 und 4). Und insbesondere beim Vergleich der Zufriedenheit in vielfältigen Lebensbereichen wird deutlich, daß Verschiebungen des Zufriedenheitsniveaus die Ausnahme und Stabilität die Regel sind. Freilich ergeben sich in Einzelbereichen auch Anstiege und Rückgänge des Zufriedenheitsniveaus, beim Umweltschutz sogar dramatische Zuspitzungen der Unzufriedenheit. Und dies beweist, daß die beobachtbare Stabilität kein künstliches Produkt der Meßverfahren ist.

Das erklärungsbedürftige Phänomen besteht nun darin, daß die Stabilität der Struktur trotz vieler individueller Veränderungen besteht. Dies ist das Ergebnis unserer Panelerhebungen, bei der die gleichen Individuen nach zwei Jahren erneut befragt wurden. Dort bleibt die Lebenszufriedenheit im Durchschnitt genau gleich, aber die überwiegende Zahl der Individuen hat seine Lebenszufriedenheit geändert. Welche sozialen Kräfte sind dies, die aus der Vielfalt von Wechseln jeweils das typische Muster reproduzieren? Die Erklärung dafür kann nur angedeutet werden: Die Struktur objektiver wie subjektiver Wohlfahrtspositionen ergibt sich aus gesellschaftlichen Verteilungsregeln, aus Druck- und Sogfaktoren, aus Angebots- und Nachfragemustern, die sich nur langsam ändern. Diese führen dazu, daß ein nahezu gleicher Anteil von Individuen auf bestimmte Wohlfahrtspositionen kommt.

Die Wiederholungsbefragung zeigt uns auch, daß Änderungen vorwiegend in den Extrempositionen stattfinden: Wer z. B. eine sehr hohe oder eine sehr niedrige Lebenszufriedenheit hatte, veränderte diese zum Mittelbereich hin. Auch hohe Erwartungsdiskrepanzen werden im Laufe der Zeit abgebaut.

2.6 Keine Krisenstimmung, aber Zukunftspessimismus

Die Lebenszufriedenheit hat sich, wie wir gesehen haben, zwischen 1978 und 1988 nicht verändert. Etwas anders verhält es sich mit den individuellen Zufriedenheitsverläufen. Die allgemeine Zufriedenheit mit dem Leben wurde dazu für drei Zeitpunkte mit Hilfe der sonst auch verwendeten Zufriedenheitsskala erfragt: Für die Gegenwart, wie sie vor fünf Jahren aussah, und wie man sie zukünftig in fünf Jahren erwartet. Mit den Angaben auf den drei Zufriedenheitsskalen erhält man für jedes Individuum einen Zufriedenheitsverlauf, der eine subjektive Gesamtbeurteilung des Lebensverlaufes in einer Dekade darstellt. Die Befragten bringen damit zum Ausdruck, ob sie

Abb. 2: Die Zufriedenheit und ihre Einordnung im Vergleich zur Lebenszufriedenheit in der Vergangenheit und zur erwarteten Lebenszufriedenheit in der Zukunft

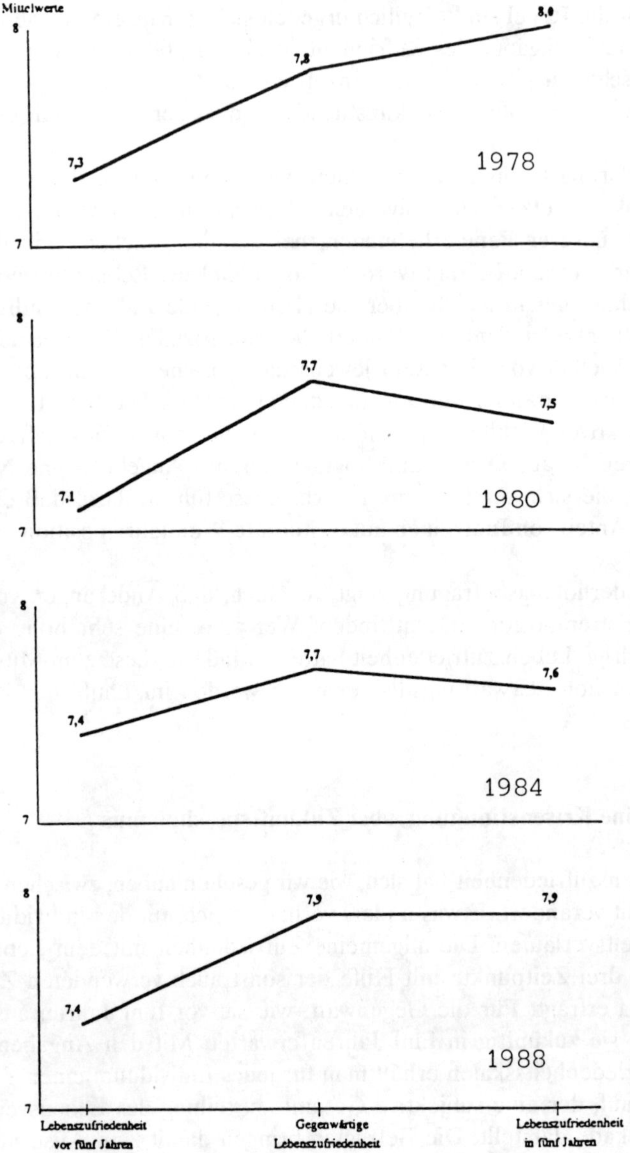

Datenbasis: Wohlfahrtssurvey 1978, 1980, 1984, 1988.

ihren vergangenen Lebenslauf als Aufstieg, als Stagnation oder als Niedergang subjektiv wahrnehmen: Sie zeigen auch an, ob sie optimistische oder pessimistische Zukunftserwartungen haben. 1978 herrscht ein optimistisches Erwartungsklima (vgl. Abbildung 2), 1980 hat sich dies stark verschlechtert. Das Erwartungsklima "erholt" sich dann 1984 und 1988 etwas, ohne die positive Steigerung von 1978 zu erreichen.

Tab.8: **Beurteilung der Lebenszufriedenheit für die Vergangenheit, die Gegenwart und die Zukunft**

	1978	1980	1984	1988
	in %			
Gegenwärtige Lebenszufriedenheit im Vergleich zur Lebenszufriedenheit vor fünf Jahren				
Anstieg wahrgenommen	41	34	31	35
Konstanz wahrgenommen	44	48	46	47
Rückgang wahrgenommen	14	18	23	18
Insgesamt	100	100	100	100
Gegenwärtige Lebenszufriedenheit im Vergleich zur erwarteten Lebenszufriedenheit in fünf Jahren				
Anstieg erwartet	24	21	19	22
Konstanz erwartet	64	54	56	60
Rückgang erwartet	12	25	25	18
Insgesamt	100	100	100	100

Datenbasis: Wohlfahrtssurvey 1978,1980,1984,1988.

Von neun möglichen Verlaufsmustern der Lebenszufriedenheit dominiert 1978 bis 1988 das Muster mit einer konstanten Zufriedenheit in Vergangenheit, Gegenwart und Zukunft (vgl. Tabelle 8). Etwa ein Drittel der Befragten sieht die eigene Lebenszufriedenheit als langfristig gleichbleibend an. Die zweitstärkste Gruppe bilden in allen drei Jahren die Befragten mit einem in der Vergangenheit ansteigenden und dann gleichbleibenden Zufriedenheitsverlauf. Noch 1978 ist die Gruppe mit einem ständig steigenden Zufriedenheitsverlauf am drittgrößten. Ihr Anteil sinkt im Laufe der Jahre stark ab. Diejenigen, die eine ständige Verschlechterung sehen, nehmen zu. Der Anteil derjenigen, die eine Verringerung ihrer Lebenszufriedenheit in den vergangenen fünf Jahren wahrnehmen, steigt von 14 % (1978) über 18 % (1980) auf 23 % (1984) und sinkt dann auf 18 % (1988). Noch stärker ist der vorübergehende Rückgang der erwarteten Zufriedenheit; der Anteil der Befragten, die in Zukunft eine niedrigere Lebenszufriedenheit erwarten, als sie sie heute haben, hat sich verdoppelt; 1978 waren es 12 % und 1984 um 25 %, 1988 wieder weniger, nämlich 18 %. Beim Übergang in die achtziger Jahre verschlechtert sich zwar nicht die gegenwärtige Lebenszufriedenheit, es verstärkt sich aber ein pessimistisches Erwartungsklima im Bereich der subjektiven Wohlfahrt, das sich 1980 bereits abzeichnet, 1984 weiter anhält und 1988 wieder schwächer wird.

3. Zusammenfassung in Thesen

1. These: Ein erster markanter Aspekt der Lebensqualität ist die Ambivalenz subjektiven Wohlbefindens. Einerseits stellen wir ein recht hohes Maß an Zufriedenheit mit dem Leben (kognitives Wohlbefinden) fest und auch ein hohes Maß an Glück (affektives Wohlbefinden). Demgegenüber steht die weite Verbreitung von Besorgnissen (hohe Beanspruchung, Angst, Nervosität, Niedergeschlagenheit) und Anomiesymptomen (Gefühle der Machtlosigkeit, Sinnlosigkeit und Einsamkeit). Auch auf offene Fragen nach Sorgen und Problemen nennt die Bevölkerung eine Vielzahl oft schwerwiegender Beeinträchtigungen. Als besonders belastend erweist sich, daß nicht wenige Befragte ihre Sorgen für unüberwindbar halten. Alles in allem gibt es eine Widersprüchlichkeit des Wohlbefindens, die in einem Nebeneinander von Beeinträchtigungen und Zufriedenheit zum Ausdruck kommt.

2. These: Ein zweiter markanter Aspekt ist die höhere Zufriedenheit in privaten Bereichen und die geringere Zufriedenheit in Bereichen, für die eher der Wohlfahrtsstaat zuständig ist. An der Spitze der Zufriedenheitsniveaus stehen Ehe, Familie und Haushaltsführung und am Ende die öffentliche Sicherheit und der Umweltschutz. Wir glauben dabei nicht, daß die Individuen die Bereiche, für die sie selbst verantwortlich sind, beschönigen: sie scheuen sich schließlich auch nicht, über familiäre Sorgen und Konflikte, die in beträchtlichem Maß vorhanden sind, zu berichten. Man muß deshalb davon ausgehen, daß in Ehe, Familie und Haushalt - trotz gleichzeitig vorhandener Beeinträchtigungen - wichtige positive Beiträge zum subjektiven Wohlbefinden entstehen. Reale Gefährdungen wie diffuse Bedrohungsgefühle liegen gerade bei den beiden Bereichen mit der geringsten Zufriedenheit - öffentliche Sicherung und Umweltschutz - nahe beieinander. Die privaten Bereiche sind den Individuen für ihre Wohlbefinden allerdings viel wichtiger als die öffentlichen Bereiche, so daß das Protestpotential, das in der Unzufriedenheit steckt, bisher nicht zu weiterreichendem Protestverhalten geführt hat.

3. These: Der dritte markante Aspekt der Lebensqualität ist, daß trotz der goßen Bedeutung von sozialen Vergleichsprozessen für die Bewertung der Lebensbedingungen und subjektivem Wohlbefinden besteht(SINN?). Nicht im Einzelfall, aber im Durchschnitt aller Bundesbürger gilt, daß diejenigen, die bessere Lebensbedingungen haben, auch zufriedener mit ihnen sind, und daß Schlechtergestellte unzufriedener sind. "Dissonante" (Kombination: gute Lebensbedingungen/schlechtes Wohlbefinden) und "Adaptierte" (Kombination: schlechte Lebensbedingungen/hohes Wohlbefinden) stellen Minderheiten dar. Die Gesellschaftspolitik kann also damit rechnen, daß sich eine Verbesserung der Lebensbedingungen in einer höheren Zufriedenheit der Bürger äußert.

4. These: Der vierte Aspekt ist ein eher geringes Maß an Kumulationen von guten bzw. schlechten Wohlfahrtspositionen. Nahezu kein Individuum befindet sich in allen Lebensbereichen durchgängig auf einem guten Niveau. Eine relativ hohe Kumulation von schlechten Positionen ist bei Personenkategorien vorhanden, die wir als Problemgruppen bezeichnen.

5. These: Ein fünfter markanter Aspekt ist die Stabilität der Strukturen (z. B. der Randverteilungen) bei umfangreichen individuellen Veränderungen. Dies bedeutet, daß insbesondere privilegierte Positionen und benachteiligte Positionen oft nur Durchgangsstadien sind. Von den Sozialwissenschaftlern ist die Frage bisher nicht ausreichend beantwortet, woher diese Stabilität der Strukturen rührt.

6. These: Bezieht man unsere Diagnose der wahrgenommenen Lebensqualität auf die Krisendiskussion in der Bundesrepublik, so ist es wohl zutreffender, von einer Verbreitung von Zukunftspessimismus zu sprechen als von einer Krisenstimmung. Die große Bevölkerungsmehrheit bewältigt den höheren Problemdruck ohne Einbrüche des subjektiven Wohlbefindens, bedeutsame Minderheiten freilich leiden unter den Belastungen der neuen ökonomischen und ökologischen Probleme und beginnen, Zeichen der Resignation zu zeigen.

Lebensbedingungen älterer Bürger in der DDR

Klaus-Peter Schwitzer

1. Zum Konzept der Lebensbedingungen

Der Begriff Lebensbedingungen kennzeichnet die Gesamtheit der materiellen, ökonomischen, sozialen, politischen, demographischen und geistig-kulturellen Existenzverhältnisse einer Gesellschaft bzw. einer Klasse, Schicht oder sozialen Gruppe. Die Lebensbedingungen bilden eine Art Maßverhältnis, das - in Abhängigkeit des erreichten Entwicklungsniveaus einer Gesellschaft - die Möglichkeiten der Persönlichkeitsentwicklung und gesellschaftlichen Aktivität der Gesellschaftsmitglieder, den Umfang und die Struktur der Bedürfnisse sowie das Niveau, die Art und Weise und den sozialen Inhalt ihrer Befriedigung determiniert. Lebensbedingungen sind durch Einheitlichkeit als auch durch sozialstrukturelle Unterschiede charakterisiert. Die Analyse der wesentlichen Unterschiede, z. B. die Lebensbedingungen zwischen Stadt und Land, zwischen den einzelnen Volkswirtschaftszweigen, Kombinaten und Betrieben, zwischen geistiger und körperlicher Arbeit und zwischen sozialen und sozialdemographischen Gruppen, ist eine Voraussetzung für eine differenzierte Sozialpolitik und zugleich Grundlage, Lebensbedingungen planmäßig zu gestalten. Letzteres schließt ein, durch gesamtgesellschaftliche, territoriale und betriebliche sozialpolitische Maßnahmen sozial ungerechtfertigte Unterschiede zu überwinden.

Das bedingt einerseits eine komplexe Betrachtungsweise und die Anwendung von Methoden und Indikatoren, die
- die Komplexität sozialer Zusammenhänge und die Ganzheit sozialer Erscheinungen und
- den Prozeßcharakter der sich ändernden Lebensbedingungen, Lebensweisen und -stile

qualifiziert widerspiegeln.

Dies erfordert zugleich die analytische Hervorhebung einzelner Elemente, die auf die Erfassung von objektiven Lebensbedingungen der Angehörigen sozialer Gruppen, deren subjektiven Reflexionen und von Tätigkeiten und sozialen Beziehungen ausgerichtet sind.

Auf die sozialdemographische Gruppe älterer Bürger bezogen bedeutet das, jene spezifischen Komponenten der Lebensbedingungen zu ermitteln, die die Grundlagen oder allgemeinen Bedingungen der Lebensweise von Altersrentnern darstellen.

Die Lebensbedingungen der alten Menschen sind in der DDR untrennbarer Bestandteil der Lebensbedingungen aller Mitglieder der Gesellschaft, und als solche werden sie auch im Rahmen der Sozialpolitik des Staates gemeinsam mit den Lebensbedingungen aller Bürger gestaltet. Sie sind auf soziale Sicherheit für jeden, und darin eingeschlossen selbstverständlich auch für die Bürger im Rentenalter, gerichtet - sowohl was ihre materiellen Lebensbedingungen als auch ihre sozialen Beziehungen zur gesellschaftlichen Umwelt betrifft.

Nach unserem Verständnis bedeutet Gewährleistung sozialer Sicherheit die real mögliche, sozialstrukturell differenzierte Befriedigung sozialer Grundrechte und Bedürfnisse für alle Mitglieder der Gesellschaft, beruhend auf der Stabilität der Entwicklung ihrer gesellschaftlichen Lebensbedingungen. Sie ist Ausdruck für die politisch, ökonomisch und juristisch gesicherte Verwirklichung der grundlegenden Menschenrechte, die ein menschenwürdiges Dasein ermöglichen, die der vollen Persönlichkeitsentfaltung, der Festigung der Familienbeziehungen, der gleichberechtigten Entwicklung aller Bürger dienen.[1] Von dieser prinzipiellen Position her wurde entsprechend der fortschreitenden volkswirtschaftlichen Entwicklung planmäßig auf die Verbesserung der Lebensbedingungen und des Lebensniveaus der Rentner Einfluß genommen. Dies ist nicht vorrangig ein Problem der Rentenleistungen, obwohl sie als Teil der materiellen Sicherstellung der alten Menschen selbstverständlich dazu gehören. Darüber hinaus geht es um die Möglichkeit einer weiteren beruflichen Tätigkeit und gesellschaftlichen Aktivität, vielfältige Formen der Einbeziehung in das gesellschaftliche Leben, um geeignete Wohnbedingungen, um eine wirksame gesundheitliche Betreuung im Bedarfsfall. Darüber hinaus dienen stabile Mieten und Endverbraucherpreise für Nahrungsmittel, Heizmaterialien, Dienstleistungen und Verkehrstarife sowie Kündigungsschutz für Arbeit und Wohnraum auch der sozialen Geborgenheit der älteren Bürger.

Neben diesen materiell-gegenständlichen Komponenten der Lebensbedingungen sind es vor allem auch demographische Komponenten (quantitative und qualitative Aspekte der Entwicklung der Bevölkerung) sowie kulturelle und sozialpsychologische Komponenten (Bildungs- und Qualifikationsniveau, Gesundheitszustand, Familienbeziehungen, sozialer Status und öffentliche Meinung), die die Qualität der Lebensbedingungen als Existenzbedingungen bestimmen.

2. Demographische Entwicklung der Bevölkerung im Rentenalter

Die Verschiebung der Altersstruktur, das sogenannte Altern der Bevölkerung, wird sich in der DDR in den nächsten Jahren fortsetzen. Während in der Kinder und Jugendgeneration ein Rückgang eintritt, ist ein relatives Anwachsen der "mittleren" Generationen und langfristig eine Zunahme der Generationen im Rentenalter zu erwarten (vgl. Tabelle 1).

Tab. 1: Entwicklung der Bevölkerung im Rentenalter (Frauen ab 60 Jahre, Männer ab 65 Jahre)

Jahr	1970	1980	1988	1990	1995	2000	2010	2020
Bev. im Rentenalter								
in Tausend	3.325	2.996	2.675	2.665	2.700	2.845	3.096	3.385
in %	19,5	17,9	16,0	16,0	16,3	17,7	19,1	21,5

Aus dieser Verschiebung der Altersstruktur der Bevölkerung ergeben sich neue Anforderungen an die Sozialpolitik, insbesondere an die Wohnungs-, Bildungs- und Gesundheitspolitik, sowie andere Bereiche der Gesellschaftspolitik. So werden die typischen Diagnosestrukturen und der Gesundheitszustand einer älter werdenden Bevölkerung die Leistungen des Gesundheits- und Sozialwesens mehr und mehr bestimmen. Ferner führt die Zunahme älterer Bürger bei gleichzeitiger Abnahme der Kinder und die damit verbundenen Veränderungen der Familienstrukturen dazu, daß voraussichtlich vermehrt familiale Betreuungsleistungen auf gesellschaftliche Einrichtungen übertragen werden müssen.

Das langfristige Ansteigen der Rentnerzahlen geht einher mit wesentlichen Veränderungen der Altersstruktur der Rentner und einer allmählichen Annäherung der Geschlechterproportion. Bis zum Jahre 2000 wird es eine starke Zunahme jüngerer Altersgruppen (bis 5 Jahre nach Erreichen des Rentenalters) geben; deren Anteil wird sich von 26 % (Anfang 1988) auf 34 % im Jahre 2000 erhöhen. Zugleich ist eine beträchtliche Abnahme der über 75jährigen Bürger zu erwarten; ihr Anteil an der Bevölkerung sinkt von 40 % (Anfang 1988) auf ca. 27 % im Jahr 2000 (vgl. Abbildung 1).

Abb. 1: Entwicklung ausgewählter Altersgruppen im Rentenalter

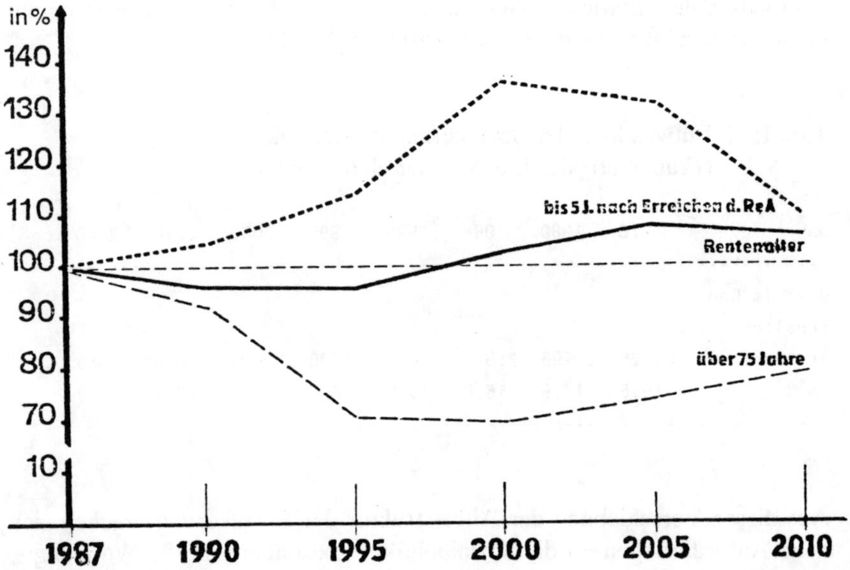

Im selben Zeitraum wird der hohe Anteil Frauen an der Bevölkerung im Rentenalter bestehen bleiben (1988: 73 %; 2000: 70 %) (vgl. Abbildung 2). Erst im Jahre 2020 wird ihr Anteil auf 65 % zurückgehen. Dennoch ist, infolge der unterschiedlichen Altersgrenzen und Lebenserwartungen, auch langfristig stets ein höherer Frauenanteil zu erwarten.

Abb.2: Entwicklung der männlichen und weiblichen Bevölkerung im Rentenalter

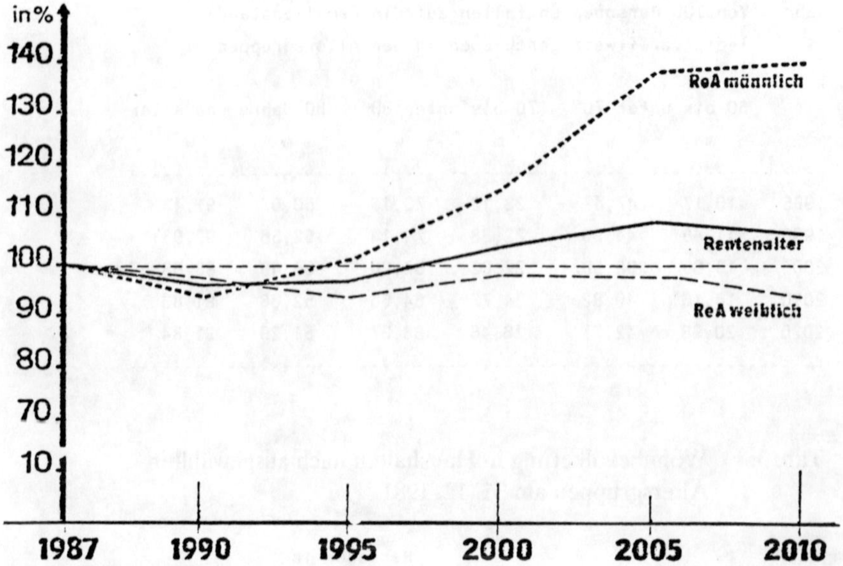

Von besonderem Interesse ist ferner die Entwicklung des Familienstandes. Da bei der Betreuungs- bzw. Pflegebedürftigkeit die erforderliche Hilfe zunächst durch den Ehepartner erfolgt, ist der Familienstand, insbesondere die Zahl der Alleinstehenden (ledig, verwitwet, geschieden) bedeutsam. Nach der Prognose zur Familienstandsentwicklung des Bereiches Bevölkerungsentwicklung des Instituts für Soziologie und Sozialpolitik sinkt in der Altersgruppe der 60 bis unter 80jährigen der Anteil der alleinstehenden Frauen bis zum Jahre 2000, um anschließend wieder leicht anzusteigen, während mit einer Zunahme der alleinstehenden Männer zu rechnen ist (vgl. Tabelle 2).

Für die Altersgruppe der 80jährigen und älteren gilt, daß die Zahl der verheirateten Frauen und Männer nach einem Rückgang bis zum Jahre 2000 leicht zunehmen wird. Dennoch werden in dieser Altersgruppe ca. jeder zweite Mann und über 90 von 100 Frauen alleinstehend sein. D. h., Altern verläuft auch künftig geschlechtsspezifisch. Während der Mann das Alter gewöhnlich mit einer Partnerin erlebt und seltener auf sich allein gestellt ist,

Tab. 2: Familienstand der Bevölkerung im Rentenalter nach Altersgruppen

Jahr	Von 100 Personen entfallen auf die Familienstände ledig/verwitwet/ geschieden in den Altersgruppen					
	60 bis unter 70		70 bis unter 80		80 Jahre und älter	
	m	w	m	w	m	w
1985	10,17	47,47	23,13	73,18	50,07	91,43
1990	11,45	44,90	22,88	74,14	52,56	92,93
2000	15,35	38,56	22,32	67,96	56,49	93,68
2010	18,16	40,82	24,77	64,56	52,38	91,83
2020	20,98	42,77	26,46	68,37	51,29	91,84

Tab. 3: Wohnbevölkerung in Haushalten nach ausgewählten Altersgruppen am 31. 12. 1981

Altersgruppe	Ge-schl.	Insgesamt	Personen in Ein-Personen Haushalte	Personen in Mehr-Personen-Haushalte
60 bis unter 65	M	241.663	11.477	228.760
	W	420.468	135.213	281.923
	I	662.131	146.690	510.683
65 bis unter 70	M	246.384	18.887	225.489
	W	451.380	206.006	239.100
	I	697.764	224.893	404.589
70 bis unter 75	M	271.215	34.211	233.047
	W	499.996	270.604	216.912
	I	771.211	304.815	449.959
75 Jahre u. ält.	M	346.793	83.710	245.924
	W	708.232	417.952	229.127
	I	1.055.025	501.662	475.051

"überleben" Frauen ihren Partner und müssen Haushalts- und Lebensführung allein bewältigen. Dies zeigt sich auch in der zunehmenden Zahl der Einpersonenhaushalte, die von Rentnern bewohnt werden (vgl. Tabelle 3)[2].

3. Veränderungen im Bildungs- und Qualifikationsniveau

Zu den qualitativen Veränderungen der Bevölkerung in den letzten Jahrzehnten gehört die Entwicklung des allgemeinen und beruflichen Bildungsniveaus, was eine Verringerung sozialer Unterschiede in Bildung und Qualifikation zwischen den Geschlechtern und zwischen Stadt und Land einschließt (vgl. Tabelle 4).

Von den 85jährigen und älteren Mitbürgern hatten ca. 70 % keine Möglichkeit, einen Beruf zu erlernen, 80 % aller Frauen. Für die 45 bis 50jährigen (Rentnerjahrgänge 1999 - 2009) gilt, daß ca. jeder 10. Rentner einen Hochschulabschluß haben wird, darunter ein Drittel Frauen, fast jeder 5. Werktätige über einen Fachschulabschluß verfügt und 54 % einen Facharbeiterbrief besitzen.

4. Lebenserwartung und Gesundheitszustand

Der Gesundheitszustand der Bürger hat sich in den letzten beiden Jahren insgesamt verbessert: Die Lebenserwartung ist angestiegen, die allgemeine Sterblichkeit ging zurück, Säuglings- und Müttersterblichkeit wurden erheblich gesenkt, chronische Krankheiten verlagern sich ins hohe Lebensalter. Die Lebenserwartung betrug im Jahre 1987 für weibliche Personen 75,92 und für männliche Personen 69,84 Jahre (vgl. Tabelle 5).

Verglichen mit der Zeit kurz nach Gründung der DDR (Sterbetafel für 1952) hat die Lebenserwartung für männliche Neugeborene um 5,9 Jahre für weibliche um 8 Jahre zugenommen. Dabei ist die Differenz der Lebenserwartung zwischen Mann und Frau tendenziell gestiegen (1952: 4,06 gegenüber 1987: 6,08 Jahre). Zugleich veränderte sich die Lebenserwartung in den höheren Altersgruppen nur wenig. Für Frauen stieg die fernere Lebenserwartung in allen Altersstufen, für Männer ab 45 Jahre gab es dagegen in den Jahren 1960 bis 1980 einen unbeständigen Verlauf.

Tab. 4: Höchste Berufsbildungsabschlüsse der Bevölkerung ab 35 Jahre nach Altersgruppen und Geschlecht Ende der 80er Jahre (Altersgruppen = 100)[3]

Berufsbildungsabschluß	35 bis unter 40			45 bis unter 50			60 bis unter 70			70 bis unter 85			85 und älter		
		M	W		M	W		M	W		M	W		M	W
Hochschule	10,3	50	50	9,5	67	33	5,0	81	19	1,4	78	22	0,8	74	26
Fachschule	12,1	25	75	18,7	42	58	10,6	62	38	4,3	65	35	2,2	62	38
Meister	2,4	81	19	6,0	88	12	5,5	89	11	4,5	90	10	3,3	90	10
Facharbeiter	63,1	55	45	54,1	49	51	47,3	45	55	33,1	53	47	21,9	58	43
Teilfacharb.	4,6	56	44	2,4	41	59	3,0	24	76	2,5	24	76	2,0	30	70
ohne Abschluß	6,7	85	15	9,4	33	67	28,6	15	85	54,1	17	83	69,8	20	80

Tab. 5: Lebenserwartung nach Geschlecht und Altersgruppen

Vollendetes Lebensjahr	1952	1960	Männer 1970	1980	1987
0	63,90	66,49	68,10	68,67	69,84
45	27,65	27,65	27,37	27,32	27,95
50	23,43	23,32	23,04	23,08	23,67
55	19,54	19,23	18,98	19,11	19,69
60	15,91	15,55	15,21	15,40	16,07
65	12,61	12,35	11,91	12,06	12,68
70	9,64	9,49	9,18	9,14	9,75
75	7,07	7,01	6,98	6,78	7,26

	1952	1960	Frauen 1970	1980	1987
0	67,96	71,35	73,31	74,61	75,92
45	30,28	31,15	31,31	31,91	32,80
50	25,92	26,68	26,82	27,37	28,22
55	21,69	22,35	22,47	23,00	23,80
60	17,62	18,20	18,29	18,81	19,55
65	13,82	14,31	14,40	14,94	15,50
70	10,46	10,79	10,91	11,36	11,98
75	7,63	7,81	7,98	8,29	8,83

Die Morbidität sank für Frauen in allen Altersgruppen. Die für männliche Personen in den siebziger Jahren zeitweilig aufgetretenen Verzögerungen beim Rückgang der Sterblichkeit in einigen Altersgruppen können inzwischen als überwunden gelten (vgl. Tabelle 6).

Seit dem Jahr 1980 geht auch bei den männlichen Personen in den höheren Altersgruppen ab 60 Jahre die altersspezifische Sterblichkeit zurück, während sie für die Altersgruppen der 10 bis unter 60jährigen seit Mitte der 80er Jahre gleich geblieben ist oder geringfügig zugenommen hat.

Tab. 6: Gestorbene je 1.000 der Bevölkerung gleicher Altersgruppen

Alters-gruppe	1950 Männer	1950 Frauen	1960 Männer	1960 Frauen	1970 Männer	1970 Frauen
60 - 64	23,5	15,5	25,8	13,7	25,5	13,8
65 - 69	35,3	27,0	39,7	24,1	43,8	24,4
70 - 74	56,4	47,9	61,7	44,0	69,4	44,5
75 - 79	90,1	83,2	100,0	82,6	104,4	79,5
80 - 84	150,0	140,2	161,6	142,8	159,2	136,3
85 - 89	235,7	213,2	256,7	226,4	242,7	219,2
90 u. ält.	353,6	329,7	373,4	313,4	366,1	341,3
	1980		1985		1987	
60 - 64	23,7	13,0	23,1	12,5	22,1	11,8
65 - 69	40,5	22,2	36,6	20,1	35,9	19,5
70 - 74	67,5	39,8	62,9	37,8	61,9	37,7
75 - 79	107,8	73,1	104,8	69,0	96,7	65,5
80 - 84	167,2	128,8	165,4	124,5	156,1	116,9
85 - 89	257,6	218,0	254,9	209,1	235,3	195,9
90 u. ält.	408,7	346,6	397,3	340,0	351,1	313,6

Der insgesamt schlechtere Gesundheitszustand der Männer zeigt sich auch an der Zunahme der Invalidisierungen (vgl. Tabelle 7).

Tab. 7: Anteil der Neuzugänge an Invalidenrentnern je 10.000 Arbeiter und Angestellte

Jahr	Absolute Zahl der Neuzugänge an Inv.-Rentnern			Anteil der Neuzugänge an Inv.-Renten je 10.000 Arbeiter und Angestellte		
	insges.	w.	m.	insges.	w.	m.
1975	34.109	16.676	17.433	46	47	46
1980	37.038	18.687	18.351	47	48	46
1987	43.059	18.840	24.579	55	48	62

Von den Neuzugängen kommen rd. 75 % aus der Altersgruppe der 55- bis 65jährigen männlichen bzw. aus der Altersgruppe der 55 - 60jährigen weiblichen Werktätigen.

1987 betrug die Zahl der Invalidenrentner 259.961 Personen (132.648 Männer und 127.313 Frauen), darunter befinden sich rund 20.900 Jugendliche, die aufgrund bereits im Kindesalter bestehender Invalidität nicht arbeitsfähig waren und ab Vollendung des 18. Lebensjahres für die Dauer der Invalidität eine Invalidenrente erhalten.

Die Entwicklung der Invalidenrentner-Zugänge ist nicht kurzfristig zu beeinflussen, da multifaktorielle Ursachen die Zunahme bedingen, z. B.

- Erweiterung des Kreises der Anspruchsberechtigten (z. B. Jugendliche) durch sozialpolitische Festlegungen,

- demographische Entwicklungstendenzen (Altern der Bevölkerung , aber auch steigende Lebenserwartung, die das Invaliditätsniveau erhöht),

- Veränderungen im Gesundheitsverhalten bei größeren Bevölkerungsgruppen.

Im Zusammenhang mit dem Gesundheitszustand im Vorrentenalter und dem 5 Jahre früheren Rentenanspruch der Frauen bei gleichzeitig höherer Lebenserwartung wird die Frage nach der Herabsetzung des Rentenalters, vor allem für Männer, diskutiert. Zunächst ist festzustellen, daß eine wissenschaftlich fundierte Begründung für Unterschiede im Rentenalter zwischen Mann und Frau nicht zu erbringen sind. Das kalendarische Alter sagt nichts aus über das biologische Alter, Gesundheit, Leistungsfähigkeit und Schaffenskraft. Die Gründe für die Beibehaltung des derzeitigen Rentenalters in der DDR sind ausschließlich ökonomischer und demographischer Natur. Die Zahl der Bevölkerung im arbeitsfähigen Alter hat sich von 1985 bis 1990 um ca. 117.000 verringert, wird bis zum Jahre 2000 wieder um etwa 94.000 ansteigen, ohne aber damit den Stand des Jahres 1985 zu erreichen. Danach setzt, bedingt durch die sich vermindernde Zahl der Kinder und Jugendlichen eine Tendenz des Rückgangs ein. Neben dieser natürlichen demographischen Entwicklung wirkt als negativer Faktor die Abwanderung hunderttausender Arbeitskräfte in die BRD.

Damit ist eine Rahmenbedingung für die Finanzierbarkeit der Renten gegeben, in der Wirtschafts- und Sozialpolitik unmittelbar zusammenfallen. Jede Rente ist bekanntlich das Ergebnis vorangegangener Arbeit der Rentenempfänger als auch der Beitragsleistungen der gegenwärtig Arbeitenden.

Da die Beitragszahlungen der Werktätigen und der Betriebe nur einen Bruchteil der tatsächlichen Ausgaben der Sozialversicherung ausmachen, wird ein von Jahr zu Jahr gestiegener Zuschuß aus dem Staatshaushalt bereitgestellt, der jedoch erst einmal erwirtschaftet werden muß. Um es auf einen Nenner zu bringen: Die sich abzeichnenden demographischen Tendenzen und die derzeitige wirtschaftliche Leistungsfähigkeit und Arbeitsproduktivität lassen es z. Z. nicht zu, das erreichte Niveau der sozialen Sicherheit, insbesondere der Befriedigung des materiellen und geistig-kulturellen Niveaus der Bürger zu gewährleisten und weiter auszubauen und gleichzeitig das Rentenalter entsprechend den Erwartungshaltungen herabzusetzen. Zudem haben wir in der DDR die Möglichkeit, wenn der Gesundheitszustand es gebietet, mittels Invalidisierung die Berufstätigkeit vorher zu beenden. Eine Herabsetzung des Rentenalters wäre gemäß dem derzeitigen Entwicklungsstand unserer Gesellschaft nicht realistisch, eine Heraufsetzung des Rentenalters, wie in einigen entwickelten kapitalistischen Staaten gegenwärtig diskutiert, für viele nicht wünschenswert. Das schließt jedoch nicht aus, darüber nachzudenken, ob mit steigender Leistung und höherer Effektivität der Volkswirtschaft, einschließlich der Freisetzung von Arbeitskräften in nichtproduktiven Bereichen, bei Beibehaltung des Rechts auf Arbeit auch im Alter, für die Gestaltung der Altersgrenzen flexiblere Lösungen angestrebt werden könnten und sollten.

5. Subjektive Einschätzung des Gesundheitszustandes und gesundheitliche Betreuung - Empirische Ergebnisse

Ihren Gesundheitszustand schätzten von 740 in 2 Großstädten, 2 Kleinstädten und einer Landgemeinde befragten Altersrentner (Durchschnittsalter 73,2 Jahre) als gut 18 %, befriedigend 62 %, schlecht 20 % ein. Diese Angaben entsprechen den Ergebnissen anderer Untersuchungen in der DDR.

Bettlägerig waren davon in den letzten 12 Monaten 17,8 %, als chronisch krank bezeichnen sich 20 %. In ärztlicher Betreuung waren regelmäßig 71 %, in größeren Abständen 14,5 %, nur in akuten Fällen 10,2 %, nein: 4,3 %. Dabei ist hervorzuheben, daß Frauen ihren Gesundheitszustand positiver als die befragten Männer einschätzen, obwohl sie genauso häufig zum Arzt gehen, bettlägerig waren und es keine signifikanten Unterschiede in der benötigten Hilfe im Haushalt gibt. Nachdenklich muß stimmen, daß in den von uns untersuchten Territorien jeder 4. Befragte nicht wußte, wer bei Krankheit die Pflege übernehmen würde und fast jeder 10. niemanden hatte, der im Bedarfsfall einen Arzt verständigen könnte.

Bei Krankheit übernehmen die Pflege (Mehrfachnennungen waren möglich):

. Ehepartner	36,4 %
. Kinder	36,4 %
. andere Verwandte	6,7 %
. Freunde und Bekannte	5,2 %
. Nachbarn	9,6 %
. Gemeindeschwester	6,6 %
. DRK	0,1 %
. ich weiß nicht	24,6 %

Auf die Frage, "Haben Sie jemand, der im Krankheitsfall sofort den Arzt verständigt?, antworteten:

. ja, im Haus	85,1 %
. ja, außer Haus	6,2 %
. nein	4,1 %
. ich weiß nicht	4,6 %

Typisch für den Kontakt zum Arzt ist für die befragten Rentner:

	in der Großstadt	in der Kleinstadt
- er betreut mich schon mehr als zwei Jahre	84,1 %	89,2 %
- er kennt meine sozialen Verhältnisse	69,5 %	80,4 %
- er berät mich zu allen gesundheitlichen Fragen	72,3 %	81,8 %
- er berät mich zu anderen Fragen	26,8 %	31,1 %
- er besucht mich in meiner Wohnung regelmäßig	33,0 %	36,2 %
- ich besuche ihn regelmäßig	60,4 %	42,9 %
- er macht unaufgefordert Hausbes.	19,3 %	28,9 %

6. Materielle Sicherstellung (Renten)

Die Altersrente der Sozialversicherung ist die typische Form der finanziellen Sicherstellung im Alter. Anspruch haben Frauen ab vollendetem 60., Männer ab vollendetem 65. Lebensjahr, wenn sie mindestens 15 Jahre eine versicherungspflichtige Tätigkeit ausgeübt haben. Dabei ist es unerheblich, zu welchen Zeitpunkt sie berufstätig waren und ob sie diese Zeit zusammenhängend oder mit Unterbrechungen gearbeitet haben. Das ist besonders für Frauen von Bedeutung, die ihre Berufstätigkeit durch die Geburt, Betreuung und Erziehung von Kindern zeitweilig unterbrochen haben. Das garantierte Mindesteinkommen der Rentner liegt ab Dezember 1989 zwischen 340,- und 470,- M monatlich. Das sind 57 bis 78 % des versicherungspflichtigen Bruttoeinkommens. Die Beitragssätze der Pflichtversicherung (Höchstgrenze 60,- Mark/Monat) wurden seit 1949 trotz ständig steigender Leistungen der Sozialversicherung nicht erhöht. Dabei werden mit diesem Beitrag nicht nur der Rentenanspruch erworben, sondern auch die unentgeltliche gesundheitliche Betreuung, einschließlich Krankenhaus- und Kuraufenthalte, Arzneimittel und andere medizinische Heil- und Hilfsmittel, gewährleistet.

Die Möglichkeit, das Renteneinkommen individuell zu erhöhen, wurde mit der Einführung der Freiwilligen Zusatzrentenversicherung 1971 geschaffen. Werktätige, die monatlich über 600,- Mark verdienen, können durch freiwillige Zahlung eines zusätzlichen Beitrages den Anspruch auf eine Zusatzaltersrente sichern. Die Altersrente der Sozialversicherung der Arbeiter und Angestellten betrug 1988 im Durchschnitt 380,- M, unter Einbeziehung der Freiwilligen Zusatzrente (FZR) 480,- Mark. Von 100 Rentnern erhielten 70 im Jahre 1985 zur Rente aus der Sozialversicherung zugleich eine Rente aus der FZR. Es ist jedoch absehbar, daß künftige Rentnergenerationen finanziell besser gestellt sein werden, da bei 20 bis 25jähriger Mitgliedschaft in der FZR die Renten zwischen 75 und 89 Prozent des Nettoverdienstes betragen.

Der Staat garantiert die ständige Erfüllbarkeit der Leistungen der Sozialversicherung, unabhängig von der Entwicklung ihrer Einnahmen aus den Versicherungsbeiträgen. Dadurch kann jeder Bürger die ihm zustehenden Sach- oder Geldleistungen der Sozialversicherung in Anspruch nehmen. Dazu gehören neben den Renten u.a. auch die unentgeltlichen ärztlichen Behandlungen, Krankenhaus- und Kuraufenthalte, Arzneimittel und andere medizinische Sachleistungen wie Brillen, Hörgeräte, Selbstfahrer u.a.

Da die Rentenhöhe als Indikator für den Lebensstandard ohne Relation zu aktuellen Preisen, Kosten u.ä. nicht sehr aussagefähig ist, spiegeln u. E. die Ausgaben des Haushaltsnettoeinkommens über einen längeren Zeitraum betrachtet eher die realen Lebensbedingungen wider.

Aufgrund höherer finanzieller Möglichkeiten und gewachsenen Bedürfnissen haben sich die Ausgaben der Rentnerhaushalte von 1970 - 1987 um rund 140 % erhöht. Dabei waren besonders hohe Steigerungsraten für Industriewaren (um 143,- Mark/230 %) sowie Bildung, Unterhaltung und Kultur zu verzeichnen, während die Ausgaben für Nahrungs- und Genußmittel unterdurchschnittlich anstiegen, ebenso die Ausgaben für Mieten, Strom, Gas, Wasser und Heizung.

7. Berufstätigkeit im Alter

Das Recht auf Arbeit ist ein wesentlicher Bestandteil sozialer Sicherheit, und die Teilnahme am Arbeitsprozeß ist die unmittelbarste Form der Einbeziehung in das gesellschaftliche Leben. Die arbeitsrechtlichen Regelungen in der DDR garantieren das Recht auf Arbeit für Mann und Frau auch im Alter. Das Arbeitsgesetzbuch der DDR verpflichtet ausdrücklich alle Betriebe, Arbeitsplätze einzurichten, die für den Einsatz von Werktätigen im höheren Lebensalter und geminderter Leistungsfähigkeit geeignet sind, und fünf Jahre vor Erreichen des Rentenalters sind die Werktätigen in eine spezifische Dispensairebetreuung einzubeziehen. Diese Festlegungen sind allerdings noch nicht voll verwirklicht. Vorrentner genießen einen besonderen Kündigungsschutz und erhalten seit 1988 jährlich 5 Tage mehr Urlaub.

Gegenwärtig arbeiten rund 10 % aller Altersrentner gegenüber 18 % 1975 und fast 23 % 1972.

Der Rückgang der Zahl der arbeitenden Altersrentner resultiert aus demographischen Entwicklungstendenzen sowie aus einer veränderten Motivation zur Berufstätigkeit im Rentenalter. Als Hauptgründe sehen wir:

1. Die "jüngeren" Rentnergenerationen zeichnen sich aus durch veränderte Bedürfnisse und Interessenstrukturen sowie Wertorientierungen, höhere Renteneinkommen (längere Zugehörigkeit zur FZR).

Tab. 8: Entwicklung der Berufstätigkeit im Rentenalter 1972 - 1988

Jahr	Berufstätige im Rentenalter (in 1.000)			Anteil der Bevölkerung im Rentenalter (in %)		
	insges.	m	w	insges.	m	w
1972	677	298	379	22,7	29,2	15,3
1975	596	248	348	18,1	24,7	15,2
1980	391	152	239	13,0	16,6	11,5
1986	282	86	196	10,3	11,8	9,8
1988	265	78	187	9,9	11,0	9,5

2. Sie haben zugleich höhere Ansprüche an die materiell-technischen, zeitlichen und sozialen Arbeitsbedingungen, einschließlich Arbeitsorganisation und Leitung der Arbeitskollektive.

Dabei ist der Gesundheitszustand der Hauptgrund für eine Beendigung der Berufstätigkeit im Rentenalter. In der von uns bereits angeführten Untersuchung erbrachte die Frage, "aus welchen Gründen arbeiten Sie nicht mehr?" folgende Rangfolge (Mehrfachnennungen war möglich):

1. Aus gesundheitlichen Gründen (Männer 71,3 %, Frauen 56,8 %)
2. Weil ich mit meiner Rente auskomme (Männer 16,1 %, Frauen 13,7 %)
3. Weil ich mit dem Haushalt genug zu tun habe (Männer 10,3 %, Frauen 16,3 %)
4. Weil ich genügend interessante Tätigkeit im Wohngebiet finde (Männer 8,0 %, Frauen 6,6 %)
5. Andere Gründe (Männer 27,6 %, Frauen 26,4 %)

Nahezu keine Rolle spielten Gründe wie, weil mein Betrieb kein Interesse hat, Rentner zu beschäftigen, weil mit neuer Technik die Anforderungen gestiegen sind, weil ich nicht in meinem ehemaligen Kollektiv verbleiben konnte, keine unqualifizierte Tätigkeit ausüben möchte sowie weil ich keinen Arbeitsplatz entsprechend meinen Vorstellungen finde. Zugleich kann festgestellt werden, daß die Arbeit als Lebensbedürfnis einen hohen Stellenwert besitzt. Auf die Frage, welche Gründe sie hauptsächlich bewegt haben, weiter zu arbeiten, wurden vor allem 4 Motive (von 10 möglichen) hervorgehoben:

. Um zur Rente dazuzuverdienen	31,9 %
. Die Arbeit hat mir immer Spaß gemacht.	29,3 %
. Weil mein Betrieb mich brauchte.	25,6 %
. Weil ich ein gutes Verhältnis zu den Kollegen hatte.	16,7 %

Dieselben Rentner antworteten, danach befragt, was sie auf dem Hintergrund ihrer Lebenserfahrung als besonders wichtig im Leben betrachten:

. Daß der Frieden erhalten bleibt.	86,5 %
. Ein harmonisches Zusammenleben in der Familie	76,2 %
. Eine Arbeit haben, die Spaß macht.	68,1 %
. In sozialer Sicherheit leben.	68,1 %
. Im Alter nicht ohne Familienbeziehungen sein	67,6 %
. Im Beruf etwas leisten.	58,4 %

Die konsequente Verwirklichung des Rechts auf Arbeit beinhaltet, daß Altersrentner ihr Bedürfnis nach Arbeit auch künftig befriedigen können. Der langfristige Rückgang der Bevölkerung im arbeitsfähigen Alter und die Zunahme der Bevölkerung bis zu 5 Jahren nach Erreichen des Rentenalters in den nächsten 10 Jahren um rd. 251.500 Personen, erfordern - auch bei einer rückläufigen Entwicklung der altersspezifischen Beschäftigungsgrade der Rentner - für diese Fragen besondere Aufmerksamkeit.

8. Wohnsituation und Wohnbedürfnisse

Wohnzufriedenheit im Alter wird weniger durch die Größe der Wohnung als vielmehr durch den Wohnkomfort und die Ausstattung bestimmt.

Die Tabelle 9 zeigt, daß die Ausstattung der Rentnerwohnungen sich in den vergangenen Jahren insgesamt verbessert hat.

Zu konstatieren ist zugleich, daß der Komfort der Rentnerwohnungen noch immer unter dem Durchschnitt liegt und daß es z. T. beträchtliche territoriale Unterschiede gibt. Der Wunsch nach Verbesserung des Wohnkomforts ist ein sich mit zunehmendem Alter ausprägendes Grundbedürfnis.

Tab. 9: Ausstattungsgrad der Wohnungen je 100 Rentnerhaushalte

Wohnkomfort	DDR			Untersuchungsfelder (1985 - 87)				
	1971	1981	1987	Großst. 1 + 2		Kleinst. 1 + 2		Landgemeinden
moderne Heiz.	4	43	44	61	18	27	44	21
Warmwasser	10	41	*)	69	53	68	68	58
Bad/Dusche	21	48	77	71	78	71	74	61
IWC	26	44	70	92	83	97	79	55

*) (1987 nicht erfaßt)

Die Bereitschaft noch einmal umzuziehen liegt nach unseren Untersuchungen bei etwa 30 % und könnte zu einer sozial wirksameren und effektiveren Nutzung des vorhandenen Wohnungsbestandes führen. Voraussetzung für eine derartige Umverteilung von Wohnraum ist die verstärkte Bereitstellung von 1 1/2 und 2-Raum-Wohnungen für ältere Bürger anstelle der bisher angebotenen 1-Raum-Wohnungen sowie die Unterstützung beim Umzug.

Für die überwiegende Mehrheit der Rentner ist die Aufrechterhaltung der eigenen Haushaltsführung bis zum Lebensende das Erstrebenswerte. Das Feierabend- und Pflegeheim stellt nur für 4 - 7 % der befragten Rentner die wünschenswerte Wohnform dar. Selbst bei eintretender Pflegebedürftigkeit und garantiertem Einzelzimmer würden nicht mehr als 16 % in ein Feierabend- und Pflegeheim ziehen wollen.

9. Familienbeziehungen und Miteinander der Generationen

In der DDR bringen ca. 90 % der Frauen zwischen dem 20. und 40. Lebensjahr zumindest ein Kind zur Welt, in der Regel bevor sie das 25. Lebensjahr vollendet haben. Durch die relativ frühe Geburt der Kinder und die gestiegene Lebenserwartung nimmt die Zahl der Vier- und Fünf-Generationen-Familien zu. Kannte noch vor 40 Jahren ein Kind äußerst selten seine vier Großeltern, so ist durch das niedrige Erstgeburtsalter der Frauen es heute nahezu die Regel, daß bei der Geburt eines Kindes alle vier Großeltern und zum Teil noch Urgroßeltern leben. Die heutigen Großeltern sind zwischen 40 und 50, stehen im Beruf ihre Frau bzw. ihren Mann, sind sozial engagiert, haben vielfältige Interessen und Bedürfnisse und kümmern sich gleichermaßen um Kinder, Enkelkinder und die eigenen Eltern: Sie sind nicht die alten, hilfsbedürftigen Omas und Opas, wie sie den Kindern z. T. noch immer in Schulbüchern präsentiert werden und für die eine DDR-Kinderzeitschrift den "Oma- und Opa-Tag" fordert, sondern sind mehr Hilfegebende als Empfangende. Es sind vor allem die Frauen dieser Generation, die ihre älteren Familienangehörigen bei Betreuungs- und Pflegebedürftigkeit versorgen. Von den von uns befragten Rentnern würden sich 72 bis 87 % (je nach Territorium) bei Hilfsbedürftigkeit an ihre Kinder wenden; 65 bis 78 % erhalten Hilfe und Betreuung durch die Familienmitglieder. Dabei nimmt das Bedürfnis mit den Kindern unter einem Dach zu wohnen ab, nur 4 bis 5 % halten es für wünschenswert, mit den Kindern in derselben Wohnung zu wohnen, zwischen 7 und 17 % würden dem Wohnen im selben Haus den Vorzug geben. Stark ausgeprägt ist dagegen der Wunsch, daß die Kinder in der Nachbarschaft wohnen, zwischen 60 und 80 %.

Durch höhere Qualifikation sind die Kinder disponibler und mobiler und suchen sich Arbeitsplatz und Wohnort nach eigenen Interessen und Bedürfnissen. Das führt u.a. dazu, daß auch auf dem Land die Beziehungen in der Großfamilie und in der Verwandschaft zurückgehen, nicht zuletzt dadurch, daß die Wohnentfernungen zu den Kindern z. T. auf dem Land und in der Kleinstadt größer sind als in der Großstadt. Dennoch gibt es enge Beziehungen zwischen den Kern- und Herkunftsfamilien; Beziehungen, die durch Unterstützung und Hilfe (vom Tapezieren über Mithilfe bei größeren Anschaffungen bis zur aufopferungsvollen Pflege), durch emotionale Nähe und hohe Erwartungshaltungen gekennzeichnet sind. Für die befragten älteren Bürger stellen "Familienbeziehungen" und "ein harmonisches Zusammenleben in der Familie" entscheidende Lebenswerte dar.

Das mitunter zu hörende pauschale Urteil, daß aufgrund der Urbanisierung und Migration, zu kleiner Wohnungen und zu hoher Belastungen der jungen Familien usw. jüngere Familienmitglieder nicht bereit sind, für ihre älteren Angehörigen bei Betreuungs- und Pflegebedürftigkeit zu sorgen, ist ein Vorurteil und falsch.

Für die Zukunft ist jedoch bedeutsam, daß sich Familienstrukturen so stark wandeln, daß auch die den Alten zugewandten Funktionen der Anteilnahme und Unterstützung sich in den nächsten Jahrzehnten tiefgreifend verändern könnten. Es wachsen nicht nur weniger Kinder nach, es finden auffällige Wandlungen in den Lebensmodellen von Familien statt: über 50.000 Scheidungen seit Jahren mit steigender Tendenz, die Zunahme von Lebensgemeinschaften, Zweit- und Drittehen, von Ein-Eltern-Familien, Ledigen und Geschiedenen. Dieser Trend lockert die Verbindlichkeit familiärer Beziehungen und Verpflichtungen, der Familienverband zerfällt in kaum noch zu überblickende familiäre Verflechtungen: in Stiefgeschwister, Stiefeltern, Stiefgroßeltern. Immer mehr Kinder können für sich feststellen: ich habe eine Mutti, zwei Vatis, 3 Omis und 3 Opis und mehrere Urgroßeltern. Wer wird zu wem intensive Beziehungen über Jahre hinweg haben und seine Bedürfnisse nach harmonischen Familienbeziehungen befriedigen können? Die Anteilnahme und Solidarität, die den Älteren in der Familie heute noch zuteil wird, kann in naher Zukunft schon ganz anders aussehen. Möglicherweise führen diese Strukturveränderungen des Zusammenlebens dazu, daß vermehrt familiäre Leistungen auf außerfamiliäre Betreuungsformen und gesellschaftliche Einrichtungen übertragen werden müssen.

10. Gewährleistung des Betreuungsbedarfs

Die nachfolgenden Tabellen geben einen Überblick über das erreichte Betreuungsniveau in der DDR.

Hierbei ist festzustellen, daß es beträchtliche territoriale Unterschiede im Versorgungsgrad gibt. Daran wird auch die langfristig rückläufige Zahl der über 75jährigen nichts ändern, da sich der in den nächsten Jahren absehbare Betreuungsbedarf aus der gegenwärtigen Situation und nicht aus demographischen Entwicklungstendenzen ergibt. Das bedeutet, daß der hohe Bedarf an Pflegeheimplätzen auch in den nächsten Jahren eine Erweiterung der Kapazitäten durch Neubau erforderlich macht, obwohl bekannt ist, daß für die überwiegende Mehrheit der älteren Bürger, selbst derjenigen, die bereits einen Heimaufnahmeantrag gestellt haben, das Verbleiben im eigenen Haushalt die erstrebenswerte Wohnform im Alter ist und eine Unterstützung durch ambulante Betreuungsmaßnahmen (Hauswirtschafts- und Hauskrankenpflege, Essen auf Rädern, Tagesbetreuung) bevorzugt wird.

Überhaupt ist die Frage zu stellen, inwieweit die vorhandenen Organisationsformen des Gesundheits- und Sozialwesen, die sich in den vergangenen Jahrzehnten herausgebildet haben, in gebührendem Maße die Bedürfnisse

Entwicklung der Hauswirtschaftspflege

Jahr	Std. insges. in Mio	Betreute	Versorgungsgrad je 1.000 Personen im Rentenalter
1970	6.9	13.736	4,1
1980	30,3	74.353	24,1
1988	32,6	86.512	32,0

Entwicklung der Mittagessenversorgung

Jahr	tgl. Portionen in Tausend	davon in die Wohnung gebracht	Versorgungsgrad
1970	29,0	23.410	8,7
1980	210,4	41.925	68,2
1988	211,3	70.790	78,3

Wohnhäuser für ältere Bürger

Jahr	Wohnhäuser	Plätze	Versorgungsgrad
1970	57	2.824	0,9
1980	214	16.338	5,4
1988	589	41.856	15,6

Plätze in Feierabend- und Pflegeheimen

Jahr	Plätze	davon Pflegeplätze (%)	Versorgungsgrad
1970	96.191	54,6	28,9
1980	121.665	61,1	40,4
1988	139.999	67,0	52,2

der heutigen Altersrentner, künftiger Generationen und diejenigen Erfordernisse, die das fortschreitende Altern der Bevölkerung an die Gesellschaft stellt, berücksichtigen können.

Künftige Rentnergenerationen werden sich sozialstrukturell von bisherigen deutlich unterscheiden. Sie sind - Männer wie Frauen - überwiegend berufstätig gewesen und relativ hoch gebildet; für sie wird ein höheres materielles und kulturelles Lebensniveau charakteristisch sein, sie werden vielleicht auch einen besseren Gesundheitszustand haben.

Neue Überlegungen und Strategien ergeben sich vor allem aus den sich ändernden Bedürfnissen, Interessen und Wertorientierungen der "jüngeren" Rentner, die sich nicht einseitig auf Betreuungsleistungen beschränken lassen. Fürsorge für ältere Bürger bedeutet in diesem Sinne weitere Fortschritte bei der Schaffung von leistungsgerechten und attraktiven Arbeitsplätzen, bei der inhaltlichen Gestaltung des kulturellen Angebots, bei der Erweiterung der Bildungs- und Reisemöglichkeiten, Maßnahmen zur Förderung des Mitgestaltens des gesellschaftlichen Lebens in städtischen und ländlichen Wohngebieten und z. T. neue Organisationsformen für die soziale und gesundheitliche Betreuung.

11. Sozialer Status und öffentliche Meinung

Die gesellschaftliche Meinungsbildung über das Alter und die Alten ist von wesentlicher Bedeutung für das Altern des Individuums und der Bevölkerung. Wenn wir mit älteren Menschen leben bzw. diese betreuen, so ist die Art und Weise unseres Verhaltens abhängig von unserer Grundeinstellung, die wir selbst zu Fragen des persönlichen Alterns und zu den älteren Mitbürgern haben. Diese Grundeinstellung wird stark geprägt von traditionellen gesellschaftlichen Auffassungen und medizinischen Lehrmeinungen über das Alter und seine Auswirkungen auf die physische und psychische Leistungsfähigkeit.

Die gesicherten Forschungsergebnisse der Gerontologie sind längst nicht Allgemeingut geworden; trotz der vielfach ausgedrückten Wertschätzung in offiziellen Dokumenten und Rechtsvorschriften ist das Altersbild auch in unserer Gesellschaft immer noch negativ akzentuiert. Unvermindert dominiert das sogenannte Defizitmodell; Altern als unaufhaltsamer Abbau von Gesundheit, Leistungsfähigkeit und sozialer Kompetenz. Im Jugendlexikon unseres Landes findet Altern überhaupt nicht statt, im weitverbreiteten zweibändigen Elementarlexikon des VEB Bibliographisches Institut Leipzig kann man unter dem Stichwort Altern nachlesen: "Biologische Veränderungen im menschlichen und tierischen Organismus, jenseits der Lebensmitte mit der Tendenz einer fortschreitenden Leistungsminderung." Schulaufsätze zum Thema "So stell ich mir mein Alter vor" von Schülern der siebenten und neunten Klasse offenbaren, daß negative Klischees bereits in diesem Alter weit verbreitet sind, aber auch, daß ein Großteil der Kinder und Jugendlichen sich das Altern als aktiven Prozeß vorstellen können und genug Phantasie haben, sich einen sinnvollen, inhaltsreichen und initiativreichen Lebensabend auszumalen. Letztere ist aber nicht das Ergebnis der Lektüre von Schulbüchern, darin werden die Problemkreise Altern und das Miteinander der Generationen nur unzureichend widergespiegelt. Dabei könnte gerade das Bildungswesen auf diesem Gebiet einiges leisten, schließlich ist Altern ein lebenslanger Prozeß, und Kinder und Jugendliche haben Alte zum Anfassen. Auf dem Hintergrund des Alterns der Bevölkerung ist es erforderlich, sich vom traditionellen Bild vom Leben im Alter zu verabschieden und anzuerkennen, daß immer mehr ältere Bürger aktiv am gesellschaftlichen und kulturellen Leben der Gesellschaft teilnehmen, über ein ausreichendes Netz von sozialen Beziehungen und Kontakten verfügen aber auch, daß künftig immer mehr Menschen ein höheres Alter erreichen werden und insbesondere in den letzten Lebensjahren, der Hilfe und Fürsorge durch Familienmitglieder, Nachbarn, Mitarbeiter des Gesundheits- und Sozialwesens und gesellschaftliche Organisationen bedürfen.

Dazu gehört außerdem, darüber nachzudenken, welche spezifische Funktion die sozialdemographische Gruppe älterer Bürger in unseren Gesellschaften wahrnimmt und wahrnehmen könnte.

1 Vgl. G. Manz und G. Winkler (Hrg.) Sozialpolitik, 2. erweiterte Aufl., Berlin 1988, S. 29.

2 Volks-,Berufs-,Wohnraum-, und Gebäudezählung 1981 in der DDR. Ausgewählte Ergebnisse. Staatliche Zentralverwaltung für Statistik, Berlin 1985, S. 64.

3 Zusammengestellt auf der Grundlage der Volks-, Berufs-, Wohnraum- und Gebäudezählung 1981 (aktuelleres Datenmaterial ist zur Zeit nicht verfügbar).

Mentalitätswandlungen der Jugend in der DDR

Walter Friedrich

1. Einleitung

Was ging in den Köpfen der DDR-Bürger, der jüngeren wie der älteren Generationen, in den letzten Jahren vor? Wie hat sich der revolutionäre Umbruch vom Herbst 1989 vorher geistig angekündigt? Revolutionäre Prozesse kommen doch in Gang, wenn bestimmte Wandlungen der psychischen Befindlichkeit, der Mentalität großer Bevölkerungsgruppen, als Schubkräfte wirksam werden.

Zuverlässige sozialwissenschaftliche Forschungsergebnisse über die psychische Lage, die Mentalitäten und ihre zeitgeschichtlichen Veränderungsprozesse bei der DDR-Bevölkerung sind nur sehr spärlich vorhanden. Das geht auf die jahrzehntelange Praxis des früheren autoritären Herrschaftssystems zurück, das zwar viel von der Notwendigkeit "objektiver Analysen" redete, gleichzeitig aber alles tat, um diese zu verhindern. Ein schwerwiegender Systemfehler war, anstelle wissenschaftlicher Wirklichkeitsanalysen schöne Fata-Morgana-Visionen zu bevorzugen und sich politisch davon leiten zu lassen.

Unter den wenigen sozialwissenschaftlichen Forschungseinrichtungen der DDR hat das Zentralinstitut für Jugendforschung (ZIJ) in Leipzig einige Besonderheiten. Dieses Institut existiert seit 1966 und hat seitdem über 400 sozialwissenschaftliche Untersuchungen - darunter mehrere größere, über fünf bis zehn Jahre reichende Längsschnittstudien bei Schülern, Lehrlingen, Studenten, jungen Arbeitern - durchgeführt. Außerdem wurden in vielen Untersuchungen Probleme des weltanschaulichen, politischen, moralischen Bewußtseins und Verhaltens der Jugendlichen aller Schichten analysiert sowie wichtige Veränderungstrends ermittelt.

Bis zum Herbst 1989 bestand allerdings nicht die geringste Chance, solche Ergebnisse unserer historischen Vergleichsforschungen zu veröffentlichen.

Tab. 1: Zusammensetzung der Populationen bei den Jugendstudien des ZIJ

	Lehrlinge	Junge Arbeiter	Studenten
1970	3 080	1 730	2 480
1975	4 000	2 180	2 400
1975	2 500	3 230	5 600
1981 [1])	2 200	–	–
1983	1 120	400	480
1984	780	1 030	–
1985 [1])	1 500	–	2 750
1986	1 040	640	2 750
1988 (Mai)	440	150	550
1988 (Okt.)	830	1 250	–
1989 (Feb.)	–	–	3 860

[1]) Nur männliche Lehrlinge.

Unsere Daten, besonders zu politischen Einstellungen und Wertorientierungen, unterlagen sehr strengen Geheimhaltungs- und Zensurreglements, die erst mit der politischen Wende beseitigt wurden.

Die Jugendstudien des ZIJ konnten aus verschiedenen - insbesondere politischen - Gründen nicht repräsentativ gestaltet werden, wodurch die Aussagekraft der ermittelten empirischen Daten etwas gemindert ist. Dennoch zeigen die nachgewiesenen zeitgeschichtlichen Trends bei Lehrlingen, jungen Arbeitern, Schülern und Studenten bemerkenswerte Wandlungen der Mentalitätsstrukturen, die das Verständnis der politischen Entwicklung in der DDR erklären helfen. In einer großangelegten Sekundäranalyse haben Peter Förster und Günter Roski zahlreiche Studien seit 1970 verglichen. Meist wurden die Populationen mehrerer in einem Jahr durchgeführter ZIJ-Untersuchungen zusammengefaßt sowie nach Schulbildung (mindestens Abschluß der 10. Klasse) und politischer Aktivität (Parteizugehörigkeit, FDJ-Funktion bzw. -Mitgliedschaft und Geschlecht) homogenisiert. Verglichen wurden stets nur identische Indikatoren, abweichende Fälle sind gesondert hervorgehoben. Alle Ergebnisse wurden mit der Methode der schriftlichen Befragung im Gruppenverband erhoben, wodurch die Anonymität auch für die befragten jungen Bürger glaubwürdig gesichert werden konnte).*

2. Mentalitätswandel im Kontext der DDR-Geschichte

Wandlungen der Mentalitäten können in Abhängigkeit von der individuell-biographischen wie von der gesellschaftlich-historischen zeitgeschichtlichen Entwicklung beobachtet und untersucht werden. Allerdings kann der individuell-biographische Wandel nicht abstrakt, gleichsam als anthropologisches Phänomen, sondern stets nur in seiner Abhängigkeit vom historisch-konkreten Gesellschaftskontext betrachtet werden. Wir stellen in diesem Beitrag nur den zeitgeschichtlichen Mentalitätswandel dar. Jugendkohorten gleichen Alters, des gleichen Bildungs- und beruflichen Status werden zu unterschiedlichen historischen Zeitpunkten und gesellschaftlichen Situationen auf bestimmte Mentalitätsmerkmale miteinander verglichen.

Bei der DDR-Jugend haben sich in den vergangenen Jahrzehnten gravierende Mentalitätswandlungen vollzogen. Doch waren Richtung, Inhalte, Verlaufsformen und Dynamik dieser Wandlungsprozesse recht unterschiedlich. Mit der Zerschlagung des faschistischen Regimes und dem Aufbau einer sozialistischen Gesellschaftsordnung nach sowjetischem Typ vollzog sich seit 1945 ein tiefreichender Mentalitätswandel, der sehr different, widerspruchsvoll, für viele junge Menschen sehr konfliktreich und schmerzhaft verlief. Dieser Wandlungsprozeß kann sozialwissenschaftlich nicht präzise rekonstruiert werden, da keine größeren Untersuchungen dazu bekannt sind. Aber aus dokumentarischen Belegen, aus der Retrospektive und vor allem aus den Strukturen des politisch-moralischen Bewußtseins der späteren Erwachsenenkohorten (in den sechziger und siebziger Jahren) kann die Tragweite und der Charakter dieses Mentalitätsumbruchs hinreichend abgeschätzt werden.

* Mein besonderer Dank gilt Peter Förster, Kurt Starke, Harry Müller, Hans-Jörg Stiehler, die als Forschungsleiter diese Studie konzipiert, sowie Günter Roski und Ulli Heublein, die Daten zugearbeitet haben.

Dabei dürfen solche historischen Ereignisse wie der 17. Juni 1953 und der zunehmende Strom der Übersiedler in die Bundesrepublik Ende der fünfziger Jahre nicht übersehen werden. Mit dem Bau der Mauer 1961 wurde die unmittelbare Kommunikation der Deutschen in Ost und West unterbunden. Eine ideologische Abgrenzungs- und Diffamierungskampagne setzte ein, zugleich gab es massive Versuche der Integration, Indoktrination und der Selbstbeschönigung des sozialistischen Systems. Ökonomisch und sozial kam es in diesen Jahren zwar zu einer gewissen Konsolidierung, außenpolitisch schließlich zur völkerrechtlichen Anerkennung der DDR.

Nach der Ablösung Walter Ulbrichts durch Erich Honecker als Erster Sekretär der SED sollte der VIII. Parteitag der SED (1971) unter dem Vorzeichen einer Einheit von "Wirtschafts- und Sozialpolitik" eine Wende einleiten. Doch schon Ende der siebziger Jahre wurde für viele DDR-Bürger sichtbar, daß sich die Versprechungen und Hoffnungen nicht erfüllen konnten. Ökonomisch wie politisch zeigte sich eine Stagnation, der Rückstand gegenüber den westlichen Industriestaaten, besonders augenfällig im Vergleich mit der Bundesrepublik, wurde immer deutlicher sichtbar. Die zunehmenden Belastungen durch das Wettrüsten und das drohende atomare Inferno lösten Anfang der achtziger Jahre verstärkt Überlebensangst aus, was zeitweilig die politische Identifikation mit dem Sozialismus im Zusammenhang mit Friedensinitiativen der DDR förderte.

Mit der Perestroika-Politik von Michail Gorbatschow, der seit seiner Amtsübernahme im März 1985 viele Hoffnungen geweckt hatte, verstärkte sich das latent vorhandene kritische Potential in der DDR, vor allem als sich herausstellte, daß die dogmatische SED-Führung die Reformpolitik Gorbatschows argwöhnisch beobachtete und statt dessen den "Sozialismus in den Farben der DDR" proklamierte. Das stieß auf heftige Ablehnung. Daher setzten starke Verfallsprozesse der politischen Identifikation ein, die seit 1988 dramatisch verliefen und 1989 zur revolutionären Erhebung des Volkes führten.

Die Forschungsergebnisse des ZIJ seit Ende der sechziger Jahre spiegeln diese Prozesse sehr anschaulich wider:

- In den siebziger Jahren haben wir eine deutliche Konsolidierung sozialistischer Überzeugungen und Wertorientierungen bei allen Schichten unserer Jugend beobachtet. Von Jahr zu Jahr erhöhten sich Zahl und

Intensitätsgrad der Zustimmung zu den Zielen und Werten der damaligen Gesellschaft.

- Ende der siebziger Jahre traten bereits erste stagnative und auch schon leicht rückläufige Trends bei bestimmten politischen Einstellungen zutage.

- Anfang der achtziger Jahre kam es vorübergehend erneut zu einer gewissen Bekräftigung sozialistischer Identifikation und auch einiger (nicht aller!) entsprechender Überzeugungen.

- Ab 1985 trat der bis 1989 immer schneller und massiver verlaufende Verfall des "sozialistischen Bewußtseins" ein.

Alle wesentlichen Überzeugungen und Werte wurden davon erfaßt, wenn auch teilweise zeitlich inkongruent. Auch zwischen den verschiedenen Schichten der Jugend stellten wir zeitlich wie inhaltlich bedeutende Inkongruenzen fest. Die Studentenschaft hielt sich z. B. mit Kritik viel länger zurück als Lehrlinge und junge Arbeiter. Sie näherten sich erst 1988/89 der kritischen Haltung der werktätigen Jugend an.

3. Empirische Befunde im Zeitverlauf 1970 bis 1990

3.1 Weltanschauliche Grundposition

Die Haltung zu Religion und Atheismus ist auch für die DDR-Jugend von erheblicher Relevanz. Sie wird in der Regel schon im frühen Jugendalter festgelegt, spätere Konversionen - evtl. über die Zwischenstufe der Unentschiedenheit - sind nicht häufig, am seltensten bei Studenten.

Studenten sind entschiedener und häufiger Atheisten als andere Gruppen von Jugendlichen, seit 1970 mit zunehmender Tendenz. Dagegen ist die Zahl der Atheisten bei Lehrlingen und jungen Arbeitern gleichgeblieben, doch deutet sich in den letzten Jahren eine leichte Zunahme der Religiösen auf Kosten der Unentschiedenen an. Insgesamt zeigen die Ergebnisse, daß die weltanschauliche Grundposition von den schwerwiegenden politischen Prozessen bis 1989 nicht bzw. nur schwach beeinflußt worden ist. Prognosen für zukünftige Trends sind daraus allerdings kaum abzuleiten.

Tab. 2: Haltung zu Religion und Atheismus (Angaben in Prozent)

	atheistisch	religiös	unentschieden
Lehrlinge			
1970	67	6	27
1975	69	11	20
1979	62	12	26
1984	63	10	27
1986	65	11	24
1988	64	16	20
1989	65	15	20
Junge Arbeiter			
1970	64	4	32
1975	70	9	21
1979	62	9	29
1984	65	7	28
1986	60	13	27
1988	64	16	20
Studenten			
1970	76	9	15
1975	77	9	14
1979	79	9	12
1983	79	10	11
1986	81	7	12
1988	81	9	10
1989	85	6	9

Ein ganz anderes Bild ergibt sich bei der Betrachtung der zeitgeschichtlichen Verlaufsformen politischer Überzeugungen (Identifizierungen). Häufigkeit und Intensität der Zu- bzw. Abwendungen spiegeln sich in charakteristischen Trendprozessen wider, beispielsweise im Verhältnis
- zum Marxismus-Leninismus
- zur SED
- zur FDJ
- zur DDR
- zur Sowjetunion als Führungsmacht
- zur historischen Perspektive des sozialistischen Systems
- zur Bundesrepublik Deutschland.

3.2 Einstellung zum Marxismus-Leninismus

Tab. 3: Identifikation mit dem Marxismus-Leninismus (Angaben in Prozent)

	stark	mit Einschränkung	kaum/ nicht
Lehrlinge			
1975	**46**	**40**	**14**
1979	**33**	**49**	**18**
1981 [1])	**28**	**50**	**22**
1985 [1])	**14**	**40**	**46**
1988	**13**	**46**	**41**
1989 (Mai)	**9**	**35**	**56**
1989 (Okt.)	**6**	**32**	**62**
Studenten			
1975	**61**	**34**	**5**
1979	**57**	**35**	**8**
1989 (Mai)	**35**	**46**	**19**

[1]) Nur männliche Lehrlinge.

Bei Lehrlingen und jungen Arbeitern ging die Identifikation mit dem Marxismus-Leninismus schon seit Ende der siebziger Jahre zurück. Im allgemeinen nahmen die jungen Leute zwar die Lehrsätze in Schule, Ausbildung, im FDJ-Studienjahr und in den Medien zur Kenntnis, wiederholten sie auch in Prüfungen, setzten sich jedoch gedanklich-kritisch wenig mit ihnen auseinander. Sie konnten den Marxismus-Leninismus aber als persönliche Lebensorientierung, als "Lebensphilosophie" in ihre eigenen Lebenspraxis, zunehmend weniger nutzen und akzeptieren. Er erschien ihnen zu abstrakt, lebensfern, scholastisch. Seine Lehrsätze korrespondierten kaum mit ihren Lebenserfahrungen, das galt besonders für junge Werktätige. Mitte der achtziger Jahre wurde der Marxismus-Leninismus schon von fast jedem zweiten Lehrling/jungen Arbeiter als persönliche Verhaltensorientierung abgelehnt.

Studenten identifizierten sich viel häufiger und uneingeschränkter mit dem Marxismus-Leninismus, besonders in den gesellschaftswissenschaftlichen Fachgebieten. Diese Beobachtung kann als Folge der persönlichen Studienwahl, bestimmter politischer Selektionskriterien und auch der Praxisferne der Hochschulausbildung interpretiert werden. Erst 1987/88 setzten stärkere Differenzierungsprozesse ein, die 1989 gerade auch bei Studenten gesellschaftswissenschaftlicher Fächer, sehr massiv und kritisch zum Ausdruck kamen.

3.3 Einstellung zur Sowjetunion

Die Identifikation mit der Sowjetunion, die in den siebziger Jahren unter der DDR-Jugend noch stark ausgeprägt war, ist ebenfalls seit Anfang der achtziger Jahre bei allen Schichten der Jugend deutlich zurückgegangen. Sie erreichte bereits in den letzten Jahren der Breschnew-Ära einen ersten Tiefstand. Als historisches Vorbild konnte die Sowjetunion kaum noch akzeptiert werden.

Wie aus Tabelle 4 hervorgeht, gab es 1986 nochmals eine positive Trendwende, die sicher als Hoffnung auf Gorbatschows Perestroika-Programm gedeutet werden kann. Gorbatschow war von Anfang an bei der DDR-Jugend sehr populär. Die jungen Leute hofften auf den Erfolg seiner Politik, ganz besonders aber versprachen sie sich durch ihn eine wirkliche politische Wende im eigenen Land - sowohl oppositionell Eingestellte aller Schichten als auch Mitglieder der SED (die in den letzten Jahren ebenfalls zunehmend in Opposition zum Honecker-Sozialismus gerieten). Ende 1988 bekundeten 83 Prozent der jungen Leute ihre Sympathie für Gorbatschow, davon 50 Prozent sehr stark, Nichtmitglieder der SED zu 82 Prozent (davon 49 Prozent sehr stark), Mitglieder der SED zu 90 Prozent (davon 55 Prozent sehr stark).

Tab. 4: Verbundenheit mit der Sowjetunion (Angaben in Prozent)

	stark	mit Einschränkung	kaum/ nicht
Lehrlinge			
1985	9	60	31
1986	19	46	35
1988	10	38	52
Junge Arbeiter			
1985	15	50	35
1986	21	43	36
1988	9	39	52
Studenten			
1985	19	59	22
1986	36	41	23
1989 (Mai)	16	45	39

Gorbatschow war bis zum Oktober 1989 der Hoffnungsträger, was auch in der Parole "Gorbi - hilf uns", zum Ausdruck kam. Die jungen Leute fast aller politischen Positionen waren sich besonders 1989 weitgehend einig:

- in der zunehmenden Ablehnung der Honecker-Herrschaft, des "Sozialismus in den Farben der DDR";
- in der Kritik an den gesellschaftlichen Mängeln und Mißständen;
- in dem Willen nach gesellschaftlichen Reformen, wie sie Gorbatschow mit seiner Perestroika- und Glasnost-Politik verkündet hatte.

Tab. 5: Historische Perspektive des Sozialismus (Angaben in Prozent)

	Der Sozialismus wird sich in der ganzen Welt durchsetzen. Das ist meine Meinung.		
	voll-kommen	mit Ein-schränkung	kaum/ nicht
Lehrlinge			
1970	46	36	18
1975	63	28	9
1979	50	35	15
1983	47	45	8
1984	50	42	8
1988 (Mai)	10	32	58
1989 (Okt.)	3	27	70
Junge Arbeiter			
1970	35	41	24
1975	56	35	9
1979	39	43	18
1983	45	47	8
1984	44	46	10
1988 (Okt.)	6	30	64
Studenten			
1970	65	27	8
1975	78	20	2
1979	66	28	2
1983	68	31	1
1989 (Mai)	15	39	46

3.4 Einstellung zur sozialistischen Perspektive

Bis Mitte der achtziger Jahre war bei der DDR-Jugend die Überzeugung von der Überlegenheit des sozialistischen Systems und seiner globalen Verbreitung noch erstaunlich stark verbreitet. Fast jeder zweite Jugendliche glaubte fest an die Durchsetzung des Sozialismus im Weltmaßstab. Nur zehn bis zwanzig Prozent hatten stärkere Zweifel. Bei den Studenten waren sogar zwei Drittel davon fest überzeugt. Unter dem Einfluß der zugespitzten internationalen Lage (kalter Krieg, Raketenstationierungs-Debatte) und der massiven Propaganda hielt dieser Glaube noch lange Zeit unvermindert an.

Erst nach der kritischen Lageeinschätzung Gorbatschows und den offen zutage tretenden Krisenprozessen in der Sowjetunion und in anderen sozialistischen Ländern kam es in der Folgezeit zu einem schnellen Abbau dieser politischen Überzeugung. Bereits 1988 hatten sich die Proportionen nahezu umgekehrt. Weit über die Hälfte der Lehrlinge und jungen Arbeiter gab dem Sozialismus jetzt wenig oder keine Chancen mehr und nur 6 bis 10 Prozent hatten noch keine Zweifel. Studenten beurteilten die Entwicklungschancen der sozialistischen Gesellschaft in allen Jahren wiederum deutlich positiver als Lehrlinge und junge Arbeiter.

3.5 Einstellung zur SED

Aus heutiger Sicht ist die Einstellung der Jugendlichen zur SED von besonderem Interesse. Immerhin haben sich von den siebziger Jahren bis Mitte der achtziger Jahre 70 bis 80 Prozent der DDR-Jugendlichen mit der SED identifiziert, wenn auch 50 Prozent mit Einschränkungen. 20 bis 25 Prozent sind dieser Partei schließlich beigetreten.

Der Vertrauensverlust gegenüber der SED setzte 1987/88 verstärkt ein und erreichte 1989 den Zustand einer tiefen Vertrauenskrise, die sich dann von Monat zu Monat weiter ausbreitete. Im Frühjahr 1989 lehnte die Hälfte der werktätigen Jugend bereits die SED ab, ebenso etwa ein Drittel der Studenten. Von den Nichtmitgliedern der SED identifizierten sich lediglich 8 Prozent, selbst von den Parteimitgliedern nur noch 48 Prozent voll mit dieser Partei.

Die Ergebnisse bis 1986 dürften heute Verwunderung und Zweifel auslösen. Verständlicherweise können solche Durchschnittswerte nicht die subjektiven

Tab. 6: Identifikation mit der SED
(Angaben in Prozent)

	stark	mit Einschränkung	kaum/ nicht
Lehrlinge			
1970	24	53	23
1986	26	53	21
1989 1)	10	37	53
Junge Arbeiter			
1970	23	52	25
1986	26	52	22
1989 1)	21	35	44
Studenten			
1970	32	48	20
1986	45	48	7
1989 1)	24	40	36
SED-Mitglieder			
1970	87	13	0
1986	81	19	0
1989 1)	48	44	8
Nichtmitglieder			
1970	20	55	21
1986	22	58	20
1989 1)	8	37	55

1) Die Befragung wurde im April/Mai 1989 durchgeführt.

Erfahrungen, Kämpfe und Biographien von Einzelpersonen oder Gruppierungen reflektieren. Zwischen statistischen Mittelwerten und individuellen Varianten/Erfahrungen darf kein Gleichheitszeichen gesetzt werden. Außerdem ist gerade in unserer Zeit des politischen Übergangs, der Distanzierung von und der Abrechnung mit dem alten System, die Gefahr bewußt oder unbewußt tendenziöser Interpretationen der eigenen Biographie, aber auch der DDR-Geschichte in Rechnung zu stellen. Deshalb soll an dieser Stelle ausdrücklich betont werden, daß es für mich keine Zweifel an der Glaubwürdigkeit dieser Daten gibt.

Die Identifikation mit der FDJ, der einzigen zugelassenen Jugendorganisation, ist in den achtziger Jahren ebenfalls ständig weiter zurückgegangen. Sie wurde zwar von einer großen Zahl junger Leute noch toleriert, aber doch ohne tieferes Engagement. Im Vergleich zu Lehrlingen urteilten Studenten wiederum bedeutend positiver. Zahlreiche Funktionäre und aktive Jugendliche haben zwar durch eigene Initiativen im Rahmen der FDJ interessante und nützliche Aktivitäten organisiert (offene politische Diskussionen, Umweltschutz, kulturelle Veranstaltungen usw.), doch hatte die FDJ als politischer Jugendverband in den Augen der großen Mehrheit junger Leute wenig Bedeutung und war in den letzten Jahren politisch nahezu ohne Einfluß.

3.6 Einstellung zur DDR

Erstaunlich stark war lange Zeit bei allen Schichten der Jugend die Identifikation mit der DDR ausgeprägt. Tatsächlich war ein Stolz auf die DDR, auf das "sozialistische Deutschland", weit verbreitet und wurde von sehr vielen Jugendlichen auch so empfunden. Das ist verständlich, denn ohne dieses Identitätsbewußtsein konnte die Mehrheit der jungen Leute schwerlich konfliktfrei leben.

So entwickelte sich besonders in den Jahren der relativen (teils auch nur scheinbaren) ökonomischen und politischen Erfolge ein durchaus emotional verankertes DDR-Bewußtsein. Es verstärkte und profilierte sich einerseits in der Abgrenzung zur mächtigeren und attraktiveren Bundesrepublik, und die Anerkennungswelle nach 1970 gab Selbstvertrauen. Andererseits wollte man den osteuropäischen "Brudervölkern" - besonders der Sowjetunion und Polen - beweisen, was der Deutsche aus dem Sozialismus zu machen versteht und was sich im vergleichsweise höheren Lebensstandard mit Stolz demonstrieren ließ. Die DDR war als Staat mit der sozialistischen Gesell-

Tab. 7: Identifikation[1)] mit der DDR
(Angaben in Prozent)

	sehr stark/ stark	mit Einschränkung	kaum/ überhaupt nicht
Lehrlinge			
1970	**41**	**50**	**9**
1975	**57**	**38**	**5**
1979	**40**	**50**	**10**
1983	**46**	**45**	**9**
1985	**51**	**43**	**6**
1986	**48**	**46**	**6**
1988 (Mai)	**28**	**61**	**11**
1988 (Okt.)	**18**	**54**	**28**
Junge Arbeiter			
1970	**37**	**53**	**10**
1975	**53**	**42**	**5**
1979	**38**	**52**	**10**
1983	**55**	**38**	**7**
1985	**57**	**39**	**4**
1986	**46**	**49**	**5**
1988 (Mai)	**32**	**61**	**7**
1988 (Okt.)	**19**	**58**	**23**
Studenten			
1970	**43**	**57**	**10**
1975	**66**	**32**	**2**
1979	**51**	**44**	**5**
1983	**70**	**29**	**1**
1985	**70**	**28**	**2**
1986	**68**	**30**	**2**
1988 (Mai)	**52**	**45**	**3**
1989 (Feb.)	**34**	**51**	**15**

1 Dieser Trendvergleich stützt sich auf zwei verschiedene Fragetexte:
"Ich bin stolz, ein Bürger unseres sozialistischen Staates zu sein" (bis 1979).
"Ich fühle mich mit der DDR eng verbunden" (ab 1983).
Die methodischen Probleme sind zu beachten.

schaftsordnung verkoppelt. Je stärker der Glaube an die Zukunftsfähigkeit des Sozialismus war, desto ausgeprägter war die DDR-Identität. Solange dieser Glaube existierte, war auch die DDR-Identität kaum in Frage gestellt. Als dann aber massive Zweifel an der Überlegenheit und sogar an der weiteren Existenz des Sozialismus aufkamen, wurde die DDR-Identität zwangsläufig stark erschüttert. So trat die bis Mitte der achtziger Jahre stark verdrängte (oft allerdings heimlich ersehnte) deutsche Identität, der Wunsch, als Deutscher zu gelten, bei vielen DDR-Bürgern wieder in den Vordergrund. Die in den letzten Jahren ständig wachsende Zahl der Ausreisewilligen, der Strom der Übersiedler in die Bundesrepublik, die bewegenden Verbrüderungsszenen nach der Grenzöffnung am 9. November 1989, der alles beherrschende Ruf "Deutschland einig Vaterland" auf den Demonstrationen sind reale Symptome dieses Identitätswandels, ja Identitätsbruchs. Dies wird aus Tabelle 7 deutlich erkennbar.

In den siebziger Jahren konnten wir zunächst eine kontinuierliche Verstärkung der DDR-Verbundenheit bei Lehrlingen, jungen Arbeitern und Studenten beobachten, über die Hälfte von ihnen bekundete 1975 eine uneingeschränkte DDR-Identifikation. Ende der siebziger Jahre nahmen Vorbehalte zu, doch hielt sich danach ein sogar noch leicht angestiegenes Identitätsbewußtsein bis 1985/86. Als Gründe lassen sich eine verbreitete Kriegs-bzw. Existenzangst, die positiv bewertete DDR-Friedenspolitik sowie der immer augenfälligere Unterschied im Lebensstandard gegenüber den osteuropäischen Ländern vermuten.

Dann fanden jedoch beträchtliche, 1988/89 schon enorme Abbauprozesse statt; bei jungen Arbeitern und Lehrlingen wiederum ein bis zwei Jahre früher als bei Studenten. Die volle Identifikation/Verbundenheit schrumpfte bei der werktätigen Jugend 1988 auf unter 20 Prozent, die Zahl der Ablehnungen stieg dagegen auf über 20 Prozent. Dabei ist zu betonen, daß die DDR immer mit dem jeweiligen Zustand des sozialistischen Systems (1988/89 also mit dem Niedergang des stalinistischen Honecker-Sozialismus) assoziiert wurde. Daß sich hier schon unmittelbar nach der politischen Wende ganz andere Identitäts-Inhalte herausgebildet haben bzw. weiter herausbilden werden, erscheint sicher und wird ein relevantes Forschungsthema bleiben.

Zu bestimmten Merkmalen in der DDR hatten die jungen DDR-Bürger allerdings schon vor Jahren ein sehr kritisches Verhältnis, etwa zur Rolle der Staatsmacht. Unter dem Eindruck der zunehmenden Restriktionen, Tabus,

Drangsalierungen, Rechtsverletzungen durch Staats-, Sicherheits- und Parteiorgane kam es dann 1988/89 zu einer entschiedenen Ablehnung des SED-Herrschaftssystems.

Tab. 8: Einstellung zur Machtausübung in der DDR (Angaben in Prozent)

Leipziger Schüler aus 10. Klassen „Wird nach Ihrer Meinung in der DDR die Staatsmacht so ausgeübt, wie Sie es für richtig halten?"				
	volle Zustimmung	mit Einschränkungen	neutral	Ablehnung
1981	11	45	19	25
1988	5	29	17	49
1989 (Ende Okt.)	0	3	12	85
Studenten „In der DDR wird die Macht in meinem Sinne ausgeübt."				
	volle Zustimmung	mit Einschränkungen	kaum/überhaupt nicht	
1979	32	59	9	
1989 (Mai)	7	63	30	

3.7 Nutzung und Einschätzung der Medien

Die politische Information durch die eigenen Medien wurde von jungen (wie auch von älteren) DDR-Bürgern seit langer Zeit kritisiert. Politische Sendungen wurden von ihnen als zu wenig aktuell/glaubwürdig/interessant, als zu langweilig/stereotyp/propagandistisch, die Alltagsprobleme verdeckend,

Tab. 9: Mediennutzung im Vergleich 1985 und 1988 (Angaben in Prozent)

Stationen	Jahr	Lehrlinge		Junge Arbeiter	
		1	2	1	2
DDR-Fernsehen	1985	37	80	47	89
	1988	35	69	41	72
BRD-Fernsehen	1985	38	67	41	77
	1988	57	79	55	77
DDR-Rundfunk	1985	23	59	35	76
	1988	23	43	34	54
BRD-Rundfunk	1985	47	82	44	81
	1988	66	87	62	85

1 = tägliche Nutzung; 2 = Nutzung mehrmals in der Woche.

die Wirklichkeit beschönigend, als zu rechthaberisch/arrogant/unkritisch bewertet. Diese Einschätzung betraf vor allem die politischen Tagesinformationen (Aktuelle Kamera), die Berichterstattung von den "gesellschaftlichen Höhepunkten" (Demonstrationen, Parteitage, Reden der führenden Politiker) und bestimmte Sendereihen (etwa "Der schwarze Kanal").

Diese Lage wurde schon Ende der sechziger Jahre von den Jugendlichen erkannt, aber bis Mitte der achtziger Jahre von der Mehrheit eher resignierend hingenommen und erst in den letzten Jahren mit mehr Zorn, Sarkasmus und lautem Protest verurteilt. In den siebziger Jahren waren nur etwa zehn Prozent der Studenten mit der Informationspolitik voll zufrieden. Sie wurde im Vergleich mit anderen Politikbereichen (wie Bildungs-, Jugend-

oder Außenpolitik der DDR) stets mit Abstand auf den letzten Platz verwiesen.

Die verständliche Folge war, daß sich immer mehr junge Menschen aller Schichten den Westmedien zuwandten - allerdings nicht nur wegen der interessanteren, attraktiveren, weniger doktrinär erscheinenden Information, sondern auch wegen der beliebteren Musik-, Unterhaltungs- und Jugendsendungen. Die Nutzung und Glaubwürdigkeit der politischen Sendungen der bundesdeutschen Medien erhöhte sich von Jahr zu Jahr. Wie sich die Proportionen der Mediennutzung bei Lehrlingen und jungen Arbeitern von 1985 bis 1988 weiter verschoben haben, belegt Tabelle 9.

In einer Anfang 1988 durchgeführten Untersuchung wurde nach der Übereinstimmung der von den DDR-Medien vermittelten Informationen über die DDR-Wirklichkeit mit den eigenen Alltagserfahrungen gefragt. Nur verschwindend wenige Jugendliche konnten eine volle Übereinstimmung der Informationen aus DDR-Medien mit ihren Lebenserfahrungen bestätigen (vier Prozent).

3.8 Einstellung zur Bundesrepublik Deutschland

In Abhängigkeit von der relativ stabilen Ausprägung systemkonformer Identitäten und Wertorientierungen - der Grundeinstellung zur DDR, zur sozialistischen Perspektive, zum Vorbildland Sowjetunion, zur SED - hatten große Teile der DDR-Jugend in den siebziger Jahren ein kritisch-distanziertes Verhältnis zur Bundesrepublik. Das ergab sich aus der (trotz zeitweiliger Intensitätsschwankungen) doch fast täglich erlebbaren Konfrontation beider deutscher Staaten im ökonomischen, militärpolitischen und vor allem ideologischen Bereich, vermittelt durch die Medienpropaganda. Feindbilder wurden gepflegt, die Abgrenzung schien immer selbstverständlicher, eine Wiederannäherung und ein besseres Verstehen der Menschen immer aussichtsloser zu werden. Persönliche Kontakte waren, abgesehen von Verwandtschaftsbesuchen, selten. Bei gelegentlichen Begegnungen, bei organisierten Treffs in der DDR, fand man Vertreter der anderen Seite oft fremd und unzugänglich, man hatte Verständnis- und Kommunikationsschwierigkeiten.

In diesem Zusammenhang ist eine Vergleichsuntersuchung zu nationalen Stereotypen sehr aufschlußreich, die Harry Müller bei älteren Schülern 1978 und 1988 durchgeführt hat. Aus den (hier auszugsweise mitgeteilten) Ergebnissen geht hervor, daß sich in den achtziger Jahren bei den Schülern ein gravierender Wandel in der Einschätzung der BRD- und DDR-Bürger vollzogen hat.

Während sich das Bild vom BRD-Bürger hinsichtlich der Merkmale "arbeitsam, intelligent" in den Augen der Schüler nur leicht positiviert hat, wird er in seiner politischen Haltung und gesellschaftlichen Befindlichkeit 1988 ganz anders als zehn Jahre vorher bewertet. Auch finden ihn viel mehr befragte Schüler "sympathisch".

Tab. 10: Beurteilung von BRD- und DDR-Bürgern durch Leipziger Schüler 1978 und 1988

Merkmal	Jahr	BRD				DDR			
		1	2	3/4	0	1	2	3/4	0
arbeitsam	1978	19	46	18	17	39	50	9	2
	1988	19	53	8	20	20	61	15	5
intelligent	1978	18	48	9	25	35	55	4	6
	1988	19	54	2	25	19	71	4	6
leben kulturvoll	1978	22	35	23	20	40	44	14	2
	1988	22	34	21	23	18	46	32	4
politisch	1978	9	28	34	29	42	40	11	7
fortschrittlich	1988	28	37	8	27	17	52	19	12
fühlen sich in ihrem	1978	11	27	29	33	36	48	12	4
Staat wohl	1988	22	45	13	20	10	56	27	7
sympathisch	1978	19	45	22	14	39	46	9	6
	1988	31	50	5	14	28	58	7	7

1978: 780 Schüler aus 8. bis 10. Klassen; 1988: 398 Schüler aus 8. bis 10. Klassen.

1 = volle Zustimmung; 2 = eingeschränkte Zustimmung; 3/4 = kaum/keine Zustimmung; 0 = kein Urteil

Mit der Aufwertung des BRD-Bürgers korrespondiert die starke Abwertung des Autostereotyps, des DDR-Bürgers. Sie bezieht sich auf alle Merkmale, besonders aber auf die politisch-gesellschaftlichen. Entsprechend negativiert hat sich die Sympathiebewertung. Diese Ergebnisse belegen sehr anschaulich, wie differenziert und tiefreichend sich die Stereotype verändert haben.

Sie zeigen einen starken und umfassenden Identitätsverlust gegenüber der DDR (des Jahres 1988) sowie eine zunehmende Hochschätzung und Verbundenheit mit der BRD. Im Gegensatz zu Studenten hat sich dieser Prozeß bei Schülern und Lehrlingen bedeutend früher und vorbehaltloser vollzogen.

Kurt Starke u. a. ermittelt 1979 und 1989 die Beziehung von DDR-Studenten zur Bundesrepublik.

Tab. 11: Verbundenheit [1)] von DDR-Studenten mit der Bundesrepublik Deutschland

	sehr stark					überhaupt nicht
	1	2	3	4	5	6
1979	0	4	14	18	28	36
1989	1	9	23	23	25	19

[1)] Sechsstufige Skala von „sehr stark" (1) bis „überhaupt nicht" (6).

Anfang 1989 hatte es bereits eine bedeutsame Linksverschiebung gegeben. Die Ablehnung der BRD durch Studenten fiel jetzt schon erheblich milder aus, zehn Prozent äußerten sich nun schon sehr positiv über die Bundesrepublik. Insgesamt aber herrschte bei DDR-Studenten eine ziemlich reservierte Haltung vor. Das dürfte sich allerdings in den vergangenen Monaten stark verändert haben. Neue Ergebnisse dazu stehen erst im Mai 1990 zur Verfügung.

Die ausgeprägten aktuellen Veränderungen im Identitätsbewußtsein von Schülern der 9./10. Klassen im Zeitraum vom März 1989 bis Februar 1990 hat Harry Müller in drei Studien analysiert.

Tabelle 12 enthält einige Trends, die zunächst merkwürdig erscheinen. In der Studie vom November 1989 geht die Identifikation als Deutscher zurück und die als DDR-Bürger steigt deutlich an, nur drei Monate später jedoch sind die Trends genau umgekehrt. Diese starken Schwankungen können aber aus den völlig verschiedenen gesellschaftlichen Situationen der Meß-

Tab. 12: Veränderungen im Identitätserleben von Schülern 1989/90 (Angaben in Prozent)

Ich fühle mich als		1	2	3	4	5
Deutscher	A	78	15	4	2	1
	B	63	30		5	2
	C	72	24		4	—
DDR-Bürger	A	56	30	7	4	3
	B	72	22		4	2
	C	44	35		13	8
Europäer	A	68	22	5	3	2
	B	49	38		11	2
	C	43	39		14	4
Sachse/Thüringer	A	55	26	6	5	8
	B	29	24	21	12	14

1 = ja, vollkommen; 2 = ja, etwas schon; 3 = weder — noch; 4 = nein, eigentlich nicht; 5 = nein, absolut nicht.

Studie A: März 1989 (N = 765).
Studie B: November 1989 (N = 1 181).
Studie C: Februar 1990 (N = 369).
In den Studien B und C wurden vierstufige Skalen eingesetzt, die Antwortposition 3 entfiel. Das wirft bekannte methodische Probleme auf.

zeitpunkte erklärt werden. Im März 1989 erschien der "Sozialismus in den Farben der DDR", die Endzeit der Honecker-Ära, bereits in einem desolaten, hoffnungslosen Zustand. Die Zukunftsfähigkeit des System rief immer stärkere Zweifel hervor. Unmittelbar nach der politischen Wende (Anfang November) kam jedoch Hoffnung auf, daß sich die DDR mit einem reformierten Sozialismus stabilisieren, vielleicht gar als beispielhaftes Land entwickeln könne. Von dieser Hoffnung her sind die Ergebnisse der Studie B zu interpretieren. Die ökonomischen, politischen und sozialen Veränderungsprozesse der folgenden Wochen haben aber diese Hoffnungen nicht bestätigt, der deutsche Einigungsprozeß ist real in Gang gekommen und wurde im Februar 1990 kaum noch in Frage gestellt. So ist die Trendwende zwischen November 1989 und Februar 1990, die die Studie C dokumentiert, verständlich.

Die Identifikation mit den alten Ländern auf dem DDR-Territorium läßt sich ähnlich erklären. Während des politischen Aufbruchs im November 1989 spielte die Landes-Identität (Sachsen, Thüringen) noch keine Rolle. Die Zukunft der DDR stand zur Debatte. Die Neugründung der früheren Länder (die 1952 aufgelöst worden waren) war bis Dezember 1989 kein Gegenstand öffentlicher Diskussionen und hat seinerzeit erst wenige Bürger bewegt. Doch plötzlich brach dieses Problem auf und führte in kürzester Zeit zu einem wiedererwachten "Länderbewußtsein". Weil wir als Forscher nicht mit dieser Wende gerechnet haben, wurde in der Befragung vom Februar 1990 auf die Prüfung der Landes-Identität verzichtet. Sicher sind diese Werte bis heute ganz erheblich angestiegen.

4. Lebensorientierungen und Bedürfnisse

Die dargestellten politisch-ideologischen Überzeugungen und Identifikationen besitzen eine starke motivierende, handlungsdeterminierende Komponente. Sie beeinflussen wesentlich das Alltagsverhalten der Individuen. In vielen unserer Untersuchungen sind wir dem Problem des Zusammenhanges solcher verbal bestimmter Einstellungen mit entsprechenden realen Verhaltensweisen im Alltag nachgegangen und wir stießen meist auf hochsignifikante Zusammenhänge.

Auch diesbezüglich sind in den vergangenen Jahren bedeutende Wandlungsprozesse bei der DDR-Jugend vor sich gegangen. Obwohl die Veränderungsprozesse in Richtung auf Identität bei den untersuchten Merkmalsbereichen sehr unterschiedlich verlaufen (es gibt progressive, stagnative und regressive Verlaufstendenzen), läßt sich doch insgesamt ein charakteristischer Mentalitätswandel bei der DDR-Jugend eindeutig nachweisen. Ergebnisse dieser umfangreichen Lebensziel-Tests können hier nur auszugsweise mitgeteilt werden, doch spiegeln auch die nicht angeführten Indikatoren ganz ähnliche Trends wider.

Tabelle 13 vermittelt einen sehr interessanten und aufschlußreichen Einblick in den Wandel der Lebensorientierungen von DDR-Jugendlichen seit 1975. Damit wird ein erstaunlicher "Wertewandel" dokumentiert, der in den beiden letzten Untersuchungen 1989/90 noch intensiver als vorher verläuft

Tab. 13: Vergleich der Lebensorientierung von 18/19jährigen Lehrlingen 1975 - 1990

Merkmal	Jahr	Ein solches Lebensziel entspricht meinen Absichten: voll	mit Einschränkung	kaum/nicht
Streben nach Anerkennung: hohe Anerkennung erreichen, etwas gelten	1975	13	50	37
	1985	18	62	20
	1989	32	52	16
	1990	34	47	19
Streben nach Selbstgestaltung: stets kritisch gegen mich selbst sein, mich selbst erziehen	1975	30	53	17
	1985	35	55	10
	1989	40	42	18
	1990	46	41	13
Erlebnisstreben: öfter etwas Verrücktes erleben, Abenteuer	1975	14	44	42
	1985	40	44	16
	1989	52	37	11
	1990	60	34	6
Streben nach Mode und Luxus: nach der Mode kleiden, ein bißchen Luxus leisten	1975	22	56	18
	1985	43	46	11
	1989	44	47	9
	1990	48	39	13
Christ sein: ein guter Christ sein, an Gott glauben	1975	3	9	88
	1985	6	12	82
	1989	11	11	78
	1990	12	11	77
gesellschaftliche Aktivität: gesellschaftliche Pflichten ernst nehmen, auch Funktionen übernehmen	1975	23	51	26
	1985	13	53	34
	1989	13	59	28
	1990	12	54	34
Gerechtigkeitsstreben: allen gegenüber gerecht sein, selbst wenn man nichts davon hat	1975	32	52	14
	1985	33	55	11
	1989	47	41	12
	1990	49	43	8
Kenntnisstreben: zu möglichst großem Wissen gelangen, mich bilden	1975	38	50	12
	1985	28	60	12
	1989	36	54	10
	1990	47	46	7
kulturelles Streben: kulturell bilden, mit Literatur, Kunst, Musik beschäftigen	1975	27	51	22
	1985	23	50	26
	1989	31	45	24
	1990	26	40	34
Arbeitsethos: in einer guten Arbeit eine hohe Ehre sehen, es beruflich zu etwas bringen	1975	33	52	14
	1985	24	56	19
	1989	55	39	6
	1990	68	28	4
Streben nach Geselligkeit: einen Kreis guter Freunde/Freundinnen haben	1975	42	48	10
	1985	69	29	2
	1989	89	10	1
	1990	82	7	1
Zukunftseinstellung: mir ist vor der Zukunft bange	1975	4	15	81
	1985	6	28	66
	1989	7	18	75
	1990	16	29	55

1975: N = 717.; 1985: N = 495; 1989: N = 743; 1990 (Feb.): N = 400.

und eher als "Mentalitätsumbruch" oder "Werteaufbruch" in der DDR charakterisiert werden kann. Stark zugenommen hat das Streben nach Selbstgestaltung und sozialer Anerkennung. Sprunghaft angestiegen waren schon zwischen 1975 und 1985 das Erlebnisstreben, das Streben nach Mode und Luxus sowie das Streben nach Geselligkeit. Diese Lebensziele haben sich bis heute weiter verstärkt. Relativ gleich geblieben sind die Lebensorientierungen "gesellschaftliche Aktivität" und "Umgang mit der Kultur".

Zwischen 1985 und 1990 haben die Werte Gerechtigkeit, Bildung, Arbeit (die sich in den zehn Jahren vorher kaum bzw. eher rückläufig verändert hatten) im Bewußtsein der Jugend an Bedeutung gewonnen.

Das verwundert auf den ersten Blick, wurden doch diese Werte in der traditionellen "sozialistischen Erziehung" der DDR breit propagiert. Es erklärt sich aber aus der veränderten Lebenslage der DDR-Jugendlichen. Sie haben in den letzten Jahren mehr Erfahrungen mit Ungerechtigkeiten aller Art in ihrem Alltag machen müssen. Ihre eigene Perspektive ist nicht mehr so selbstverständlich gesichert, sie erfordert jetzt mehr persönlichen Einsatz, muß erkämpft werden. Gleichzeitig spüren (ahnen) viele Jugendliche auch die größeren Möglichkeiten, die ihnen die Zukunft in der neuen Gesellschaft bereithält, wenn sie sich mit aller Energie einbringen.

Diese und zahlreiche weitere Forschungsergebnisse der ZIJ belegen, daß tiefliegende Mentalitätsstrukturen, basale Persönlichkeitsdimensionen der DDR-Jugend im letzten Jahrzehnt von sehr dynamischen Wandlungsprozessen betroffen waren und noch sind. So haben sich in dieser Zeit die Ausprägungsformen wichtiger sozialer Grundbedürfnisse (Motivkomplexe) erheblich verändert, was große Auswirkungen auf die strukturell davon abhängigen Wertorientierungen, Überzeugungen, Einstellungen sowie auf die Determination des entsprechenden Alltagsverhaltens hat.

In einem kurzen Überblick möchte ich abschließend auf solche sozialen Grundbedürfnisse verweisen, deren Intensität bei der DDR-Jugend eindeutig zugenommen hat, die das Erleben und Alltagsverhalten junger Menschen zunehmend stärker bestimmen.

4.1 Das Bedürfnis nach Selbstbestimmung und Selbstverwirklichung

Die Entwicklung zu einem höheren Selbstwertanspruch, zu mehr Selbstachtung kommt im Alltagsverhalten der Jugendlichen darin zum Ausdruck, daß sie ihren "Eigenwert" stärker betonen, mehr Achtung, Respekt, Anerkennung ihres eigenen Standpunkts und ihrer Persönlichkeit erwarten. Sie wollen als gleichberechtigte Partner akzeptiert werden. Sie zeigen eine größere Sensibilität, heftigere Reaktionen auf Verletzungen ihrer eigenen Meinung durch Mißachtung, Bevormundung oder eine Unfehlbarkeitshaltung bei ihren Kommunikationspartnern.

Die zunehmende Tendenz zur Selbstbestimmung äußert sich in einem verstärkten Autonomiestreben. Junge Leute wollen noch ausdrücklicher als früher alle wichtigen Entscheidungen selbst treffen, mehr Eigenverantwortung tragen, sowohl im privaten als auch im beruflichen und gesellschaftlichen Leben.

Eine weitere Komponente des veränderten Selbstbewußtseins der Jugend ist der Anspruch auf mehr Selbstverwirklichung. Junge Leute bemühen sich seit Jahren verstärkt, selbst aktiv zu sein, etwas zu gestalten, zu bewegen, zu verändern, selbst Verantwortung zu tragen, im großen wie im kleinen. Ein höheres Niveau der Selbstbestimmung und Selbstverantwortung tendiert folgerichtig auch zu mehr Mitbestimmung und Mitverantwortung im gesellschaftlichen und privaten Leben.

Das in den achtziger Jahren verstärkt auftretende Streben nach Selbstbestimmung und Selbstverwirklichung besitzt eine hohe Erklärungsfunktion für das politische Verhalten der DDR-Jugend. Es erklärt zahlreiche Erscheinungsformen des Jugendverhaltens in der Umbruchsphase: etwa die aktive Teilnahme vieler 15- bis 20jähriger (Schüler, Lehrlinge), besonders aber über 20jähriger (junger Arbeiter, Studenten) an Demonstrationen, Versammlungen, Foren, das selbstbewußte, oft auch radikale Vertreten eigener Standpunkte und Forderungen, das persönliche Engagement für die politische Umgestaltung des Landes, aber eben auch das Abwarten, die Zurückhaltung eines anderen großen Teiles der Jugend, dessen tiefe Enttäuschung und Ablehnung des alten Regimes und dessen Urteilsunsicherheit hinsichtlich der gegenwärtigen politischen Kräfte, Konzeptionen und Ziele. Eine gewisse Resignation, nicht selten gekoppelt mit extremistischem Verhalten ist unübersehbar. Viele junge Leute werden auch in Zukunft zu mehr politischem Disengagement, zu mehr Privatheit und sozial distanzierter Lebensgestaltung tendieren.

Die berechtigte Frage nach den sozialen Determinanten dieses historisch sich verstärkenden Bedürfnisses kann hier nicht diskutiert werden. Dazu bedarf es einer gründlichen Untersuchung, die von kulturellen Strömungen unserer Zivilisation bis zu ganz spezifischen Faktoren des Aufwachsens in der DDR der achtziger Jahre reichen müßte. Der Mentalitätswandel der DDR-Jugend resultiert sowohl aus internationalen wie aus einer Vielzahl DDR-typischer Einflußfaktoren, die strukturell ineinander verwoben sind.

4.2 Das Bedürfnis nach Lebensgenuß und Spannung

Junge Leute wünschen mit steigendem Nachdruck, das Leben zu genießen, "mehr vom Leben" zu haben, sich "ausleben" zu können und suchen heute aktiver nach den entsprechenden Möglichkeiten, nach spannenden, nicht alltäglichen Erlebnissen: weite Reisen zu unternehmen, Abenteuer, heikle Situationen, soziale Auseinandersetzungen zu meistern, in der Öffentlichkeit oder im Freundeskreis Aufsehen zu erregen, Geltung zu gewinnen, Liebes- und Sexualglück auszukosten, Musik, Kunst und Kultur zu genießen. Sicher wird sich dieses Streben nach Lebensgenuß in nächster Zeit noch verstärken, wobei nicht absehbar ist, welche sozialen Folgen sich daraus ergeben werden.

4.3 Das Bedürfnis nach informellen Formen des Sozialkontaktes

Wie schon angedeutet, bevorzugen junge Menschen heute stärker als früher informelle Kontakte (Freunde, Freizeit-, Hobby-, Interessen- und Diskussionsgruppen). Sie sind nicht kollektivfeindlich eingestellt, fühlen sich überwiegend wohl in ihren Schulklassen, Seminargruppen, Arbeitskollektiven, wenn sie sich dort bestätigt fühlen, wenn ihre Interessen, Probleme, Meinungen, Ansprüche toleriert werden. Der typische DDR-Jugendliche strebt zwar nach mehr Privatheit, ist aber keinesfalls privatistisch oder isolationistisch eingestellt.

Daß viele junge Leute mit hohem persönlichen Risiko und Engagement, mit großem Kraft- und Zeitaufwand in informellen bzw. halb-informellen Gruppen politisch mitwirken, dort sinnvolle Ziele, Tätigkeiten und ihre Selbstverwirklichung finden, kann seit dem Sommer 1989 gut beobachtet werden. Junge Leute gehören in großer Zahl zu den Enthusiasten, zu den besonders Ungeduldigen und Einsatzbereiten, Aktiven bei der gesellschaftlichen Erneuerung.

4.4 Das Streben nach materiellen Werten

Materielle Interessen haben in den letzten Jahren bei sehr vielen DDR-Jugendlichen (und Erwachsenen) stark an Bedeutung gewonnen. Das Bedürfnis, materielle Werte bzw. Vorteile möglichst kurzfristig zu erreichen, hat sich von Jahr zu Jahr stärker ausgeprägt und wächst weiter an.

Die Erfahrung, daß höhere Leistung nichts einbringt, sich finanziell nicht lohnt (die Nichtverwirklichung des Leistungsprinzips), wie die alltäglichen Erlebnisse der Mängel-, Miß- und Beziehungswirtschaft müssen ebenso wie die hier beschriebenen gewachsenen psychischen Ansprüche nach Selbstbestimmung, Individualität, Privatheit, nach Lebensgenuß als Determinanten dieses Bedürfniswandels gesehen werden.

Das materielle Bedürfnis wird sich in der DDR-Bevölkerung weiter ausprägen und in nächster Zukunft einen vorrangigen Platz im Motivationsgefüge einnehmen. Das dürfte einerseits die Leistungsbereitschaft durchaus günstig beeinflussen, könnte aber andererseits auch zu einer "Entsolidarisierung" führen, zu einer Zunahme egoistischer Verhaltensweisen, sozialer Konflikte und Auffälligkeiten, politisch sowohl zu Indifferenz und Opportunismus, wie vielleicht auch zur Orientierung an extremistischen Positionen.

4.5 Das Bedürfnis nach Sicherheit

Unsere Forschungsergebnisse bestätigen, daß die große Mehrheit unserer Jugend lange Zeit ein stabiles Sicherheits- und Zukunftsbewußtsein besaß. Die jungen Leute fühlten sich sozial "abgesichert", ihre berufliche Ausbildung und ein späterer Arbeitsplatz waren garantiert, sie erlebten eine Reihe sozialpolitischer Vergünstigungen, und sie reflektierten wenig über private oder gesellschaftliche Risikosituationen, etwa über Arbeitslosigkeit oder den Zusammenbruch des Systems. 70 - 85 Prozent bekundeten in bezug auf ihre Lebensentwicklung uneingeschränkt Zukunftsoptimismus und das Gefühl sozialer Geborgenheit. Spätestens 1988 kam es jedoch zu einer Labilisierung dieses Sicherheitsbewußtseins bei einem Teil der Jugend, die sich rapide fortgesetzt hat.

Heute erscheint vieles ungewiß, unkalkulierbar: gesellschaftlich wie im persönlichen Leben. Nahezu alles ist in Frage gestellt. Was bleibt von der DDR? Was bleibt von den früheren sozialen Sicherheitsgarantien? Was kommt nach den Wahlen? Was wird nach der Vereinigung sein? Wird es die Arbeitslosigkeit massenhaft geben? Was wird man verdienen? Wie und wann soll die Rückständigkeit der heutigen DDR aufgeholt werden? Wird der Osten Deutschlands nicht noch viele Jahre benachteiligt bleiben? Warum soll gerade ich darunter leiden? Schließlich: Soll ich hierbleiben oder doch noch gehen? Über diese und ähnliche Fragen reflektieren und diskutieren heute viele junge Menschen in der DDR. Und je unklarer die gesellschaftliche sowie ihre persönliche Lebenslagen sind, desto intensiver erleben sie das Bedürfnis nach mehr Sicherheit. Ein großer Teil der Jugend befindet sich seit längerer Zeit nicht nur in einer politisch-ideologischen Orientierungskrise, sondern - durch ihre vielschichtige Verunsicherungslage bedingt - im Zustand eines emotional-intensiv erlebten Sicherheitsdefizits. Der Bedarf an mehr Sicherheit hat deutlich zugenommen.

Nur wenn es den verantwortlichen politischen Kräften gelingt, sehr schnell solche ökonomischen, finanziellen, politischen, sozialen, rechtlichen und auch jugendspezifischen Bedingungen/Strukturen zu schaffen (bzw. glaubwürdig für die allernächste Zeit in Aussicht zu stellen), daß die materiellen, finanziellen und Sicherheitsinteressen in der DDR annähernd so wie in der Bundesrepublik befriedigt werden können, werden junge Leute nicht mehr massenhaft in den Westen abwandern. Gelingt es nicht, die ökonomischen, politischen und sozialen Lebensbedingungen auf dem Gebiet der DDR kurzfristig auf hohem Niveau zu stabilisieren, dann wird es bei sehr vielen jungen Leuten zu einer weiteren Abschwächung der Bindung (Identifikation) gegenüber diesem Teil Deutschlands, der Heimatregion und den dort lebenden Menschen kommen. Die gegenwärtig in der DDR lebenden jüngeren Generationen könnten sich dann rasch zu einem sehr kritischen politischen Konfliktpotential entwickeln, das schwer zu kontrollieren sein würde.

Dieser Beitrag wurde erstveröffentlicht in: Aus Politik und Zeitgeschichte. Beilage zur Wochenzeitung "Das Parlament", B 16-17/90, S. 25 - 37.

Frauen in der DDR

Hildegard Maria Nickel

Bisher galt in der DDR nicht nur die Pflicht, sondern auch das Recht auf Berufsarbeit. Das war - bei aller Problematik, die damit zugleich verbunden war - ein sozialer Schutz für Frauen. Dieses Recht auf Arbeit garantierte ihnen zwar kein dolce vita; es ermöglichte ihnen aber doch wenigstens ein Stück weit materielle Unabhängigkeit, Eigenständigkeit und einen selbstbestimmten Anspruch auf ein eigenes Leben. 1989 waren in der DDR immerhin 91 Prozent aller Frauen im erwerbsfähigen Alter berufstätig, in der Ausbildung oder studierten. Eine Ausbildung, einen Beruf und einen sicheren Arbeitsplatz zu haben, gehörte zum Selbstverständnis, zur Identität von DDR-Frauen.

Eine zu lange verzögerte, längst überfällige Rationalisierung in den Betrieben und Verwaltungen beginnt nun auch in der DDR auf Touren zu kommen und ihre Opfer zu fordern. Umschulungskonzepte oder soziale Strategien für diese Fälle gibt es nicht - als hätte niemand ahnen können, daß auch hier beginnen würde, was anderswo geschieht oder längst geschehen ist. Angst vor der Marktwirtschaft macht sich breit, vor allem unter Frauen. Wie viele werden künftig noch einen Arbeitsplatz haben und wie sicher wird er sein?

Hinzu kommt das Problem der Kindererziehung: 30 Prozent aller Neugeborenen in der DDR wurden in den letzten Jahren von alleinstehenden Müttern zur Welt gebracht; 50.000 Ehen wurden pro Jahr geschieden. Wie sollen die vielen alleinerziehenden Mütter künftig ihren Lebensunterhalt bestreiten und gleichzeitig sich um ihre Kinder kümmern? Bisher war der Kindergartenplatz für jedes Kind sicher. 94 Prozent aller Kinder ab drei Jahren waren auf diese Weise versorgt. Jetzt beginnen Betriebe, sich "gesundzuschrumpfen" und den "Rotstift anzusetzen". Die ersten betriebseigenen Kindertagesstätten wurden bereits geschlossen. Frauen haben - das ist sicher - die schlechteren Startbedingungen für den Sprung in die marktwirtschaftliche Zukunft. Sie werden härter auf dem Boden der Tatsachen landen als die meisten Männer.

1. Patriarchalische Gleichberechtigung statt sozialer Gleichheit

Noch ist etwa die Hälfte aller Berufstätigen in der DDR weiblich; Unterschiede im Niveau der formalen beruflichen Qualifikation von Frauen und Männern sind sukzessive abgebaut worden, so daß es sie bei den unter 40jährigen fast gar nicht mehr gibt. 1988 hatten 87 Prozent aller berufstätigen Frauen eine abgeschlossene berufliche Ausbildung. Diese galt bis vor kurzem in der Politik wie in der Ideologie, in den Medien wie in offiziellen Verlautbarungen als Beweis für die erfolgreiche Realisierung der Gleichberechtigung in der DDR. Mehr noch: Der Mythos von der bereits erreichten Gleichberechtigung hat sich in den Köpfen vieler Frauen festgesetzt und sie blind gemacht für die realen Benachteiligungen, die sie tagtäglich erfahren haben und die sie jetzt auf die schlechteren Startplätze verweisen. Tabuisiert wurde - und zwar verstärkt seit Anfang der siebziger Jahre -, daß mit der formalen Gleichberechtigung längst nicht die sozialen Ungleichheiten zwischen den Geschlechtern beseitigt waren und daß eine Sozialpolitik, die einseitig auf die Vereinbarkeit von Mutterschaft und Berufstätigkeit (statt Elternschaft und Berufstätigkeit) setzte, neue Diskriminierungen und Benachteiligungen schuf. Frauen wurden damit vorwiegend zur Reproduktions- und Dienstleistungsarbeit in Gesellschaft und Familie verpflichtet. Männer und Frauen hatten - bei allen Erfolgen, die Frauen für sich erringen konnten - in der Realität weder die gleichen Bedingungen in der Berufsarbeit noch gleiche Chancen und Ressourcen für berufliche Qualifikation und berufliche Karrieren. Auf dem Hintergrund propagierter Gleichberechtigung hielt "Mann" fest an der traditionellen, patriarchalischen Arbeitsteilung zwischen den Geschlechtern und übersah geflissentlich die sozialen Differenzierungen, mehr noch die Polarisierungen zwischen Frauen und Männern - zuungunsten der Frauen.

2. Geteilte Arbeit - geteilte Chancen

Spätestens seit Ende der sechziger Jahre ist in der DDR von einer nach Geschlechtern polarisierten Wirtschafts- und Berufsstruktur zu reden. Überproportional ist der Frauenanteil im Sozialwesen (91,8 Prozent), im Gesundheitswesen (83 Prozent), im Bildungswesen (77 Prozent), im Handel (72 Prozent) sowie im Post- und Fernmeldewesen (68,9 Prozent). Unterrepräsentiert sind Frauen hingegen in der Industrie, im Handwerk, in der Bauwirtschaft, in der Land- und Forstwirtschaft sowie im Verkehrswesen. Der Anteil der Frauen in leitenden Positionen beträgt immerhin insgesamt knapp ein Drittel, variiert aber stark nach Wirtschaftsbereichen und nimmt generell mit der Höhe der Position deutlich ab. Den Frauen sind überall in der Gesellschaft, in Wirtschaft und Politik die zweiten Plätze zugewiesen.

Obwohl Mädchen gleichermaßen wie Jungen einen soliden Berufsabschluß anstreben, ist das Berufswahlfeld für Mädchen wesentlich enger als für Jungen. Wie prekär die Situation ist, zeigt sich darin, daß sich mehr als 60 Prozent - also fast zwei Drittel - der Schulabgängerinnen des Jahres 1987 auf nur 16 Facharbeiterberufe (von 259) verteilen[1]. Einige dieser Berufe werden so gut wie ausschließlich von Mädchen erlernt. Das betrifft den Facharbeiter für Schreibtechnik[2] (Stenotypistin), aber auch den Fachverkäufer, den Wirtschafts- und Finanzkaufmann, den Facharbeiter für Textiltechnik und schließlich solche Berufe, die eine längere Ausbildungszeit - nämlich die Fachschulqualifikation - erfordern, wie pädagogische und medizinische Berufe. Allen diesen Berufen ist eines gemeinsam: Sie sind die am schlechtesten bezahlten Berufe.

Oder sollte sich die Segmentation des Arbeitsmarktes schließlich doch noch als "Heimvorteil" für Frauen bezahlt machen? Der Dienstleistungsbereich in der DDR wird künftig eher ausgebaut als reduziert. Derzeit sind immerhin mehr als zwei Drittel der leitenden Positionen im Handel von Frauen besetzt. Wissen diese Frauen, was sie zu verlieren haben? Werden sie stark und "clever" genug sein, ihre Positionen zu behaupten? Umstrukturierungen stehen an, das bedeutet für die Frauen aber auch mehr Risikobereitschaft, schnelles Reagieren, rasches Zupacken, Konkurrenzkampf um die besseren Plätze. Ein "Kanincheneffekt", die Starre angesichts der unbekannten Schlange, macht viele Frauen gegenwärtig handlungsunfähig, lähmt sie. Das nun wieder könnte den Männern, die die neuen Chancen des Dienstleistungssektors längst erkannt haben, schnell zum Vorteil gereichen.

In der zur Zeit besser bezahlenden Industrie beträgt der Anteil der Frauen ca. 40 Prozent. Gehen Mädchen in diesen Ausbildungsbereich, so sind es auch hier bestimmte Tätigkeitsfelder, die ihnen reserviert sind, wie die Textil- und Bekleidungsindustrie oder Bereiche der elektronischen und elektrotechnischen Industrie, die vor allem auf das "Fingerspitzengefühl" und die

"Fingerfertigkeit" von Frauen setzen. Seit 1975 - im Zuge der konservativeren Sozialpolitik - sind vor allem solche Stellenangebote für Mädchen rückläufig, die sich im Zentrum der Technikgestaltung und -beherrschung befinden: z. B. Wartungsmechaniker für Datenverarbeitung und Büromaschinen (von 30,1 auf 18,4 Prozent), Elektromonteur (von 7,9 auf 3,7 Prozent), Facharbeiter für Bedien-, Meß-, Steuer- und Regeltechnik (von 25,9 auf 8,4 Prozent)[3]. An der Peripherie hingegen bzw. in den lediglich ausführenden Bereichen in der Industrie wächst der Frauenanteil: Chip-Produktion, Facharbeiter für Datenverarbeitung (gegenwärtig 71,2 Prozent), Facharbeiter für chemische Produktion (82,1 Prozent).

Frauen haben in der Industrie zumeist die unattraktiven Arbeitsplätze. Sie sind - auch wenn sie, wie in der Textilindustrie, mit modernsten Produktionsanlagen umgehen - häufiger dort zu finden, wo eine enge produktionstechnische Einbindung nur geringe Kommunikationsmöglichkeiten zuläßt, und sie arbeiten darüber hinaus auch unter den ungünstigeren arbeitshygienischen Bedingungen. Ihre Tätigkeiten setzen angeblich geringere Qualifikationsanforderungen voraus und sind demzufolge auch in der Industrie meist mit geringerem Einkommen verbunden.

Seit Jahren wurde in der DDR bei den Lehrstellenangeboten eine bestimmte Quotierung praktiziert: Frauen wurden systematisch aus Männerberufen wie umgekehrt Männer aus Frauenberufen ausgegrenzt. Das gereichte vor allem den Mädchen zum Nachteil. Ihr Berufswahlfeld beschränkte sich weitgehend auf traditionelle Frauenberufe und war damit stark eingeengt. Der Kampf der Mädchen um lukrative Angebote ist demzufolge nicht nur härter, sondern auch aussichtsloser als für Jungen. Oft sind sie gezwungen, auf "Notlösungen" zurückzugreifen oder "Übergangslösungen" zu akzeptieren. Das heißt, sie erlernen einen Beruf, von dem sie von vornherein wissen, daß sie ihn nach Beendigung des Ausbildungsverhältnisses, spätestens aber nach der Geburt eines Kindes, nicht mehr ausüben werden. Betriebs- und Kombinatsdirektoren haben - trotz staatlicher Auflagen - sukzessive den Anteil weiblicher Lehrlinge in zukunftsträchtigen technischen Berufen zugunsten von männlichen Bewerbern reduziert. Sie begründen das mit der hohen Ausfallrate der Frauen infolge sozialpolitischer Maßnahmen (Babyjahr, Ausfall bei Krankheit des Kindes usw.), der hohen Fluktuationsrate der Frauen, dem mangelnden technischen Interesse der Mädchen und den fehlenden sozialen und hygienischen Einrichtungen für Frauen in "Männerdomänen"[4].

3. Berufsarbeit ist für Frauen nur das halbe Leben

Hausarbeit ist die notwendige Kehrseite von Berufsarbeit, und sie ist noch immer Frauensache. Trotz der fortschreitenden Technisierung der Haushalte und des Ausbaus gesellschaftlicher Dienstleistungen ist der Aufwand für Hausarbeit in den letzten 25 Jahren ziemlich konstant geblieben. Er liegt bei ca. 40 Stunden pro Woche - bedeutet also eine "zweite Schicht" - bezogen auf eine Durchschnittsfamilie. Dieses Dilemma wird nach wie vor auf traditionelle Weise gelöst: Drei Viertel der Haus- und Familienarbeit werden von meist voll berufstätigen, d. h. 40 bis 43 3/4 Stunden pro Woche außer Haus beschäftigten Müttern erledigt. Frauen sind auch für das in Zeiteinheiten nicht zu messende Familienklima zuständig; sie müssen viele kleine unbezahlte Dienste leisten, wenn der Familienalltag funktionieren soll. Der verbreitete Versorgungsmangel wird individuell ausgeglichen: Nähen, Stricken, Einkaufen, Anstehen, Improvisieren, Beziehungen zum wechselseitigen Vorteil pflegen. Männer sind hingegen die Hauptverdiener und Hauptemährer in den Familien. Sie verdienen ca. 25 bis 30 Prozent mehr als Frauen und können sich deshalb nicht leisten, auf Erwerbsarbeit zugunsten von Hausarbeit zu verzichten. Diese Arbeitsteilung hat Konsequenzen, die bis in die Lebensmuster der nachwachsenden jungen Generation hineinreichen: Mädchen suchen sich Berufe, die ihnen die Vereinbarkeit von Mutterschaft und Erwerbsarbeit erlauben, und entziehen sich solchen, die einen derartigen Balanceakt gefährden. Jungen hingegen wählen einen Beruf, bei dem "Mann" zumindest so gut verdient, daß die Ehepartnerin im Falle der Mutterschaft die Erwerbsarbeit etwas reduzieren kann. Mit Blick auf die Zukunft grenzen sich damit sowohl Mädchen als auch Jungen von vornherein selbst aus bestimmten beruflichen Karrieren aus.

Gut ein Viertel aller berufstätigen Frauen ist teilzeitbeschäftigt. Der Wunsch nach verkürzter Arbeitszeit und flexibleren Formen von Arbeitszeitregelungen ist noch weiter verbreitet. Inge Lange, die Frauenpolitikerin des alten Machtapparates, glaubte jedoch administrativ gegen diesen Wunsch vorgehen zu können: Teilzeitarbeit durfte nur in Ausnahmefällen genehmigt werden; in manchen Berufen ist sie überhaupt nicht möglich.

Jahrzehntelang hatte es sich Inge Lange zur Aufgabe gemacht, darauf hinzuwirken, "daß die nachfolgende Generation junger Frauen erkennt, daß sich die Art und Weise ihrer Berufsarbeit, ihres Lebens als Mütter unter grundlegend besseren Bedingungen als für vorangegangene Frauengenerationen vollzieht und daß ihre Teilzeitarbeit nicht nur das gesellschaftliche Arbeitsvermögen schmälert, sondern auch ihre berufliche Entwicklung negativ beeinträchtigt"[5]. Notfalls sollten Frauen zu ihrem Glück gezwungen werden, denn der Zweck heiligte die Mittel. Gleichberechtigung verkam so zu einer ökonomistischen Floskel; ihre Kriterien wurden auf formal gleiche Zeitstrukturen in der Berufsarbeit verkürzt. "Männliche", vom häuslichen Ballast gereinigte Zeitverhältnisse galten als Maßstab.

Propagandistisch ging die Rechnung auf; Gleichberechtigung konnte vollmundig nachgewiesen werden. Die meisten Frauen erfuhren aber tagtäglich die Kluft zwischen Realität und Propaganda. Sie spürten am eigenen Leib und am Zerfall der Familien, wer die Last dieser von oben verordneten, nur formalen Gleichberechtigung zu tragen hatte - die Last einer Gleichberechtigung, die Frauen das Äußerste abforderte, nicht aber gleichermaßen Männer zur Aufgabe traditioneller Privilegien veranlaßte. Die Frauen rebellierten nicht, sondern richteten sich in diesen ambivalenten Verhältnissen ein. Das heißt, sie ließen sich nur auf solche beruflichen Anforderungen ein, die ihnen die Gratwanderung zwischen Beruf und Familie, die Vereinbarkeit von Mutterschaft und beruflichem Engagement erlaubten. Frauen zahlten damit den Preis ihrer Ausgrenzung aus zentralen Entscheidungsprozessen im Beruf wie in der Politik; sie überließen Männern die Zentren der Macht, der Ökonomie und Wissenschaft und begnügten sich mit der Peripherie. Soziologische Studien zeigen, wie rationalisierungsanfällig[6] diese aber ist und wie schnell es Männern gelingt, Frauen dort zu verdrängen - wenn aus peripheren zentrale Bereiche werden[7].

Jüngste, noch vor der "Wende" vom Institut für Soziologie an der Humboldt-Universität zu Berlin durchgeführte Erhebungen zur Einführung moderner Informations- und Kommunikationstechnik in Angestelltenberufen - und zwar in frauentypischen Berufsfeldern wie dem Versicherungswesen, dem Handel, der Industrieverwaltung einerseits und in männlich dominierten Produktions- und Konstruktionsbereichen andererseits - zeigen: Die Wirkungen dieser neuen Technik sind in sozialer Hinsicht zwar differenziert, d. h. für unterschiedliche Qualifikations- und Berufsgruppen verschieden, ein Ende der Arbeitsteilung zwischen den Geschlechtern - und damit ein Abbau der Machtasymmetrie - ist aber nirgends in Sicht[8]. Im Gegenteil: Es bildeten sich "unter der Hand" unversehens neue Hierarchien, die Frauen wiederum in die zweite Reihe verwiesen.

Die Tabuisierung dieser Probleme einesteils und gesamtgesellschaftliche Erfolgsbilanzen andernteils blockierten über Jahre die Entwicklung eines kritischen Bewußtseins vor allem bei den Frauen selbst, und zwar umso mehr, als sie permanent einem enormen Streß kräftezehrender Doppelbelastung ausgesetzt sind. Die Gewerkschaft ist - gegenwärtig jedenfalls - nicht die Kraft, die den Frauen hilft, ihre Situation zu reflektieren und Gegenstrategien zu entwickeln. In den genannten Untersuchungsfeldern zeichnete sich zwar die dringende Notwendigkeit ab, mit Hilfe von Technisierungsprozessen Partizipation zu ermöglichen, so daß die Betroffenen befähigt werden, ihre Interessen zu erkennen, zu artikulieren, zu vertreten und damit verbundene Konflikte auszutragen. Die entsprechenden neuen demokratischen Strukturen müssen sich aber erst noch bilden und dann ihre Funktionsfähigkeit beweisen. Das Beharren auf alten, "bewährten" Strukturen war leichter und daher ein durchgängiger Trend. Dieser Strukturkonservatismus machte sich auch darin geltend, daß Fraueninteressen selten - leider auch in Frauenbetrieben - als legitime und spezifische Interessen erkannt und berücksichtigt wurden.

Frauen müssen erst wieder lernen, ihre Angelegenheiten selbstbewußt in die eigenen Hände zu nehmen, ihre Interessen durchzusetzen. Die zentralisierte Planwirtschaft und eine formalisierte innerbetriebliche (Schein-)Demokratie, die auf Frauenbelange keine Rücksicht nahmen, haben Frauen mürbe gemacht. sie haben sich schließlich vielfach damit abgefunden, daß die Dinge "woanders beschlossen werden" und sie zu Befehlsempfängern nach dem Motto "Uns wurde es gesagt und wir müssen uns damit abfinden" degradiert wurden. Dieser Mechanismus wurde von den Frauen durchaus ambivalent erfahren: Einesteils ist er funktional und kommt den Lebensumständen dieser Frauen auf gewisse Weise entgegen. Er entlastet sie von zu starker beruflicher Einbindung, Verpflichtung und Verantwortung. Andernteils fühlen sie sich ausgegrenzt aus Entscheidungsprozessen, die sie selbst betreffen, bei denen sie mitreden wollen und in die sie aufgrund ihrer hohen fachlichen Qualifikation, beruflichen Erfahrung und auch sozialen Kompetenz einiges einzubringen hätten. Um so mehr, als von den althergebrachten Institutionen keine Veränderung der Situation zu erwarten ist, wird die Frauenbewegung in der DDR zum Hoffnungsträger. Sie muß allerdings erst noch unter Beweis stellen, daß sie einen Zugang zu Frauen verschiedener sozialer Schichten der DDR-Gesellschaft finden und für ihre Interessen streiten kann.

4. Einübung in die Geschlechterverhältnisse: Sozialisation

Durch spontane Alltagserfahrungen werden Mädchen und Jungen ganz nebenbei, quasi einem "geheimen Lehrplan" folgend, in die Strukturen der vorherrschenden Arbeits- und Rollenteilung zwischen den Geschlechtern eingeübt, lernen sie, diese als "natürlich" zu akzeptieren[9]. Jungen und Mädchen besuchen in der DDR dieselbe Schule und werden nach denselben Lehrplänen unterrichtet - oft mehr als zehn Jahre lang: Die meisten von ihnen waren vorher im Kindergarten und davor in der Kinderkrippe. Soziologische Untersuchungen der vergangenen Jahre zeigen, daß diese formal gleichen Bedingungen Geschlechterdifferenzen nicht einfach abbauen, sondern sie punktuell sogar noch verstärken und mit für Mädchen und Jungen verschiedenen Erfahrungen verbunden sind. Mädchen haben beispielsweise zwar durchschnittlich keine schlechteren, oft sogar bessere Zensuren als Jungen in den mathematisch-naturwissenschaftlichen Disziplinen, dennoch lernen sie, ihren Fähigkeiten auf diesem Gebiet zu mißtrauen und hier Jungen für die von Natur aus Begabteren zu halten. In Computerkursen machen Mädchen die Erfahrung, daß Jungen "besser" und "schneller" sind. Mädchen räumen schon nach den ersten Hürden freiwillig die noch knappen Plätze und überlassen es den Jungen, tiefer in die Kunst der Programmierung und die Technik einzudringen, sie zu beherrschen.

Wie läßt sich diese schnelle Rückzugsbereitschaft der Mädchen erklären? Warum sind sie so ohne Widerstand bereit, dieses Feld als männliche Domäne zu akzeptieren? Die Gründe dafür sind vielschichtig. Eine Ursache besteht wohl darin, daß Mädchen frühzeitig und immer wieder erfahren, daß sie in ihrem Leben gut ohne diese Fertigkeiten zurechtkommen. Mehr noch: Mädchen wissen beinahe instinktiv, daß sie auf dem Partnermarkt nicht an Wert gewinnen, wenn sie allzu großen Ehrgeiz auf technischem Gebiet entfalten. Es macht sie nicht begehrenswerter, attraktiver für dasjenige Geschlecht, das noch immer die Definitionsmacht über weibliche Werte hat: die Männer. Jungen honorieren es, wenn Mädchen "sexy" sind: Lange Beine, lange Haare, voller Busen, weich, blond, weiblich gelten als äußere Symbole für Weiblichkeit. Dahinter verbirgt sich ein Weiblichkeitsideal, das auch mit bestimmten Erwartungen an "innere" Werte verbunden ist und Anpassungsfähigkeit, Treue, Hingabe meint[10]. Mädchen, die diesem Ideal nicht entsprechen, haben es schwer.

Wechselseitige Begehrlichkeiten, die latente Sexualität in den Beziehungen der Geschlechter scheinen einen ganz fundamentalen Einfluß auf das Leistungsverhalten, auf die Ausbildung von Interessen und Fertigkeiten zu haben. Sie sind eine Erklärung dafür, daß sich die schulischen Leistungen der Mädchen im höheren Schulalter verschlechtern, während die der Jungen sich im Gegenzug verbessern. Schüler und Schülerinnen - vor allem der oberen Schulklassen, also im Prozeß der schulischen Sozialisation sich verstärkend - haben dann auch auffällig stereotype Selbstbilder, was ihre Fähigkeiten und Anlagen betrifft: Verstärkt ab der 6. Klasse trauen sich Jungen öfter als Mädchen technisches Geschick, Kraft und die Fähigkeit zu, im Beruf etwas Neues zu entwickeln. Mädchen gleichen Alters hingegen glauben von sich zu wissen, daß sie gut mit kleinen Kindern umgehen können, bei Handarbeiten und auch bei der Gestaltung ihrer unmittelbaren Umgebung geschickt sind. Jungen besitzen in ihrer Selbsteinschätzung bessere Voraussetzungen für technische Berufe, während Mädchen stärker von ihren sozialen Fähigkeiten überzeugt sind. Die gleichen Bilder haben die Lehrkräfte von den Fähigkeiten der Heranwachsenden und perpetuieren sie so, meist unbewußt. Und bei den Jugendlichen fällt dann durch das Sieb der Partnerwahl, wer dem Klischee nicht entspricht.

Jungen und Mädchen kommen aufgrund unterschiedlicher Erfahrungen schon als sozial Verschiedene in die Schule. Ein Erziehungskonzept, das - wie es bisher geschehen ist - von diesen Unterschieden abstrahiert und sie ignoriert, muß sie zwangsläufig eher verstärken, anstatt sie abzubauen. Koedukation bedarf flankierender Maßnahmen, vor allem für Mädchen, die schon wieder die sozial Schwachen zu bleiben drohen und sich zu wehren lernen müssen.

Seit Ende der sechziger Jahre fehlen gesellschaftliche Konzepte, die auf eine bewußte Infragestellung traditioneller Geschlechterverhältnisse abzielen, insbesondere auch in der Bildungs- und Schulpolitik. In den gesellschaftlichen Erziehungseinrichtungen beleibt demzufolge bis heute vieles dem Selbstlauf überlassen. Der Inhalt der Schulbücher in Bild und Text sowie Lehrpläne sind dafür beredter Ausdruck. Schon im Kindergarten setzt eine massive - zumeist von den Erzieherinnen nicht besser gewußte - Vermittlung von Geschlechterstereotypen und traditionellen Rollenklischees ein. Eine Sensibilisierung oder gar ein entwickeltes kritisches Bewußtsein für diese Erziehungsprozesse und ihre Folgen gibt es augenblicklich nicht. Dies aber kann sich nur im Diskurs entfalten, braucht also jene Öffentlichkeit, die es bis vor kurzem in der DDR nicht gab. Es setzt eine fundierte Meinungsbildung voraus, die ohne entsprechende Forschung keine Substanz hat. Feministische Sozialwissenschaft, Frauenforschung ist gefragt, die die Grenzen traditioneller Forschung über Frauen, wie sie als mehr als 20 Jahren in der DDR praktiziert wird, überwinden muß.

5. Frauenforschung statt Forschung über Frauen

Die traditionelle Forschung über Frauen stößt an Grenzen,

- weil Frauen weitgehend *funktional* und damit einseitig betrachtet wurden. Sie wurden auf ihre ökonomische, biologische und/oder politische Funktion reduziert. Frauen interessierten nicht als Subjekte, d. h. in der Komplexität ihrer konkreten Lebenszusammenhänge, sondern als Arbeitskräfte, politische Funktionäre, Leitungskader, Gebärende und/oder als Mütter;

- weil es in "objektiven", männerzentrierten Analysen um die "optimale" Verteilung von Frauen auf Qualifikationsgruppen, Berufe, Leitungsfunktionen ging. Gemessen an männlichen Leistungen wurde darin beurteilt, inwiefern Frauen das eine schon "ganz gut" machen, das andere aber noch lernen müssen. So gesehen handelte es sich über weite Strecken um *Defizit-* statt um *Differenzforschung.*

Diese Defizite mußten zur Erreichung "höherer", meist ökonomischer Zwecke, überwunden werden, vor allem durch den Fleiß und die Anstrengung der Frauen selbst. Die gesellschaftlichen Defizite bzw. die objektive Ungleichheit in der Ausstattung mit Ressourcen - materiellen, zeitlichen, sozialen, kulturellen - standen weniger im Blickpunkt;

- weil diese traditionelle Forschung über Frauen parteilich im Sinne der herrschenden Ideologie und Apparate war, nicht aber konsequent parteilich für Frauen. Sie hatte keine Frauenbewegung im Rücken, dafür die Abteilung "Frau" beim ZK der SED im Nacken. Sie hatte Legitimationsleistungen zu erbringen und demzufolge Anteil an den Mythenbildungen vom erfolgreichen Voranschreiten der Gleichberechtigung in der DDR wie auch an den Tabuisierungen der realen Lebensverhältnisse von Frauen. Sie hat Anteil an der Verkümmerung des Frauenbewußtseins bzw. an der gesellschaftlichen Desensibilisierung in der Geschlechterfrage;

- weil Geschlecht auf eine statistische Merkmalsklasse reduziert und nicht als Strukturkategorie behandelt wurde. Das Gefälle im Geschlechterverhältnis wurde auf einen *Nebenwiderspruch* von Hauptwidersprüchen verkleinert. Seine Lösung mußte - theoretisch gesehen - so beinahe automatisch erfolgen, wenn die Individuen nur die rechte Einsicht hatten, wiederum vor allem die Frauen selbst.

Frauenforschung, die diese Grenzen überwinden will,

- muß Frauen als *Subjekte* sichtbar machen, und zwar in Geschichte und Gegenwart. Sie sind die Hälfte der Menschheit;

- muß die *internationale Frauenforschung*, die es seit mehr als zehn Jahren gibt, aufarbeiten und den Anschluß an diesen Diskussionszusammenhang finden. Die Theorieansätze der internationalen Frauenforschung haben eine andere Sicht auf den gesellschaftlichen Reproduktionszusammenhang hervorgebracht und eine Diskussion um den Arbeitsbegriff, um Arbeitsleistung und um die Wechselbeziehungen zwischen privaten, individuellen Diensten und produktiver Arbeit in Gang gesetzt, die hierzulande erst noch zu führen ist. Es geht um die Bewertung von Arbeit, im Beruf und im Privaten, aber auch darum zu verhindern, daß Frauen durch eine "leise" Umwertung der Werte in den Haushalt, an den Herd abgedrängt werden;

- muß Geschlecht als *Strukturkategorie* begreifen. Nur so ist die Doppelsinnigkeit von Geschlecht (Regina Becker-Schmidt) zu erfassen, d. h. die Organisation des Geschlechterverhältnisses als strukturelles Phänomen einerseits und die subjektive Verankerung von Geschlechterstereotypen in den Individuen andererseits;

- muß die *Patriarchatsdiskussion* produktiv machen. Das heißt, es muß ergründet werden, warum die Ordnung der Welt über die Zweigeschlechtlichkeit (Carole Hagemann-White) auch heute noch Sinn macht. Und es gilt zu erklären, wie und warum sich im Geschlechterverhältnis Machtstrukturen perpetuieren;

- muß unter methodischen Gesichtspunkten die *Androzentrismus-Debatte* führen und fragen, wie männlich unsere Wissenschaften schon von ihren Ansätzen her sind.

Das alles ist eine Programmatik, die sich nicht ad hoc aufarbeiten und einlösen läßt und die auf Widerstände stoßen wird. Dennoch wird eine solche Frauenforschung in Gang kommen. Die auch in der DDR entstehende Frauenbewegung wird sie einklagen.

Dieser Beitrag wurde erstveröffentlicht in: Aus Politik und Zeitgeschichte. Beilage zur Wochenzeitung "Das Parlament", B 16-17/90, S. 39 - 45.

1 Vgl. Studie zur beruflichen Orientierung der Mädchen und Frauen, hrsg. vom Zentralinstitut für Berufsbildung, Berlin 1989.

2 Die offizielle Berufsbezeichnung ist auch in den Berufen, in denen Frauen überrepräsentiert sind, meistenteils männlich.

3 Vgl. Studie zur beruflichen Orientierung (Anm. 1).

4 Ebd.

5 I. Lange, Frauenpolitik der SED in Verwirklichung der Beschlüsse des XI. Parteitages, in: dies., Die Frauen - aktive Mitgestalterinnen des Sozialismus. Ausgewählte Reden, Berlin 1987, S. 500.

6 Vgl. C. Unterkirchner/I. Wagner (Hrsg.), Die andere Hälfte der Gesellschaft, Österreichischer Soziologentag 1985, Wien 1987.

7 Vgl. U. Hoffmann, Computerfrauen, München 1987.

8 Vgl. die Forschungsberichte: Die soziale Realität der Einführung neuer Technologien - Vier Fallstudien aus Berliner Betrieben, Humboldt-Universität zu Berlin, Institut für Soziologie, Berlin 1988; Computerisierung der Büros, Humboldt-Universität zu Berlin, Institut für Soziologie, Berlin 1989.

9 Vgl. H. M. Nickel, Geschlechtersozialisation und Arbeitsteilung, in: Weimarer Beiträge, 34 (1988) 4.

10 Vgl. dazu auch die Leserdiskussion zum "Traumtyp" in: Junge Welt, (1989).

Zur Untersuchung von Freizeitverhalten in der DDR

Toni Hahn

Forschungsergebnisse zum Freizeitverhalten in der DDR signalisieren ebenso wie Untersuchungen auf anderen Feldern die in den 80er Jahren sich zuspitzenden, nicht rechtzeitig offengelegten und öffentlich auf Lösungsvarianten hin diskutierten sowie entsprechenden Lösungen zugeführten Widersprüche des ökonomischen, politischen und sozialen Lebens im Lande. Zwei soziale Hauptprobleme sind zu nennen. Sie sind unlöslich mit dem zunehmend disfunktionalen Wirtschaftsmechanismus verbunden und mit Strukturen des politischen Systems, die nicht mehr in der Lage waren, die vielfältigen, widersprüchlichen Interessen in der Gesellschaft zum Ausdruck und zum Konsens zu bringen. Um welche sozialen Hauptprobleme handelt es sich?

Erstens: Das gesellschaftlich nicht beherrschte Verhältnis von sozialer Gleichheit und von leistungsabhängiger sozialer Ungleichheit. Die große Errungenschaft gleicher sozialer Grundrechte und eines garantierten Grundsockels der Befriedigung wesentlicher Lebensbedürfnisse für alle ist

a) zunehmend zur Nivellierung geworden. D.h. ungleiche Leistungen für die Gesellschaft finden völlig unzureichend in ungleichen Lebensbedingungen ihren Niederschlag. Das Leistungsprinzip in der Einheit seiner drei Seiten kommt nur begrenzt zur Wirkung (fähigkeitsgerechte Leistung ermöglichende Arbeit; leistungsgerechte Bewertung und Anerkennung; bedürfnisgerechte Umsetzbarkeit des Einkommens).

b) Für alle Gesellschaftsmitglieder oder für bestimmte Zielgruppen konzipierte gesellschaftliche Zuwendungen erfüllen teilweise immer weniger ihren gemeinten Sinn, nämlich ungerechtfertigte soziale Ungleichheiten zu verhindern oder zu mindern. Sie fördern diese in bestimmtem Maße sogar. Daher wird gegenwärtig u.a. viel über mögliche Modalitäten der Subventionspolitik diskutiert. Hinzu kommt, daß die "zweite Lohntüte" in Gestalt leistungsunabhängiger direkter oder indirekter Einkommen in den letzten 20 Jahren wesentlich dynamischer gewachsen ist (seit 1971 auf 400 %) als das Arbeitseinkommen (auf 160 %), was das Leistungsprinzip zusätzlich relativiert.

c) Durch alle Gesellschaftsgruppen hindurchgreifend hat sich eine Teilung der Gesellschaft entwickelt, die auf die individuell zufällige Verfügung über knappe Ressourcen zurückgeht (zweite Währung im Lande, Zugriff zu defizitären Waren und Dienstleistungen, ungerechtfertigte Privilegien). Durch sie werden spontane, das Leistungsprinzip weitgehend außer Kraft setzende, Umverteilungen von Reproduktionsbedingungen in der Freizeit in Gang gesetzt. Das Gefühl sozialer Gerechtigkeit wurde dadurch zunehmend eingeschränkt.

Zweitens: Mit dem durchschnittlich hohen Bildungs- und Qualifikationsniveau in der DDR und mit der ständigen Propagierung solcher Werte wie Freiheit der Persönlichkeits- und Individualitätsentfaltung, der sozialistische Produzent als Machtausübender, sozialistische Demokratie als Errungenschaft des Sozialismus, wurde ein hoher Anspruch an Selbst- und Mitbestimmung von Lebensqualität geweckt. Dieser Anspruch geriet zunehmend in Kontrast zu erlebten Realitäten des täglichen Arbeits- und Freizeitalltags. Das Gefühl, in sozialer Sicherheit zu leben unterlag dadurch insbesondere bei der jungen Generation, der historische Erfahrungen von sozialen Ausgrenzungen usw. fehlen, verschiedenen Einschränkungen. Soziale Sicherheit wird eben keinesfalls nur als System sozialer Sicherungen verstanden. Sie wird zum einen als die Sicherheit verstanden, durch eigene Leistung das persönliche und familiäre Lebensniveau, speziell die Freizeit- und Erholungsbedingungen, spürbar bestimmen zu können - eine Frage vor allem des Wirtschaftsmechanismus. Zum anderen wird sie als Sicherheit eingefordert, nach durchschaubaren, als gerecht akzeptierten Kriterien am sozialen Fortschritt partizipieren zu können, sich nicht der Willkür staatlicher Organe ausgeliefert zu sehen, soziale und politische Menschenrechte für alle gleich garantiert zu finden. Hier geht es z. B. um manche Praktiken der Wohnraumvergabe, um die Erteilung von Reisegenehmigungen, um Ungerechtigkeiten und Privilegien bei Gesundheitsversorgung und Erholung. Vorhandene gesellschaftliche Kontrollmöglichkeiten griffen nicht, Rechtssicherheit war eingeschränkt, der Bürger fühlte sich oft ausgeliefert und ohnmächtig. Schließlich gehört zur sozialen Sicherheit die Gewähr der Möglichkeit, auf gesellschaftliche Strukturentscheidungen Einfluß zu nehmen, die für soziale Spielräume von heute und morgen bedeutsam sind. Es geht um verschiedene Formen sachkundiger Mitsprache, bis hin zum Beispiel zu Referenden auf gesellschaftlicher oder regionaler Ebene. Sachkunde und Kompetenz ist wiederum an die Sicherheit gebunden, umfassend über Vor- und Nachteile von Entscheidungsalternativen, über vorhandene und mögliche neue Widersprüche und Interessenkonflikte informiert zu sein, Formen öffentlicher Artikulation und Diskussion opponierender Meinungen zu finden.

Wenn insbesondere von Jugendlichen empfundene Begrenzungen sozialer Gerechtigkeit und sozialer Sicherheit (Tabelle 1) auch wesentlich auf Erfahrungen im Arbeits- und Berufsleben zurückgehen (Disproportionen zwischen Qualifikations- und Arbeitsplatzstrukturen, Leistungsbedingungen beschränkende Produktions- und Arbeitsorganisation, Probleme der Messung und Bewertung von Leistung, mangelnde Produktionsdemokratie, formaler Wettbewerb anstelle echten und ehrlichen Wetteiferns u.a.m.), so reduziert sich das Problem keineswegs hierauf. Im Gegenteil. Gerade die Konsumtions-, Reproduktions- und Aktivitätsbedingungen in der Nichtarbeitssphäre sind von entscheidender Bedeutung für das soziale Sein und Bewußtsein. Das gilt nicht etwa nur für jene Bürger, denen Arbeit und Leistung im Beruf nichts als Mittel zur Befriedigung außer ihnen liegender Freizeitbedürfnisse sind. Ungeachtet widersprüchlicher Entwicklungen in den Arbeitsinhalten und -bedingungen, speziell im Zuge technologischen Wandels, ist der Anteil der Bürger, für die das eigentliche Leben erst in der Freizeit beginnt, in den 70er und 80er Jahren deutlich zurückgegangen. Natürlich hängt das mit dem Qualifikations- und Tätigkeitsniveau zusammen (Mitte der 60er Jahre waren noch etwa die Hälfte aller Berufstätigen ohne abgeschlossene Berufsausbildung, heute gut 10 %). Es hängt aber auch mit sich verändernden Erfah

Tab. 1: Gefühl sozialer Sicherheit (Angaben in Prozent)

Altersgruppen (in Jahre)	Das Gefühl sozialer Sicherheit haben vollständig	mit bestimmten Einschränkungen	nicht
bis 25	68,6	26,7	4,7
26 - 45	77,5	18,2	4,3
40 - 60/65	85,5	11,5	4,0
über 60/65	91,4	5,2	3,4

Quelle: Gunnar Winkler, Sozialpolitik in der DDR. In: Sozialstruktur und sozialer Wandel in der DDR/Heiner Timmermann (Hrsg.) - Saarbrücken-Scheidt: Dadder 1988.

rungs- und Wertestrukturen zusammen. Zunehmend erschlossen sich eigene Sinndimensionen der von Ausbeutung freien Arbeit. Das läßt sich aus der Arbeits- und Leistungsmotivation ablesen (Tabelle 2, Tabelle 3).

Tab. 2: Arbeitsmotive (Angaben in Prozent)

Motive, einer beruflichen Arbeit nachzugehen	BEDEUTSAMKEIT sehr große	große	wenig	keine
Das Einkommen	37	37	21	5
Soziale Kontakte	26	50	20	4
Gefühl, im Leben etwas zu leisten	24	44	20	12
Gefühl, gebraucht zu werden	22	39	28	11
Anwendung von Fähigkeiten	17	40	30	13
Erfolgserlebnisse	19	38	28	15
Etwas verändern, gestalten	21	33	30	16
Anregung für persönliche Weiterentwicklung	10	33	34	23
Verantwortung tragen	11	27	37	25
Sich im Vergleich mit anderen beweisen	5	18	37	40

Quelle: Forschungsbericht Leistungsverhalten bei der Durchsetzung des wissenschaftlich-technischen Fortschritts. Teil II. Beiträge aus der Forschung Soziologie und Sozialpolitik. AdW der DDR, Berlin 1986 (erfaßt wurden ca. 1000 Beschäftigte aus 8 Funktionsgruppen, die an der Entwicklung oder Anwendung neuer Technik beteiligt sind - von Grundlagenforschern bis zu Produktionsarbeitern).

Gaben nach soziologischen Analysen Anfang der 70er Jahre zwischen 10 und 30 % der Angehörigen verschiedener Funktionsgruppen an, Arbeit nur als notwendiges Übel zu betrachten, so reduzierte sich dieser Anteil in den Folgejahren deutlich. Gleichzeitig stieg der Anteil derer, die sich auch in der Freizeit mit Problemen der Arbeit beschäftigen (insbesondere durch Weiterbilden, auch Neuerertätigkeit). In den 70er Jahren waren das nach eige-

Tab. 3: Leistungsmotive (Angaben in Prozent)

	BEDEUTSAMKEIT			
Motive für das Streben nach hoher Leistung	sehr große	große	mittlere	geringe/ keine
Der Reiz der interessanten Arbeit	31	45	18	5
Anwendung und Erweiterung von Kenntnissen	28	52	17	3
die Arbeit der Kollegen hängt davon ab	20	47	25	8
Beitragen zum besseren Leben und sozialer Sicherheit aller	22	42	26	11
Die Ergebnisse wurden volkswirtschaftlich gebraucht	11	38	33	18
Berufliches Weiterkommen	10	27	39	24
Einflußnahme auf Friedens- und Fortschrittssicherung	12	26	27	35
Die Anstrengungen zahlen sich finanziell aus	10	22	29	39
Die Stellung im Kollektiv hängt davon ab	4	18	38	40
Der Chef erwartet das	5	19	31	45

Quelle: ebenda.

ner Angabe zwischen 20 und 25 %. Nach neueren Untersuchungen gaben z. B. 10 % befragter Grundlagenforscher, knapp die Hälfte befragter Produktionsarbeiter an, sich nach Feierabend nie mit Problemen der Arbeit zu beschäftigen. Obwohl der Stellenwert beruflicher Arbeit in der Struktur von Lebensorientierungen also nicht abgenommen, eher zugenommen hat (Tabelle 4), werden soziale Sicherheit und Gerechtigkeit heute nicht weniger als in früheren Jahren an Lebensbedingungen außerhalb der Arbeit gemessen.

Tab. 4: Wertorientierungen für das persönliche Leben (Angaben in Prozent)

	BEDEUTSAMKEIT				
Wertorientierungen	sehr wichtig	wichtig	teilweise wichtig	wenig wichtig	unwichtig
Gesundheitliches Wohlbefinden	79	20	1	0	0
Liebe/Partnerschaft	72	24	3	1	0
Im Kollektiv wohlfühlen	49	35	9	4	3
Ein vielseitiges Leben	34	54	11	1	0
Im Beruf etwas leisten	30	58	11	1	0
Schöne, gute Wohnung	31	53	13	2	1
Freunde und Geselligkeit	30	50	17	3	0
Finanzielle Reserven	31	44	19	5	1
Interessante Hobbys	26	46	20	7	1
Lernen, sich weiterbilden	13	53	27	6	1
Etwas zu sagen haben	12	42	30	13	3
Aktiv am gesellschaftlichen Leben teilnehmen	8	37	35	14	6
Eine höhere Stellung erreichen	1	13	28	35	23

Quelle: ebenda, Teil I.

Das gilt gerade auch angesichts des selbstverständlich garantierten Rechts auf Arbeit für alle. Es gilt namentlich für in der Arbeit Erfüllung Suchende, sich in ihr Verausgabende. Reproduktion ihres spezifischen Leistungsvermögens stellt Anforderungen an spezifische Freizeitbedingungen. Anspruch an Garantien für Subjektsein in allen Lebensbereichen ist bei ihnen wie bei der Mehrzahl der Werktätigen stark ausgeprägt. Die Gesellschaft wird immer stärker nicht nur daran gemessen, ob Ausbildungs- und Arbeitsplatz gesichert sind, sondern daran, welche Möglichkeiten die arbeitsfreie Zeit für vielseitige Persönlichkeitsentwicklung, für die Befriedigung differenziertester Bedürfnisse bietet. Sicherheit vor Obdachlosigkeit, vor Notlagen bei Leistungsunfähigkeit usw. werden lediglich als unabdingbare Voraussetzungen dafür angesehen. Daß Ansprüche an die Freizeit nicht ausschließlich Ergebnis innerer Faktoren eines Landes, objektiver Tätigkeitsstrukturen der verschiedenen sozialen und demographischen Gruppen sind, bedarf in diesem Zusammenhang keiner besonderen Begründung. Die Vergesellschaftung und Internationalisierung materieller wie geistiger Lebensprozesse hat hier natürlich nicht zu unterschätzende Bedeutung. Das muß soziologische Freizeitforschung beachten, wenn sie nach Determinanten von Freizeitverhalten fragt.Da Soziologie immer nach Determination und nach Funktion der jeweils interessierenden sozialen Sachverhalte zu fragen hat, ergeben sich natürlich Konsequenzen für die Hypothesenansätze, die Untersuchungsmethodik und die zu wählenden Indikatoren. Was heißt das für soziologische Freizeitforschung?

Funktion der Freizeit ist es nach Marx, gesundheitliches und körperliches Vermögen immer neu herzustellen und die Möglichkeit geistiger Entwicklung, gesellschaftlichen Verkehrs und sozialer wie politischer Tätigkeit zu sichern.[1] Genau diese soziale Funktion von Freizeit ist es m.E., die im Mittelpunkt soziologischen Forschungsinteresses stehen muß, aber noch nicht hinreichend steht. Aufgabe soziologischer Freizeituntersuchungen kann es also nicht nur sein, möglichst genau Freizeitverhalten in seinen sich verändernden und stabilen, einheitlichen wie differenzierten, realen wie gewünschten Strukturen bei verschiedenen sozialen Gruppen zu messen (Tabelle 5 u. 6).

Tab. 5: Haupttätigkeiten in der täglichen und Wochenendfreizeit der DDR-Bevölkerung (Rangfolge)

- Soziale Beziehungen in Familie, Partnerschaft, anderen Gemeinschaften
- Erledigung von Alltagspflichten zur Konsumtion und Reproduktion
- Erholung (passiv wie aktiv) - hineinreichend in andere Tätigkeiten
- Rezeptive und aktive Formen geistiger Kultur
- Berufsbezogene Arbeiten (insbesondere Weiterbildung)
- Private Arbeit (unbezahlt wie bezahlt) zur Erweiterung von Konsumtionsmöglichkeiten
- Engagement zur Lösung gesellschaftlicher oder kommunaler Probleme

Quelle: Zeitbudgetanalyse

Tab. 6: Gewünschte Tätigkeiten bei mehr Freizeit in Familien mit Kindern (Rangfolge)

- mit den Kindern etwas unternehmen
- sich mit dem Partner beschäftigen
- sich ausruhen, erholen
- mit Freunden zusammenkommen
- lesen
- Pflege, Verschönerung der Wohnung
- Sport treiben
- ausgehen
- Allgemeinbildung erweitern
- Haus-, Reparaturarbeiten
- schlafen

Quelle: Untersuchungen der Familienforscher des Instituts für Soziologie und Sozialpolitik der AdW.

Es gilt vor allem, die Funktion dieser Strukturen für die Verwirklichung objektiver Reproduktionserfordernisse von Individuen sowie Gesellschaft und für die Befriedigung subjektiver Bedürfnisse und Wertorientierungen zu untersuchen. Es geht um Freizeit in ihrer Bedeutung für die Entwicklung von Subjektfähigkeit und Subjektivität.

Dementsprechend sind die Indikatoren empirischer Freizeitforschung zu wählen. Sie müssen der Erfassung und Bestimmung von Freizeittätigkeiten hinsichtlich ihres objektiven Stellenwertes und hinsichtlich ihres subjektiv empfundenen Wertes
- für die Reproduktion von Leistungsvermögen,
- für Selbstverwirklichung der Persönlichkeit,
- für die Erweiterung zwischenmenschlicher Beziehungen,
- für die Entwicklung sozialer Strukturen und Verhältnisse,
- für die Formierung und gesellschaftliche Wirksamkeit von Öffentlichkeit des geistigen Lebens
- sowie für demokratische Aktivitäten zur Lösung vielfältiger Probleme und Interessenwidersprüche der Gesellschaft dienen.

Man muß feststellen, daß Freizeitforschung in der DDR kaum systematisch betrieben, geschweige auf diesen funktionalen Bezug individuellen und gesellschaftlichen Freizeitgewinns gelenkt wurde. Aussagen über gesetzmäßige Veränderungen der Freizeit im sozialen Reproduktionszusammenhang der sozialistischen Gesellschaft sind daher nicht möglich. Traditionell wurden zwar in vielen Untersuchungen sozialstrukturelle Besonderheiten von Freizeitverhalten analysiert und verschiedene Hypothesen über die Rolle von Arbeitsinhalten, von Qualifikation, auch von demographischen Merkmalen sowie von territorialen und Siedlungsspezifika überprüft. Wie Freizeit auf die Reproduktion und Veränderung von Sozialstrukturen wirkt, kann mit diesen Ergebnissen nicht verallgemeinerbar belegt werden. Dennoch liegt viel Material vor, das bei intensiver sekundäranalytischer Arbeit Wesentliches zutage fördern könnte. So ist es ein Vorteil, daß langjährig durch verschiedene soziologische Einrichtungen sowohl im Rahmen von Lebensweiseforschungen, als auch von arbeits-, familien-, agrar-, medizin-, bevölkerungssoziologischen Analysen usw. fast durchgängig auch Freizeitindikatoren zur Anwendung gebracht wurden. Sie sind zumindest teilweise vergleichbar und lassen Haupttrends erkennbar werden. Bei spezielleren Untersuchungen, wie z. B. denen zu sozialen Voraussetzungen und Wirkungen neuer Technologien, oder denen zum Vereinbaren von Beruf und Familie, oder denen zur natürlichen Bevölkerungsproduktion, ist der genannte methodologische Ansatz funktionaler Betrachtung von Freizeit häufig wichtiger Bestandteil des Forschungskonzepts. Darüber hinaus sind die Ergebnisse vieler sehr spezifischer Analysen, wie etwa zum Kunstgebrauch Jugendlicher, zur sportlichen Aktivität der DDR-Bevölkerung, zu Erholungsbedürfnissen und -formen in Berlin usw. usf. nutzbar. Auch Ergebnisse der Marktforschung, die beispielsweise einen Trend zur Rückverlagerung bestimmter vergesellschafteter Formen der Bedürfnisbefriedigung in individualisierte Tätigkeitsprofile ausweisen (Selbstschneidern u.a.), sind von Interesse. Ferner stehen repräsentative objektive Daten in Gestalt von Zeitbudgetanalysen der DDR-Bevölkerung zur Verfügung. (Tabelle 7)

Ein Indikator auf der subjektiv-geistigen Ebene ist soziales Wohlbefinden, wie es mit und durch Freizeit erreicht wird. Dabei muß das bereits Gesagte beachtet werden: Für die Mehrheit der sozialen und demographischen Gruppen gilt, daß soziales Wohlbefinden v.a. dann gegeben ist oder erlangt wird, wenn Bedingungen für ein hohes Maß von Selbstbestimmbarkeit individueller Lebensqualität und von Einfluß auf soziale Verhältnisse der Gesellschaft gesichert ist.

Tab. 7: Struktur des wöchentlichen Zeitbudgets (Personen in Arbeiter- und Angestelltenhaushalten im Alter von 16 bis 60/65 Jahren). Stunden/ Woche (ohne Urlaub, Krankheit usw.)

	1974		1985	
Freizeitinhalte	Männer	Frauen	Männer	Frauen
Arbeitszeit	43,5	32,3	42,2	34,4
Arbeitsgebundene Zeit	7,9	5,5	7,7	6,2
Befriedigung biologischer Bedürfnisse	70,2	71,9	69,9	71,5
Hauswirtschaftliche Tätigkeiten, Besorgungen, Kinderbetreuung	16,1	35,3	18,8	32,8
Nach Neigung verfügbare Freizeit	30,3	23,0	29,4	23,1

Quelle: Zeitbudgetanalyse der Staatlichen Zentralverwaltung für Statistik.

Wenn auf Grund der geschilderten Forschungssituation auch keine zuverlässigen Gesamtaussagen möglich sind, so weisen vorliegende Analyseresultate doch auf eine Reihe von Widersprüchen in der Funktion und Funktionalität von Freizeit hin.

1. Freizeit hat bzw. erhält teilweise zunehmend neben ihrem Eigenwert die Bedeutung, eine Ersatzfunktion für in der Arbeit nicht befriedigte Bedürfnisse zu erfüllen. Das betrifft neben Werktätigen mit unqualifizierten, geistig anspruchsarmen, körperlich schweren, gesundheitsgefährdenden Tätigkeiten namentlich hochqualifzierte, kreative, leistungsfähige und hoch motivierte Kräfte. Wenn sie, die im Beruf nicht nur persönliche Bestätigung suchen, sondern gesellschaftlichen Sinn verwirklichen wollen und ökonomische Rationalität im Dienste ökologischer und sozialer Effektivität anstreben, ihren Anspruch stabil nicht realisieren können, werden sie zu Kompensation in der Freizeit gedrängt.

2. Wo Freizeit nicht der Kompensation und dem Ersatz dient, sondern wo Arbeits- und Freizeitbedürfnisse sich ergänzend ein dialektisches Widerspruchspaar bilden, entstehen dennoch nicht selten hemmende Widersprüche durch disfunktionale Zeitstrukturen.

a) Ungeachtet einer Verkürzung der gesetzlichen Arbeitszeit in den letzten 20 Jahren (sie liegt heute zwischen 37,5 Stunden - bei Dreischichtarbeit, 38 Stunden - bei Müttern mit zwei Kindern und unter Aufrechnung des Haushaltstages, und maximal 43 3/4 Stunden), ist das durchschnittliche Volumen arbeitsfreier Zeit in den Familien kaum gewachsen. Das erklärt sich aus dem gestiegenen Anteil berufstätiger Frauen (heute sind 92 % aller Frauen im arbeitsfähigen Alter berufstätig). Fast durchgängig schätzen Angehörige aller sozialer Gruppen daher ein, zu wenig Zeit für viele notwendige Tätigkeiten (Haushaltsführung, Beschäftigung mit schulischen Problemen der Kinder usw.) und insbesondere für Tätigkeiten nach eigener Wahl (Geselligkeit, Hobby usw.) zu haben. Vor allem besteht der Wunsch nach mehr frei verfügbarer Freizeit (Tabelle 8).

Tab. 8: Freizeitfonds in Familien an Arbeitstagen (Angaben in Prozent)

frei verfügbare Freizeit	Frauen	Männer
bis 1 Stunde	15	12
bis 2 Stunden	36	23
bis 3 Stunden	28	30
mehr als 3 Stunden	21	35
	100	100

Quelle: Untersuchungen des Instituts für Soziologie und Sozialpolitik.

b) Nicht allein die Relation von Arbeits- und Freizeit ist maßgeblich, sondern vor allem die von notwendiger und von frei verfügbarer Zeit. Da arbeitsgebundene Zeit (v.a. Wegezeiten) und Zeit für hauswirtschaftliche Tätigkeiten, Besorgungen, Kinderbetreuung usw. fast unverändert geblieben sind (lediglich gewisse Verlagerungen zwischen den Geschlechtern sind zu verzeichnen), ist Mußezeit nicht gewachsen. Aber die Bedürfnisse sind mit dem gewachsenen Kulturniveau differenzierter und vielfältiger geworden.

Gleichzeitig sind zumindest für einen Teil der Werktätigen mit der Zunahme psychonervaler Beanspruchungen in der Arbeit Bedürfnisse nach entspannend-erholenden Tätigkeiten in der Freizeit gewachsen. Territorial ungleichmäßig entwickelte technische und soziale Infrastrukturen, mangelnde Möglichkeiten für Rationalität und Effektivität notwendiger Tätigkeiten führen zu Verwendungsstrukturen der Freizeit, die zusätzliche Beanspruchungen und zusätzlichen Erholungsbedarf bedeuten. Besonders Frauen können sich nach ihrem Empfinden am Werktagsabend oft nicht ausreichend erholen. Als hemmend für die Reproduktion von Leistungsfähigkeit werden von allen Gruppen insbesondere der Berufsverkehr, das Dienstleistungsangebot und die Einkaufsmöglichkeiten eingeschätzt. Als eher fördernd denn hemmend werten die meisten Berufstätigen dagegen die Kinderbetreuung, die soziale und gesundheitliche Versorgung und die Wohnbedingungen.

3. Der entscheidende, bislang weitgehend ungelöste Widerspruch besteht in der Diskrepanz zwischen einer der größten Errungenschaften des Sozialismus - dem gebildeten, Entfaltungsräume für Subjektivität anmahnenden Bürger einerseits, und Defiziten in den materiell-gegenständlichen sowie in den politisch-rechtlichen Voraussetzungen dafür andererseits. Die gegenwärtig vor sich gehenden grundlegenden Veränderungen in der Gesellschaft bedeuten gerade auf diesem Gebiet fundamentalen Wandel - schneller wahrscheinlich auf der politisch-rechtlichen als auf der materiellen Ebene.

Freizeit kann auf diesem Wege von vielen Restriktionen ihrer Funktionsrealisierung für individuelle Freiheit und sozialen Fortschritt frei werden.

Objektive Widersprüche und auch Funktionsdefizite der Freizeit reflektieren sich in der unterschiedlichen subjektiven Bewertung des Zeitaufwandes für ein und dieselbe Freizeittätigkeit - je nach ihrer Einordnung als unabdingbare Notwendigkeit oder als Entspannung, Sinnerfüllung, Eigenwert verkörpernde Betätigungen. So gaben bei einer Untersuchung zum Leistungsverhalten fast 30 % der Frauen und 20 % der Männer an, zuviel Zeit für das Einkaufen verwenden zu müssen. Fast 50 % der Frauen und über 40 % der Männer würden gern mehr Zeit dafür investieren - insbesondere für Einkaufsbummel mit kommunikativen und erholsamen Effekten.[2]

Abschließend sei kurz auf erste Ergebnisse einer als Wiederholungsuntersuchung angelegten Forschung zu Bedürfnisstrukturen in 4 Dimensionen eingegangen (Tabelle 9). Das ist keine Freizeitforschung. Aber die den gesamten Lebensvollzug durchdringende Bedeutung von Freizeitverhalten wird sichtbar. Sichtbar werden v.a. die Wechselwirkung zwischen verschiedenen Bedürfniskomplexen und die Abhängigkeit der Befriedigung der einen Bedürfnisse von der anderer. Als übergreifend erweisen sich namentlich drei Bedürfnisse - das Bedürfnis nach einer gesunden Umwelt, das Bedürfnis nach Information und das Erholungsbedürfnis. Ihre Befriedigung ist für die Funktionalität von Freizeit entscheidend geworden. Für sie ist aber eine besonders niedriges Befriedigungsniveau kennzeichnend. Während durch eine grundlegend neue Medienpolitik, durch Veränderungen im Bildungssystem und nicht zuletzt in den Strukturen und Organisationsformen des politischen Lebens in relativ kurzer Zeit eine neue Qualität von Informiertheit und Kompetenz der Bürger erreichbar ist, stellt sich das Umweltproblem als wesentlich komplexer und komplizierter. Diesem Grundbedürfnis ist letztlich nur überregional, global Rechnung zu tragen. Der notwendige nationale Beitrag dazu und die vielen möglichen Schritte in den Betrieben und Territorien verlangen Strukturentwicklungen der Wirtschaft, die nicht ohne Auswirkungen auf die materiellen Voraussetzungen zur Befriedigung verschiedenen Konsumtions- und Freizeitbedürfnisse sein können. Informiertheit über die ökologische Lage und die ökonomischen Möglichkeiten, über zur Disposition stehenden Alternativen und ihre Folgerungen für die gesamte Lebensweise ist Voraussetzung für den einzelnen und die verschiedenen Gruppen, um sich am Disput um Entscheidungsvarianten zu beteiligen und um sich eigenverantwortlich für persönliche Konsequenzen im Lebensstil zu entscheiden.

Man kann davon ausgehen, daß mit den gegenwärtigen Umgestaltungs prozessen der Stellenwert von gesellschaftspolitischen Aktivitäten in der Freizeit wachsen wird. Schon heute ist das Bedürfnis danach stärker ausgeprägt, als die Bedingungen wirkungsvolles Agieren zulassen. Die gegenwärtig in Bewegung gekommene, Massen erfassende politische Aktivierung wird dazu führen, daß die Funktion von Freizeit für Subjektentfaltung und Sinnerfüllung umfassender real wird.

Tab. 9: Bedürfnisstrukturen in 4 Dimensionen (2 positive Antwortstufen[x)], Angaben in Prozent)

Bedürfnisart[xx)]	subjektive Bedeutsamkeit	Befriedigungsniveau	eigene Aktivität zur Befriedigung	Vorhandensein gesellschaftlicher Bedingungen für die Befriedigung
Friedenserhaltung	99	58	63	42
Umwelterhaltung	98	16	69	6
Familie	95	92	87	56
Erholen	95	46	73	15
Gesunderhaltung	94	76	58	29
Informiertheit	92	33	77	19
Wohnen	91	55	40	30
Sexualität	90	81	74	68
Sozialkontakte	88	87	55	44
Bildung	84	55	57	42
Arbeiten	79	57	92	25

x) Von 5 Antwortstufen (sehr starke bis fehlende Ausgeprägtheit) wurden hier jeweils die ersten beiden zusammengefaßt.

xx) Insgesamt wurden 21 Bedürfnisarten untersucht, hier finden sich nur die ersten 11 wiedergegeben.

Quelle: Forschungsbericht Tendenzen in der Entwicklung von Bedürfnissen, Interessen und Wertorientierungen als Triebkräfte sozialer Aktivität. Institut für Soziologie und Sozialpolitik der AdW, Berlin 1989.

Natürlich darf die Bedeutung materieller Voraussetzungen dafür nicht unterschätzt werden. Ohne eine höhere Arbeitsproduktivität sind weder vorhandene, Persönlichkeitsverwirklichung beschränkende Arbeitsinhalte und -bedingungen und ihre deformierende Wirkung auf Reproduktionserfordernisse zu beseitigen, noch sind Arbeitszeitverkürzungen möglich, noch können Gesundheit und Erholung belastende Umweltbedingungen verbessert werden, zurückgebliebene technische, soziale und kulturelle Infrastrukturen verändert und die großen territorialen Ungleichmäßigkeiten der Wohnqualität überwunden werden. Dies alles ist für die Freizeitqualität eine entscheidende Grundlage. Erst die Einheit materiell-sozialer Bedingungen und politischer Strukturen erlaubt aktive Selbstbestimmung der Freizeit und des gesamten Lebens für alle Gesellschaftsgruppen, erlaubt und erfordert eine "Totalität menschlicher Lebensäußerungen" (Marx) aller.[3] Eine wichtige Vermittlungsfunktion in diesem Prozeß hat sozialwissenschaftliche Forschung, indem sie Selbst- und Fremderkenntnis der Gesellschaftsgruppen von Interessenlagen und Interessenwidersprüchen, von Lösungsvarianten und Lösungsfolgen aufdeckt. Sie kann so entscheidend zu subjektiver Handlungskompetenz der gesellschaftlichen Subjekte, der Individuen, Gruppen und Gemeinschaften beitragen. Auch auf diesem Gebiet ist der gegenwärtige Zustand unbefriedigend.

Eine sozialistische Gesellschaft mit ihren sozialökonomischen Strukturen bietet im Prinzip alle Voraussetzungen, um Resultate und Schlußfolgerungen aus soziologischen Forschungen in praktische Politik umzusetzen, die den Interessen der Menschen dient und humanistische Grundwerte realisiert. Die eingangs angedeuteten Fehlentwicklungen im gesamten gesellschaftlichen Reproduktionsprozeß bedeuteten auch prinzipiell Restriktionen für die Aufnahme soziologischen Wissens in gesellschaftliche Strategienbildung und in praktisch-politische Entscheidungen. So beeinflußten die deutlich erkennbaren Veränderungen in den Bedürfnisstrukturen der Menschen nicht hinreichend Prioritäten der Wirtschafts- und Sozialpolitik und wurden speziell nicht wirksam für notwendige Veränderungen des politischen Systems. Hier bahnt sich bekanntlich gegenwärtig eine Wende an. Sie ist verbunden mit einem schon seit längerem in Gang gekommenen innerwissenschaftlichen Diskurs um das Selbstverständnis von marxistischer Soziologie, von ihrer Erkenntnisfunktion und gesellschaftlichen Rolle. Marxistische Soziologie muß sich als Subjektwissenschaft entwickeln, die mit ihren Ergebnissen auf Bedingungen für die freie Individualitätsentwicklung aller Gesellschaftsmitglieder zielt. Soziale Strukturen und Verhältnisse sind daraufhin zu analysieren, ob sie geeignete Formen und Mittel für Individualitäts- und Subjektivitätsentwicklung darstellen. Sozialtypische individuelle Verhaltensweisen, nicht zuletzt das Freizeitverhalten, sind auf ihre gleichzeitige Funktion für gesellschaftliche Reproduktion und für die Ausbildung von Individualität des einzelnen hin zu untersuchen. Sie ist nach marxistischem Verständnis Bedingung für die freie Entwicklung aller.[4] Gesellschaftlicher Reproduktionstyp und soziale Qualität individueller Reproduktion bilden eine dialektische Einheit. Die empirische Analyse dieser Einheit und die Aufdeckung von Äußerungen sowie Ursachen für Störungen in der notwendigen Wechselwirkung, d. h. von Ursachen für Beschränkungen der Entwicklung von Subjektivität des einzelnen, der sozialen Gruppen und des gesamten gesellschaftlichen Gemeinwesens sind m. E. entscheidende Aufgabe künftiger Freizeitforschung.

1 MEW Bd. 16, S. 192.

2 Vgl. Innovation und Motivation in Forschung, Entwicklung und Überleitung. Berlin 1988, S. 143 f.

3 Karl Marx: Grundrisse der Kritik der Politischen Ökonomie, S. 189.

4 Karl Marx, Friedrich Engels: Manifest der Kommunistischen Partei. MEW, Bd. 4, S. 482.

Wohlbefinden und reproduktives Verhalten in der DDR

Wulfram Speigner

1. Bedürfnisse, Wertorientierungen, Lebensbedingungen

Wohlbefinden kann man als psychischen Zustand, der sich aus dem Grad von Bedürfnisbefriedigung ergibt, verstehen. Nach marxistischer Auffassung ist der Lebensprozeß der Persönlichkeit ständige Aktivität, um ihre individuellen Bedürfnisse zu befriedigen. "Das Bedürfnis selbst resultiert aus dem objektiv bestimmten Verhältnis der Menschen zu den natürlichen und gesellschaftlichen Bedingungen ihrer Existenz und Entwicklung, das heißt zu ihren Lebensbedingungen."[1] Dabei ist Hegels Schlußfolgerung sehr anschaulich: Das Bedürfnis ist der "gefühlte Widerspruch in der Dialektik von Objekt und Subjekt, der innerhalb des lebendigen Subjekts selbst stattfindet."[2] Es wird als ein Zustand erlebt, in dem eine zukünftige Situation des Subjekts antizipiert wird. Die Bedürfnisse des Individuums bilden eine vielfältige Struktur. In dem Maße, wie der Mensch seinen Bedürfnissen entsprechend leben kann, entsteht Wohlbefinden. Ein besonderer Aspekt ist der Begriff des "sozialen Wohlbefindens", der (nach T. Hahn) an die soziale Lage gebunden und dann gegeben ist, wenn ein hohes Maß von Selbstbestimmbarkeit individueller Lebensqualität und von Einfluß auf soziale Verhältnisse der Gesellschaft gesichert ist. Wohlbefinden ist ein sozialer Tatbestand.

Das soll im folgenden Beispiel des reproduktiven Verhaltens ausgeführt werden, wobei wir unter reproduktivem Verhalten die Entscheidung für die Geburt eines (oder eines weiteren) Kindes, das Zeugen und Gebären des Kindes zu verstehen, und auch immer, wie es ja auch Eltern tun, die Art und Weise des Zusammenlebens von Kindern und Eltern in der Familie mitdenken. Dieses Verhalten ist soziale Aktivität wie andere Verhaltensweisen auch. Es ist Ausdruck der Komplexität menschlicher Existenz. Seine biotische Grundlage sind die (in der Regel) invariante Fertilität der Frau und die des Mannes. Dieser "biotische Sockel" des Zeugens und Gebärens der Kinder wird wirksam durch das Hinzutreten der ebenfalls relativ invarianten psychischen Handlungsregulative. Biotisches und Psychisches bilden die individuelle, interne Voraussetzung des reproduktiven Verhaltens. Es ist aber in der Regel Ergebnis einer Entscheidung der Frau und (mehr oder weniger) ihres Partners. Das ist unter den Bedingungen der möglichen Familienplanung und Geburtenkontrolle heute in der DDR schon selbstverständlich. Damit ist das Gewicht der externen Handlungsbedingungen, also der sozialen Gegebenheiten - besser: der individuellen materiellen Lebensbedingungen und der sozialen Beziehungen, in der Determination des reproduktiven Verhaltens noch größer geworden.

Wie jede Art menschlichen Verhaltens wird auch das reproduktive unmittelbar von "idealen Mächten" (Engels) beherrscht. Die Frage ist nun, wie entstehen diese unter dem Einfluß gesellschaftlicher Lebensbedingungen und Werte, und wie sind sie zu beschreiben. Über ihr reproduktives Verhalten entscheiden Frau und Mann - jedenfalls wenn die Familienplanung uneingeschränkt möglich ist - frei - administrative, ökonomische, religiöse oder andere Zwänge irgendwelcher Art bestehen in der DDR nicht. Aber diese Entscheidungen sind gesellschaftlich bestimmt, denn dem Entscheidungsprozeß sind Wertungen der gesellschaftlichen Bedingungen vorausgegangen, und er ist selbst eine Wertung der individuell/familialen Situation im konkreten Fall, z. B. der Notwendigkeit, über das Austragen oder den Abbruch einer eingetretenen Schwangerschaft zu entscheiden. Die soziale Determination des reproduktiven Verhaltens vollzieht sich durch die Aneignung der gesellschaftlichen Wirklichkeit. Was unmittelbar als individuelle, subjektive wie objektive Bedingung des reproduktiven Verhaltens wirkt, erwirbt der Mensch durch die Gesamtheit seiner Lebensäußerungen, durch seinen Arbeits- und Lernprozeß. Aneignen der gesellschaftlichen Wirklichkeit heißt immer sie bewerten und sie sich so aneignen, wie sie dem bereits vorhandenen Maß des Individuums entspricht - ein Prozeß, in dem dieses Maß weiter geformt wird. Um die folgende Darstellung verkürzen zu können, wird in einem Schema die Beziehung zwischen gesellschaftlicher Determination und reproduktivem Verhalten zusammengefaßt (s. S. 253). Im Schema ist angedeutet, daß das reproduktive Verhalten unter sozialer Determination durch die Produktions- und Lebensweise aus dem "biotischen Sockel" des Menschen hervorgeht. Im Mittelpunkt der sozialen Determination steht die Entstehung der Triade Bedürfnis, Kinder zu haben, - Lebensbedingungen (materielle Bedingungen des Lebens und soziale Beziehungen) - Wertorientierungen.

Soziale Determination des reproduktiven Verhaltens

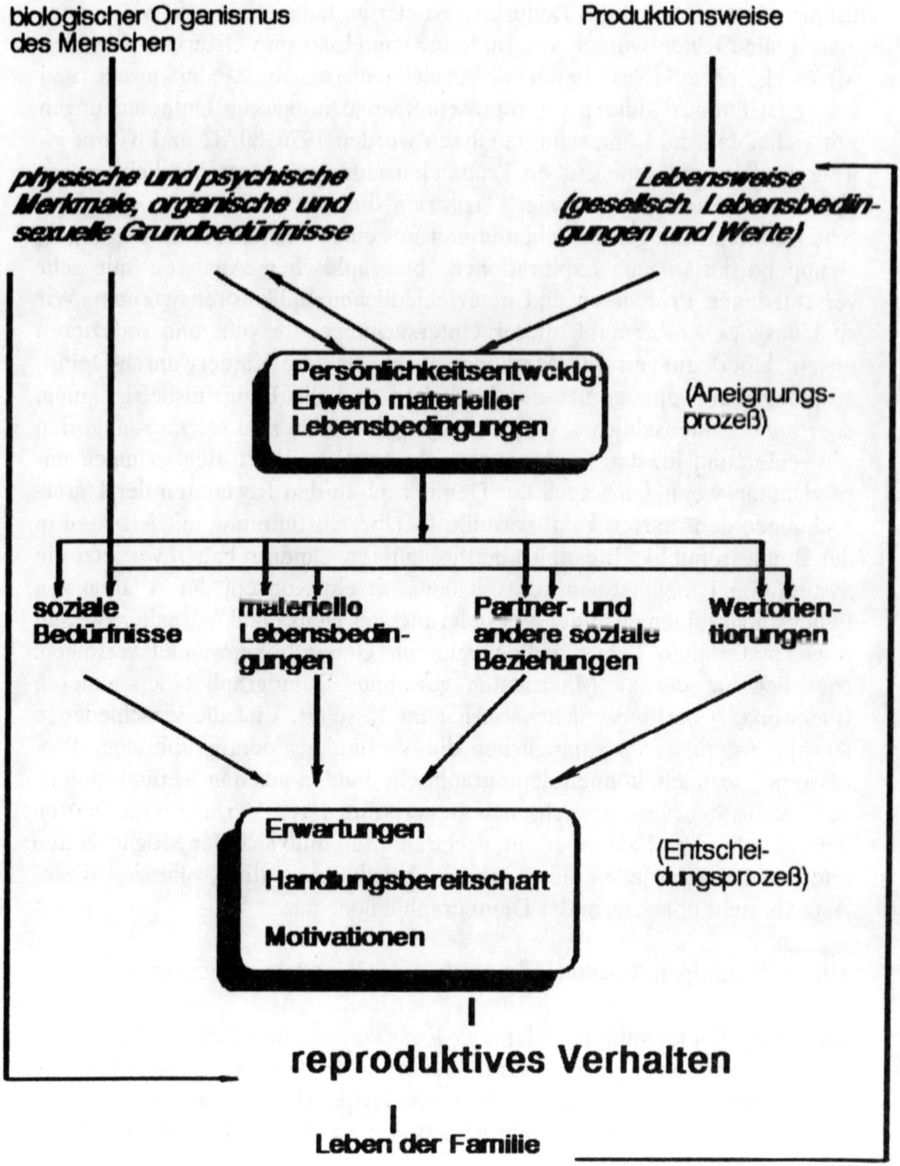

Diese drei Vermittlungsglieder zwischen gesellschaftlichen Bedingungen und dem reproduktiven Verhalten werden als seine Faktoren bezeichnet. Sie sind das Aneignungsergebnis.[3]

Empirisch drückt sich das Bedürfnis, Kinder zu haben, im - wie wir es nennen - realen Kinderwunsch aus. Im Sinne von Holzkamp-Osterkamp[4] wollen wir es als "produktives" Bedürfnis bezeichnen. Diesem Kinderwunsch (und seiner Erfüllung) widmen wir repräsentative soziologische Untersuchungen seit vielen Jahren. Längsschnittanalysen wurden 1976/80/82 und 87 mit jeweils großen und sehr großen Probandenzahlen in unterschiedlichsten sozialen und Altersgruppen wie Territorien durchgeführt. Solche soziologischen Untersuchungen bestehen immer aus einer Vielfalt von Befragungen, Gruppendiskussionen, Explorationen, biographischen Analysen mit sehr verschiedenen Probanden und unterschiedlichen Indikatorensystemen. Wir sind uns der Problematik dieser Untersuchungen bewußt und reduzieren unsere Überlegungen und Methoden nicht auf eine Kinderwunsch-Demographie, aber wenn es um das Verhalten und die Bedürfnisbefriedigung, oder anders: menschliches Wohlbefinden geht, dann sind solche Kategorien wie realer und idealer Kinderwunsch, Motivation, Wertorientierungen unverzichtbar, wenngleich auch der Demograph in den Resultaten der Untersuchungen den "harten Fakt" vermißt. In Übereinstimmung mit Arbeiten in der Bundesrepublik (Bielefeld) und in anderen Ländern bauen wir jetzt ein System von Panelanalysen auf, mit dem wir ein Konzept der Analyse von Lebensbiographien, also der Veränderung von Denk- und Verhaltensweisen sowie materiellen Lebensbedingungen im Generationenwandel verfolgen. Natürlich hat der an Makrodaten gewöhnte Demograph einen anderen Blickwinkel - und jede Sichtweise hat ihr Resultat. Erst die verschiedenen Resultate gemeinsam ermöglichen die Verbindung demographischer Prozesse mit sozialen, können demographische Fakten aus den Veränderungen des Lebens der herangewachsenen Generation, deren Verhalten die "harten demographischen Fakten" ergibt, erklären. Man muß sich der Möglichkeiten und der Grenzen jedes Herangehens bewußt sein - die Diskussion dieses Aspekts steht übrigens in der Demographie noch aus.

Unsere bisherigen Resultate zur Analyse des Kinderwunsches zeigen:

Der reale Kinderwunsch bildet sich Ende des zweiten/Anfang des dritten Lebensjahrzehnts als soziales Grundbedürfnis der Persönlichkeit heraus, hat dann seinen festen Platz innerhalb der Bedürfnisstruktur der Persönlichkeit. Er wird seit vielen Jahren immer wieder in etwa gleicher Art von den Eltern an die Kinder weitergegeben und ist daher für die verschiedenen Altersgruppen bis etwa zum 40. Lebensjahr im großen und ganzen gleich. Starken Einfluß auf den Kinderwunsch haben die Bedingungen in der Herkunftsfamilie der jungen Menschen, insbesondere ihr Verhältnis zu den Eltern, die Vereinbarkeit von Berufstätigkeit und Elternschaft, wie sie sie bei ihren Eltern erlebt haben und die Zahl ihrer Geschwister.

Unter den gegenwärtigen objektiven und subjektiven Bedingungen der Befragten in den verschiedenen Städten und Gemeinden orientiert dieser Kinderwunsch auf durchschnittlich 1,93 Kinder für die Frauen und 1,96 Kinder für die Männer. Das ist ein geringer Unterschied. Das gilt auch für die Höhe des realen Kinderwunsches zwischen den sozialen Gruppen. Aber Unterschiede bestehen zwischen verschiedenen Territorien: Die Lebensweise und die Traditionen in den Dörfern und Kleinstädten bewirken noch einen höheren realen Kinderwunsch als er in den Großstädten festgestellt wurde.

Bei der Mehrheit der Befragten ist die Herausbildung des Bedürfnisses nach Kindern mit der festen Orientierung auf eine bestimmte Kinderzahl verbunden:

- Der Anteil der Frauen und Männer, die keine Kinder haben wollen, beträgt im Durchschnitt 1 %; bei den Angehörigen der Intelligenz 1,2 %.

- Etwa 50 % der Befragten - und auch das gilt für die Männer wie für die Frauen in allen Untersuchungsfeldern - wünschen sich 2 Kinder.

- Die Anteile der Frauen und der Männer, die sich 1-2 oder 2-3 Kinder wünschen sind ebenfalls sehr hoch.

- Relativ wenige der Befragten wünschen sich 3 Kinder (etwa 6 % der Frauen) oder mehr als 3 Kinder (kaum mehr als 1 % der Frauen). 7,9 % der Genossenschaftsbauern wünschen sich 3 Kinder; 2,4 % mehr als 3 Kinder.

Im Vergleich zu früheren Befragungen ist in den letzten Jahren sowohl der Anteil der Frauen und Männer, die sich keine Kinder wünschen, als auch derer, die sich mehr als 2-3 Kinder wünschen, zurückgegangen. Während die durchschnittliche Größe des Kinderwunsches im Vergleich der Untersuchungen stabil ist, ist er noch stärker als in früheren Jahren auf die 1- bis 2-, die 2-, oder die 2 bis 3-Kinderfamilie konzentriert. Dieser Kinderwunsch entspricht den gesellschaftlichen Bedingungen, insbesondere der Tatsache, daß es ein unmittelbares ökonomisches Interesse an einer größeren Kinderzahl in den Familien nicht mehr gibt. Es ist klar, daß auf dieser Grundlage auf eine kleine Kinderzahl in der Familie orientiert wird. Ebenso deutlich aber ist, daß sich in der Allgemeinheit des Wunsches, Kinder zu haben, gesellschaftliche Fortschritte ausdrücken, wozu auch die gewährleistete soziale Sicherheit in der DDR gehört.

Aber wir gehen immer, wenn wir vom Kinderwunsch sprechen, von folgender Position aus:

Jede Verhaltensweise des Menschen, so auch seine reproduktive, ist eine Resultante seiner gesamten Bedürfnisstruktur. Nicht nur ein Bedürfnis, sondern zumindest einige der Struktur sind an der Entstehung der Aktivität beteiligt. Und aus einer Bedürfnisstruktur entsteht niemals nur eine, sondern immer, und zwar fast gleichzeitig, die Notwendigkeit mehrerer, in der Regel unterschiedlicher Aktivitäten. Daraus ergibt sich das Problem der Vereinbarkeit. Je breiter die Bedürfnisstruktur, je weiter also die Persönlichkeit entwickelt ist, desto vielfältiger sind die Verhaltensweisen, desto schärfer auch das Problem der Vereinbarkeit.

Mit der Verwirklichung ihrer Gleichberechtigung haben die Frauen eine Bedürfnisstruktur entwickelt, in der neben dem Bedürfnis, Kinder zu haben, bestimmend sind

- das Bedürfnis, berufstätig zu sein und sich in der Arbeit, im Beruf zu bestätigen,
- das Bedürfnis nach einem harmonischen Familienleben,
- das Bedürfnis, ein hohes Lebensniveau zu erreichen,
- das Bedürfnis nach Bildung und kulturellen Werten.

Alle Überlegungen zur Familien- und Bevölkerungspolitik müssen vom Erfordernis der Vereinbarkeit der Bedürfnisse und damit der sozialen Funktionen der Frau ausgehen.

Gerade in unserer Zeit ist deutlich, daß neue Denkweisen über die Rolle der Frau, über die Gleichberechtigung von Frau und Mann als gesellschaftlicher Wert entstanden sind und sich durchsetzt haben. Selbstbewußte Frauengenerationen sind herangewachsen, für die selbstverständlich Bildung und Berufstätigkeit Teil ihres Lebens sind, für die ökonomische Unabhängigkeit vom Partner eine Voraussetzung ist, über ihr Leben selbst zu bestimmen.

Das heißt: Wir kommen bei der Erklärung dieses oder jenes Fruchtbarkeitsniveaus keinen Schritt voran, wenn wir uns damit zufrieden geben, nur auf die entsprechenden Raten zu blicken und Geburtenzahlen zu erläutern. Es ist notwendig, diese Fakten mit den Denkweisen und Lebensbedingungen zu erklären.

Dieses Bedürfnis, Kinder zu haben, bestimmt das reproduktive Verhalten nicht direkt, sondern ist vermittelt. Dabei spielen die Interessen des Individuums eine besondere Rolle. Sie äußern sich in den Wertorientierungen. In engem Bezug zur Vielfalt der Bedürfnisstruktur des Menschen steht seine Struktur der Wertorientierungen. Bestimmend in den auf die Familie gerichteten Wertorientierungen ist in unserer Zeit der hohe Stellenwert des Kindes. Einerseits reagieren Frau und Mann damit ideell auf die hohen objektiven Sozialisationserfordernisse der Kinder, andererseits ist dieser Stellenwert auch Ausdruck veränderter familialer Funktionen. Wir können von einer Mittelpunktstellung des Kindes in der Familie sprechen. Die jungen Frauen und Männer geben ihrer Familie, dem Leben mit Kindern und der Stabilität der Partnerbeziehungen in der Regel einen hohen Stellenwert.

Das ist fester Bestandteil einer Vielfalt der Interessen sowohl der Frauen als auch der Männer. Es ist ein wichtiges Merkmal der Denkweisen der jungen Generation in der DDR, daß diese Wertorientierungen in nahezu gleicher Art für die unterschiedlichen Altersgruppen (18 bis 40 Jahre) und für die sozialen Gruppen vorherrschend sind. Für die Frauen haben die sozialen Beziehungen, vor allem die Familie etwas größere Bedeutung, während die Männer die beruflichen Erfordernisse und die materiellen Bedingungen des Lebens etwas stärker reflektieren. Dabei hat die Mehrkinderfamilie einen festen Platz. Sie ist für die überwiegende Mehrheit ein wichtiger Aspekt der individuellen Lebensplanung.

Wie im Determinations-Schema deutlich, geben wir dem dritten Faktor, den Lebensbedingungen der Menschen einen hohen Stellenwert. Die externen Handlungsvoraussetzungen haben für die Realisierung des Kinderwunsches noch größere Bedeutung als für seine Entstehung. Sie setzen die Grenzen, in denen die Möglichkeiten des Handelns zur Wirklichkeit werden; sie formen die subjektiven Faktoren und werden vom Menschen - soweit es ihm möglich ist - nach "seinem inneren Maß" gestaltet. Für das reproduktive Verhalten sind aus der Gesamtheit dieser Bedingungen unmittelbar mitbestimmend: die Partnerbeziehungen, materielle Bedingungen des Lebens der Familie (ihre Wohnbedingungen, ihre finanzielle Situation, ihre Bedingungen der Vereinbarkeit von Elternschaft und Berufstätigkeit u.a.), ihre Beziehungen im sozialen Umfeld. Eine der zentralen Fragen, die diesen Zusammenhang erfaßt, ist, ob es die jungen Menschen für vereinbar halten, soviel Kinder zu haben, wie es ihrem Kinderwunsch entspricht, und doch ihre ja weit gefächerten anderen Erwartungen an ihr eigenes Leben erfüllen zu können. Das ist ein wichtiger Aspekt des Wohlbefindens junger Menschen in unserer Zeit: Häufig halten die Probanden, wenn sie über ihre Lebensansprüche im einzelnen nachdenken, auch eine höhere Kinderzahl als eigentlich geplant für denkbar. So sind 90 % der Frauen überzeugt, daß sie mehrere Kinder mit ihrer Berufstätigkeit vereinbaren können, und die Mehrkinderfamilie entspricht den Vorstellungen von 96 % der Frauen über ein glückliches Familienleben besser als die 1-Kinder-Familie. Ein Drittel der befragten Frauen ist der Ansicht, daß die Vollbeschäftigung der Mutter im Beruf mit der 3-Kinder-Familie vereinbar sei, während das etwa 5o % für die Familie mit zwei Kindern feststellen. Im großen und ganzen sind die Einschätzungen der Frauen realistisch, ein großer Teil von ihnen sieht natürlich erhebliche Probleme der Vereinbarkeit von Mutterschaft und voller Berufstätigkeit. Daher würden viele eine Arbeitszeitverkürzung oder noch mehr Möglichkeiten der Teilzeitarbeit sehr begrüßen. Die Vereinbarkeit von Mutterschaft und Berufstätigkeit selbst aber entspricht den Interessen der weit überwiegenden Mehrheit der Frauen, wobei auch in dieser Grundfrage des Lebens der Familien die Meinungen der Frauen mit denen der Männer übereinstimmen. Allerdings sind eben etwa 80 % der Befragten der Meinung, daß die Frau nur dann voll am Berufsleben teilnehmen könne, wenn die Familie nicht mehr als 1 oder 2 Kinder hätte. Dieser Anteil ist bei den Männern etwas höher als bei den Frauen. Insgesamt war dieser Anteil früher, z. B. 1982, mit etwa 60 %, etwas niedriger.

Die Mehrzahl der befragten Frauen und Männer orientiert sowohl unter dem Aspekt der Möglichkeiten und der Befriedigung eigener Freizeitinteressen als auch unter dem Aspekt der Bewältigung des häuslichen Arbeitsaufwandes auf ein Leben mit zwei Kindern.

Große Bedeutung hat für die jungen Frauen und Männer, daß ihre Kinder ohne besondere Probleme in die Gesellschaft hineinwachsen. Die Überzeugung, daß das in der DDR auch für die Kinder, die in einer gößeren Familie aufwachsen, möglich sei, ist stabil. Fast 70 % der Frauen wie der Männer stellen fest, daß sich auch die Kinder aus einer 3-Kinder-Familie so entwikkeln können, also soviel lernen und sich so auf einen Beruf vorbereiten können, wie es notwendig ist. Nur eine Minderheit von weniger als 5 % meinte, daß das nur in der 1- Kinder-Familie möglich sei.

Freizeit für die eigene Lebensgestaltung zu haben, ist ein wichtiger Aspekt der Bedürfnisstruktur junger Menschen. Dabei werden viele Probleme reflektiert. Mehr als 70 % der jungen Frauen wie der jungen Männer meinen, daß die Familie nur höchstens 2 Kinder haben könnte, um diesem Anspruch gerecht zu werden.

2. Motivation, Kinder zu haben

Das Verhalten geht in einem komplizierten psychischen Prozeß aus einem Entscheidungsprozeß hervor, der hier nicht beschrieben werden kann. Es soll nur festgestellt werden, daß schließlich eine bestimmte Handlungsbereitschaft mit einer Motivation entsteht, die als Gesamtheit der unmittelbar wirkenden Antriebe verstanden wird. Sie gibt der Aktivität Intensität und Richtung, ist "die bewußte Ausrichtung und Anspannung des Handelns, damit Anstrengungsbereitschaft auf ein Ziel hin und enthält demgemäß immer auch ein Moment der "Willentlichkeit."[5]

Im Mittelpunkt der Motivationen, Kinder zu haben, stehen Motive, die darauf orientieren, daß die Kinder der Familie Teil des individuellen Lebens der Mutter und des Vaters sind, daß sie zum Leben der Familie dazu gehören. Das sind insbesondere

- das Motiv, daß sich der Sinn des Lebens auch in (der Zeugung und) der Geburt der Kinder erfüllt;
- das Motiv, daß ein glückliches Leben auch in der Liebe, die man Kindern gibt und von ihnen empfängt, besteht;
- das Motiv, daß das Heranwachsen der Kinder starken emotionalen Gewinn für die Eltern bringt;
- das Motiv, nach der Tradition, daß Kinder zu einer Familie gehören, leben zu wollen;
- das Motiv, mit der Entwicklung der Kinder ein (weiteres) wichtiges Lebensziel zu haben;
- das Motiv, daß die Entwicklung der Kinder auch eigene Persönlichkeitsentwicklung bedeutet;
- das Motiv, die Liebe zum Partner auch mit gemeinsamen Kindern bestätigen zu wollen; das Motiv, Geschwisterkinder haben zu wollen.

Diese Kernmotive sind die gleichen für die Männer wie für die Frauen und unterscheiden sich auch für die Angehörigen der verschiedenen sozialen Gruppen nur geringfügig. Nicht reflektiert wird in diesen Motivationen, daß Kinder zu haben auch für die Entwicklung der Gesellschaft eine der wichtigsten Voraussetzungen ist. Wenn der Kinderwunsch auf ein Einzelkind oder ein bis zwei Kinder orientiert, sind die Kernmotive vorwiegend durch emotionale Gründe und eine sehr individuelle Einstellung zum Kind bestimmt. Wenn der Kinderwunsch höher ist, haben diese Motive auch große Bedeutung, aber die Motive, die die Rolle des Kindes in der Partnerbeziehung, für das Leben in der Familie betonen, und die Reflektion gesellschaftlicher Bedingungen gewinnen zunehmend an Gewicht.

Natürlich entstehen in Entscheidungsprozessen für oder wider ein (weiteres) Kind auch Motivationen der Ablehnung. Im Mittelpunkt dieser Motivationen stehen Partnerprobleme verschiedener Art, der bereits erfüllte Kinderwunsch, die Wohnbedingungen und persönliche wie familiäre Probleme. Das sind insbesondere die Motive, kein (weiteres) Kind haben zu wollen, weil

- die Frau allein, ohne festen Partner lebt oder der Partner ein weiteres Kind nicht will,
- der Kinderwunsch erfüllt ist,
- die Wohnbedingungen für das Leben mit einem weiteren Kind nicht günstig sind,
- die Frau sich zu alt fühlt bzw. ihr Gesundheitszustand die Geburt eines (weiteren) Kindes nicht mehr zuläßt,
- die Vereinbarkeit von Mutterschaft und Berufstätigkeit zu viele Probleme aufwirft,
- die finanzielle Belastung der Familie mit einem weiteren Kind zu groß würde,
- der Altersunterschied zwischen den Kindern in der Familie zu groß würde.

Das sind zusammengefaßte Ergebnisse aus dem Jahre 1987. Gegenüber den entsprechenden Motivationen, die früher festgestellt wurden, ist die Bedeutung der Partnerprobleme als Motiv des Verzichts auf (weitere) Kinder größer geworden. Ebenso empfinden zunehmend mehr Frauen schon bei einem Alter von etwa 30 Jahren, daß sie zu alt für ein weiteres Kind seien oder ihr Gesundheitszustand dies nicht zuließe.

Diese Motivation ist unterschiedlich nach der Ordnungszahl des nicht gewünschten Kindes: Ein erstes Kind wird nicht gewünscht, weil die berufliche Entwicklung (Ausbildung) dies nicht als günstig erscheinen läßt, Partnerprobleme bestehen oder kein Kinderwunsch vorhanden ist. Ein drittes Kind wird nicht gewünscht, weil der Kinderwunsch bereits erfüllt ist, Wohnungsprobleme bestehen, der Partner nicht einverstanden ist, die Frau sich zu alt fühlt u.a.m.

Die Männer haben im wesentlichen die gleiche Motivation, auf (weitere) Kinder zu verzichten. Allerdings sind für sie Probleme der Vereinbarkeit von Elternschaft und Berufstätigkeit oder das Alter ihrer Partnerin kaum Gründe des Verzichts auf ein (weiteres) Kind, dagegen befürchten sie in größerem Maße gesundheitliche Probleme für ihre Partnerin, sehen Wohnungsprobleme noch schärfer als die Frauen und sehen in ihrer eigenen beruflichen Belastung (Mehrschichtarbeit) Hinderungsgründe.

3. Bevölkerungspolitik und Bedürfnisbefriedigung

So vielfältig vermittelt kommt nach unserer Meinung das reproduktive Verhalten - besser: die Befriedigung des Wunsches (oder des Bedürfnisses), Kinder zu haben, zustande. Nun sehen wir nicht nur die Notwendigkeit, sondern auch eine Verpflichtung der Gesellschaft, bevölkerungspolitisch wirksam zu werden, also auf das reproduktive Verhalten Einfluß zu nehmen. Wir verfolgen eine pronatalistische, wir sagen: geburtenfördernde Bevölkerungspolitik. Aber welche Orientierung haben wir dafür?[6] Wir haben die Ziele der Bevölkerungspolitik in folgender Art formuliert:

Diese Bevölkerungspolitik hat im Interesse der Bedürfnisbefriedigung der jungen Menschen einen Beitrag zu leisten, die Bedingungen für die volle Erfüllung des Kinderwunsches zu schaffen. Es geht darum, die Bedingungen zielgerichtet zu verbessern, unter denen sich die jungen Menschen ihren Kinderwunsch erfüllen. Jede Frau, jede Familie soll die Möglichkeit haben, soviel Kinder, wie sie sich wünscht, dann, wenn sie es will, zur Welt zu bringen und mit diesen Kindern in einer glücklichen Familie zu leben. In der jungen Generation, insbesondere bei den Frauen, haben sich in den vergangenen Jahrzehnten grundlegende Wandlungen in ihren Bedürfnissen vollzogen. Von diesen Bedürfnissen geht auch die Bevölkerungspolitik aus. Sie hat in erster Linie das Ziel, den jungen Frauen und Männern die Vereinbarung dieser Bedürfnisse zu erleichtern. Das erfordert vor allem Voraussetzungen, den Frauen und ihren Partnern die Möglichkeit zu geben, selbst darüber zu bestimmen, wie sie ihr Bedürfnis nach Kindern erfüllen und das Recht auf Arbeit wie auf Bildung wahrnehmen. Daher ist diese Politik bedürfnisorientiert und trägt damit zum Erreichen eines höheren Maßes von individuellem Wohlbefinden bei.

Bevölkerungspolitische Aktivitäten müssen auch davon ausgehen, daß jede Gesellschaft an einer konfliktfreien Wechselwirkung demographischer, ökonomischer und sozialer Prozesse interessiert ist. Wie sich die demographischen Merkmale, die demographische Situation verändern, hat große Bedeutung für alle gesellschaftlichen Bereiche. Die Bevölkerungspolitik muß daher dazu beitragen, daß die demographischen Veränderungen eine den gesellschaftlichen Erfordernissen entsprechende Entwicklung der Wirtschaftsbereiche wie der gesellschaftlichen Verhältnisse ermöglichen. Eine der Zielstellungen der auf die Geburtenentwicklung orientierten Bevölkerungspolitik muß daher sein, daß die unumgänglichen Verschiebungen der Bevölkerungsstrukturen den gesellschaftlichen Bereichen im ganzen Land wie in seinen Territorien die Anpassung an die neuen demographischen Bedingungen ermöglichen. Das erfordert insbesondere, künftige Erfordernisse ökonomischer und sozialer Entwicklung in gegenwärtig zu treffenden bevölkerungspolitischen Entscheidungen zu berücksichtigen. Dazu ist ein bestimmter Verlauf der demographischen Prozesse anzustreben. Ein bestimmtes, als Mittelwert der Endfruchtbarkeit einer Reihe von Kohorten zu erreichendes Niveau des Ersatzes der Elterngeneration abzuschätzen, ist notwendig. Es wird gegenwärtig auf 0,80 geschätzt. Aber dieser Wert ist als veränderlich und nicht als feststehende bevölkerungspolitische Zielstellung anzusehen.

Diesem zweiten Teil bevölkerungspolitischer Zielstellungen kann die demographische Situation in den letzten Jahren aufgrund der hohen Außenwanderung, insbesondere in der 1. und 2. Generation der DDR-Bevölkerung, nicht mehr gerecht werden.

Diese Zielstellungen liegen einer Vielzahl bevölkerungspolitischer Aktivitäten, wie finanzielle Beihilfen, Kredite für junge Eheleute, 26 Wochen Schwangerschafts- und Wochenurlaub, bezahlte Freistellungen zumindest bis zum 1. Geburtstag des Kindes u. v. a. zugrunde. Das ist hier nicht darzustellen. Aber das alles wäre nicht sonderlich wirksam, wenn nicht der in der DDR vorherrschenden Denkweise, daß Elternschaft und Berufstätigkeit vereinbar sein muß, entsprochen würde. Dazu tragen insbesondere die Kinderkrippen und -gärten bei: Wenn die Vereinbarkeit von Mutter-/Elternschaft und Berufstätigkeit in einer Gesellschaft, in der die 2-Generationen-Kernfamilie die vorherrschende Familienform ist, wirksam ermöglicht werden soll, sind Einrichtungen der gesellschaftlichen Kinderbetreuung notwendig. Ohne Kinderkrippen und -gärten müßten sich die jungen Frauen (oder Männer) jedenfalls zeitweilig für die Familie mit Kindern oder die Berufstätigkeit entscheiden. Die gesellschaftlichen Zielstellungen der Gleichberechtigung von Frau und Mann in allen Lebensbereichen könnten also ohne diese Einrichtungen nicht erreicht werden. Daraus erklärt sich, daß in der DDR so große gesellschaftliche Mittel für Kinderkrippen und - gärten aufgewendet werden. Im Jahre 1988 wurde es ermöglicht, daß für 80% der in Frage kommenden Kinder im Alter bis zu 3 Jahren ein Krippenplatz zur Verfügung steht (1970 für 29 % von ihnen). Insgesamt gibt es mehr als 355 Tausend Plätze. In den Kindergärten wurden 1988 94 % der Kinder von 3 - 6 Jahren betreut und erzogen. Es ist gewährleistet, daß alle Kinder ab 3 Jahre bis zum Schulalter, deren Eltern es wünschen, einen Kindergarten besuchen können. Dabei ist die Versorgung der Kinder in der Zeit, in der ihre Eltern ihrer Arbeit nachgehen oder studieren, nur ein Anliegen. Es geht um die Verbindung von Erziehung der Kinder in der Familie und in diesen gesellschaftlichen Einrichtungen mit dem Ziel ihrer allseitigen Entwicklung. Heute kann man sagen, daß diese Entwicklung den Interessen der Mehrheit der jungen Menschen entspricht. Die gesamten Kosten für die Erziehung und Betreuung der Kinder werden aus gesellschaftlichen Fonds finanziert. Die Eltern tragen nur einen Teil der Verpflegungskosten.

Wie wird nun der Wunsch, Kinder zu haben, unter Berücksichtigung all dieser subjektiven und objektiven Bedingungen befriedigt?

- Die überwiegende Mehrheit der Familien erfüllt sich ihren Kinderwunsch. Im Durchschnitt beträgt seine Erfüllungsquote etwa 80 %. Danach leben in einer DDR-Familie etwa 1,7 Kinder. Aber man muß etwas genauer formulieren: Der auf soziologischer Befragung beruhende Vergleich von realem Kinderwunsch und erreichter Kinderzahl der 36- bis 40jährigen Frauen bestätigt, daß die überwiegende Mehrheit der Frauen der Meinung ist, daß sie ihren Kinderwunsch tatsächlich erfüllt haben - und mögen sie ihn auch angesichts der Realität über Kinderzahl verändert haben, so ist für ihr Gefühl von Bedürfnisbefriedigung doch entscheidend, welche Meinung sie über das Verhältnis von Bedürfnis und Bedürfnisbefriedigung haben.

Tab. 1: Kinderwunsch und Kinderzahl (Anteile in %)

Kinderwunsch der Frauen im Alter von 36-40 Jahren	erreichte Kinderzahl der Frauen im Alter von 36 - 40 Jahren			
	kein Kind	1 Kind	2 Kinder	3 u.m. Kinder
kein Kind	57,1	42,9	0	0
1 Kind	7,4	75,6	13,6	3,4
2 Kinder	2,4	15,7	67,7	14,2
3 u. mehr Kinder	3,4	5,0	16,8	74,8

- Freiwillige Kinderlosigkeit ist in der DDR kaum anzutreffen. Die Mütterrate ist sehr hoch: Etwa 90 % der Frauen erfüllen sich ihren Kinderwunsch zumindest durch die Geburt eines Kindes. Dabei ist zu berücksichtigen, daß etwa 5 % der Frauen aus biotischen Gründen keine Kinder haben. Neben den günstigen sozialpolitischen Maßnahmen wirkt unterstützend, daß in der DDR eine ausgeglichenere Geschlechtsstruktur entstanden ist und der Anteil infertiler Frauen verringert werden konnte.

- Die Gleichberechtigung der Geschlechter, die Beseitigung der sozialen Diskriminierung alleinstehender Mütter, Veränderungen in den Formen partnerschaftlichen Zusammenlebens führen in Verbindung mit sozialer Sicherheit dazu, daß ein hoher Anteil der Kinder von unverheirateten Müttern geboren wird. Ihr Anteil ist seit den 70er Jahren beträchtlich gestiegen. Er betrug 1987 32,8 % (1970: 13,3 %). Etwa 30 % aller Paare, die eine Ehe eingehen, haben bereits 1 oder mehr gemeinsame Kinder. Das hat, wie die differenzierte Analyse zeigt, in den veränderten Lebensbiographien der herangewachsenen Generation seine Ursache.

Diese Entwicklung ist verbunden mit einem frühen und steilen Geburtengipfel. In der DDR ist die Tradition, die Kinder relativ früh zur Welt zu bringen, sehr stark verbreitet. Seit Jahren werden mehr als etwa 70 % der Kinder geboren, bevor ihre Mutter das 25. Lebensjahr vollendet hat. Das entspricht den Einstellungen vieler junger Frauen. 35,4 % von ihnen meinen, daß es wünschenswert sei, bis zum 20. Lebensjahr das erste Kind zu haben! Allerdings wird mit steigendem Qualifikationsniveau der Beginn der fertilen Phase hinausgeschoben - die jungen Angehörigen der Intelligenz haben das erste und die folgenden Kinder in der Regel einige Jahre später.

Bis zum 21. Lebensjahr haben
- 75,0 % der Arbeiterinnen,
- 72,8 % der Genossenschaftsbäuerinnen
- 63,6 % der weiblichen Angestellten
- 39,5 % der weiblichen Intelligenz

das erste Kind geboren.

Ebenso ist es zur Tradition geworden, die Phase der aktiven Fertilität relativ früh, in der Regel bis zum 30. Lebensjahr, spätestens aber bis zum 35. Lebensjahr, zu beenden. Auch das entspricht den Auffassungen der jungen Menschen. Etwa 70 % von ihnen wollen nach dem 30. Lebensjahr keine Kinder mehr, und bis dahin ist der Kinderwunsch auch zum weitaus größten Teil erfüllt. Nur 7,4 % der Befragten über 30 Jahre hat noch einen aktuellen Kinderwunsch. Die wichtigsten Gründe für den relativ frühen Abschluß der fertilen Phase sind:

- die Furcht vor Schwangerschaftsrisiken nach dem 30. Lebensjahr,
- das starke Bedürfnis, mehr Zeit für sich selbst, mehr eigene Freizeit zu haben,
- der Wunsch nach beruflicher Entwicklung,
- der Wunsch, in der Familie "nun etwas ruhiger zu leben".

Auch die in den letzten Jahren deutliche Tendenz, daß ein Teil der Frauen noch nach dem 30. Lebensjahr ein Kind zur Welt bringt, ändert an der Allgemeingültigkeit dieser Tradition des relativ frühen Endes der fertilen Phase zunächst noch nichts.

All diese Fakten der Denk- und Verhaltensweisen der jungen Menschen, der Fruchtbarkeit der Frauen beschreiben grundlegende Merkmale eines demographischen Reproduktionstyps, der den gegenwärtig in der DDR bestehenden sozialökonomischen Bedingungen entspricht: die Allgemeinheit von Kinderwunsch sowie Mutter- bzw. Vaterschaft, wobei die Kinderzahl relativ klein ist und den Ersatz der Elterngeneration nicht voll gewährleistet und die weitgehende soziale Homogenität von Kinderwunsch und Kinderzahl.

Wie ist nun aus traditionell demographischer Sicht dieses Resultat einzuschätzen?

Die einfache Bevölkerungsreproduktion (Nettoreproduktionsziffer = 1)/ (1971 letztmalig erreicht) konnte nicht verwirklicht werden. Gegenwärtig werden die Elterngenerationen durch die Geburt von Kindern zu etwa 80 % ersetzt. Dieses Ersatzniveau ist allerdings auch nicht zu erwarten. Die Unterschreitung des Niveaus der einfachen Bevölkerungsreproduktion ist eine Tendenz, die in vielen der industriell entwickelten sozialistischen und kapitalistischen Länder zu verzeichnen ist. Das ist Ausdruck eines objekten Trends der Fruchtbarkeitsreduzierung, der durch Bevölkerungspolitik kaum veränderbar ist.

Geht man von der Summe der altersspezifischen Fruchtbarkeitsziffern aus, war der Jahrgang 1937 der bisher letzte, der noch die einfache Reproduktion gewährleistete (Summe der Fruchtbarkeitsziffern 2 134); für die verheirateten Frauen war es der Jahrgang 1941 (2 148). Seit Beginn der 80er Jahre liegt die Fruchtbarkeit etwa 15 - 20 % unterhalb des Ersatzniveaus . Es ist allerdings gegenwärtig noch nicht endgültig möglich, die Wirkung der bevölkerungspolitischen Programme der Jahre 1976/1984/1986 auf die Fruchtbarkeit einzuschätzen. Dazu bedarf es des Vergleichs der Endfruchtbarkeit aller beteiligten Jahrgänge mit nicht einbezogenen.

Unter der wahrscheinlichen Annahme, daß das gegenwärtige Fruchtbarkeits- und Sterblichkeitsniveau bis über das Jahr 2000 hinaus keinen deutlichen Veränderungen unterliegt, wird sich die Verschiebung der Altersstruktur, das "Altern der Bevölkerung", weiter fortsetzen und bereits in den 90er Jahren und insbesondere danach weiter an Dynamik gewinnen.

Aus den gezeigten soziologischen Fakten kann man auf ein relativ hohes Maß der Bedürfnisbefriedigung, wenn es um den Kinderwunsch und seine Erfüllung geht, schließen, das heißt m. E., daß die jungen Menschen in diesem entscheidenden Teil ihres Lebens Wesentliches für ihr eigenes Wohlbefinden tun. Das ist ein wichtiges Resultat der Art der sozialen Beziehungen in der DDR.

Bewertet man es aus anderer Sicht als der der jungen Menschen, also z. B. aus der an der Stabilität demographischer Strukturen interessierter Wissenschaftler und Politiker, bleibt mancher Wunsch offen. Aber wenn es um das Wohlbefinden der jungen Menschen geht, zählt eben nichts so sehr wie ihre eigene Sichtweise - und diese wiederum ist von entscheidender Bedeutung für die sozialen und politischen Verhältnisse.

Das Altern der Bevölkerung zeigt sich insbesondere darin, daß
- die Bevölkerung im Stamm des Lebensbaumes schrumpft,

- sich die traditionellen Generationenproportionen zugunsten der Generationen im mittleren und höheren Lebensalter verschieben,

- sich die Bevölkerungsgröße verringert und

- sich die regionalen Unterschiede der demographischen Bestände vergrößern. Die jetzt verlaufende 3. Auswanderungswelle der DDR verstärkt sie nachdrücklich. Bis zum Jahre 2000 sind folgende Entwicklungen zu erwarten, wobei über die weitere Außenwanderung keine sicheren Annahmen möglich sind (vgl. Abbildung "Lebensbäume", S. 268).

- Da die Fruchtbarkeit als relativ stabil angenommen werden kann, sinken aufgrund des Rückgangs der Zahl der Frauen im fertilen Alter die jährlichen Geburtenzahlen in den 90er Jahren (ca. 75 % des Standes von 1985 im Jahre 2000). Die Zahl der fertilen Frauen beläuft sich im Jahre 2000 auf ca. 95 % von 1985, wobei insbesondere die Zahl der Frauen im Alter des "Geburtengipfels" zurückgeht (ca. 75 % von 1985). - Ein Sinken der Gesamt-Bevölkerungszahl von 16,66 Mio (1987) auf 15,5 Mio (2000) ist bei einem Schwankungsbereich 15,8 - 15,2 Mio. vorauszusagen.

- Die Zahl der Kinder und Jugendlichen geht zurück. Das betrifft alle Altersgruppen: Kinder im Krippenalter werden im Jahre 2000 ca. 75 % der Zahl von 1985 leben, im Kindergartenalter ca. 70 %, im Schulalter ca. 90 %, im Ausbildungsalter (Lehrlingsalter) 90 % von 1985.

- Die Zahl der Bevölkerung im arbeitsfähigen Alter wird ebenfalls zurückgehen (von 10,7 auf ca. 10 Mio). Erst nach dem Jahre 2000 setzt voraussichtlich wesentlich stärkerer Rückgang ein. Allerdings steigt bereits jetzt innerhalb dieses Bevölkerungsanteils der Anteil der Menschen über 45 Jahre deutlich an. Die Geschlechtsproportion im arbeitsfähigen Alter gleicht sich weitgehend aus, da die Zahl der Frauen in diesen Altersgruppen zurückgeht, während die der Männer steigt.

- Die Zahl der Personen im Rentenalter steigt langfristig, wird allerdings bis zum Jahre 1993 noch weiter zurückgehen, bis zum Jahre 2000 dann aber bereits ansteigen.

Diese Prognoseergebnisse sind z. Z. aufgrund der hohen Unsicherheit im Außenwanderungssaldo, noch nicht zuverlässig.

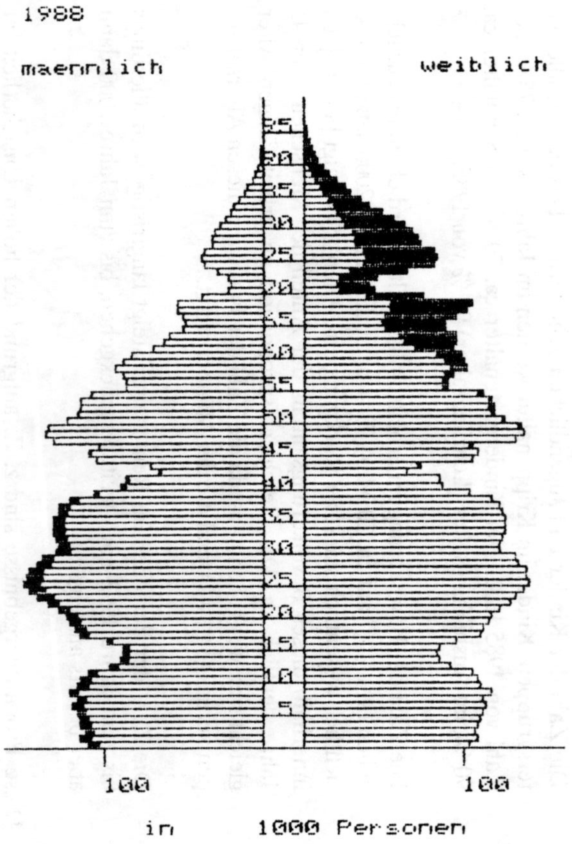
1988
maennlich
weiblich
95
90
85
80
75
70
65
60
55
50
45
40
35
30
25
20
15
10
5
100
100
in 1000 Personen

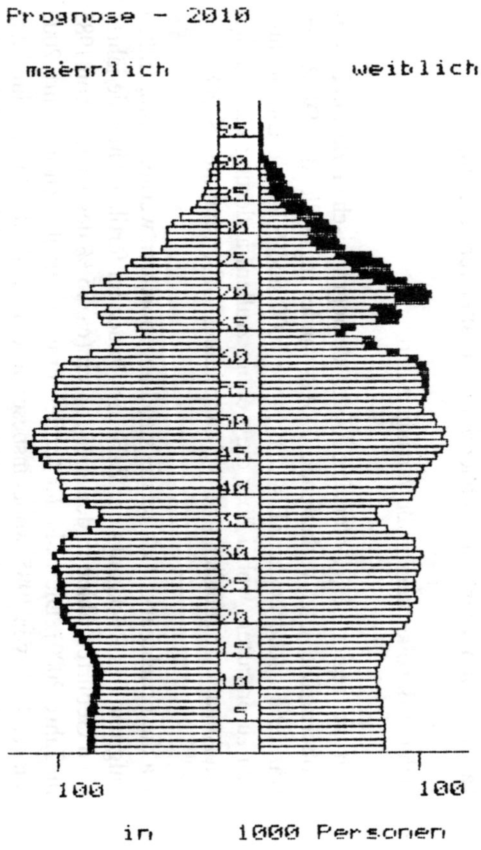
Prognose - 2010
maennlich
weiblich
95
90
85
80
75
70
65
60
55
50
45
40
35
30
25
20
15
10
5
100
100
in 1000 Personen

Im vorhersagefähigen Zeitraum bedeutet das ein relatives Anwachsen der Bevölkerung in den "mittleren Generationen", während in der Kinder- und Jugendgeneration ein Rückgang eintritt und die Generationen im Rentenalter noch eine Zeit lang zahlenmäßig im wesentlichen konstant sind, dann aber stark anwachsen werden. Der 1989 und wahrscheinlich auch in den nächsten Jahren negative Außenwanderungssaldo verstärkt diese Tendenz in dem Maße, daß eine demographische Situation, die erst in etwa 10 Jahren zu erwarten war, jetzt schon eintritt. Langfristig ist von besonderer Bedeutung, wie die Generation der jungen Eltern durch die Generation der Kinder und Jugendlichen ersetzt wird. Da dieser Generationenersatz seit Beginn der 70er Jahre nicht mehr gewährleistet ist, kehrt sich das traditionelle, quantitative Verhältnis der 1. und der 2. Generation der Bevölkerung um: Während im Jahre 1971 die 1. Generation noch um ca. 20 % größer als die 2. war, war sie 1985 schon um ca. 10 % kleiner und wird bis zum Jahre 2000 voraussichtlich um 15 % kleiner geworden sein. Aber auch innerhalb der Generationen verändern sich die Jahrgangsstärken. Es entstehen sogenannte "demographische Wellen", d. h. die absolute Größe der Jahrgänge schwankt innerhalb weniger Jahre z. T. beträchtlich.

[1] Autorenkollektiv, Bedürfnis und Interessen als Triebkräfte unseres Handelns, Berlin 1984, S. 14/15.

[2] G. W. F. Hegel, Enzyclopädie, Leipzig 1949, S. 182.

[3] Diese Positionen sind angeführt in Autorenkollektiv (W. Speigner): Kind und Gesellschaft, Berlin 1986, Kapitel 2.

[4] U. Holzkamp-Osterkamp, Grundlagen der psychischen Motivationsforschung, Berlin 1981, S. 369.

[5] Holzkamp-Osterkamp, a. a. O., S. 456.

[6] Siehe auch Forschungsinformation des Autorenkollektivs (E. Strohbach): Bevölkerungsreproduktion in der DDR, Hochschule für Ökonomie, Berlin 1986, Kapitel II.

Autorenverzeichnis

Heiner Timmermann, Dr. phil., stv. Leiter der Europäischen Akademie Otzenhausen, Lehrbeauftragter für Geschichte an den Universitäten Saarbrücken und Jena.

Rüdiger Thomas, Sozialwissenschaftler, Leiter des Publikationsreferats der Bundeszentrale für politische Bildung, Bonn.

Gunnar Winkler, Prof. Dr., Direktor des Instituts für Soziologie und Sozialpolitik der Akademie der Wissenschaften der DDR, Berlin.

Charlotte Höhn, Dr., Bundesinstitut für Bevölkerungsforschung,Wiesbaden.

Heinz-Herbert Noll, Dr., Sozialwissenschaftler, Zentrum für Umfragen, Methoden und Analysen, Mannheim.

Horst Berger, Prof. Dr., Institut für Soziologie und Sozialpolitik der Akademie der Wissenschaften der DDR, Berlin.

Eckard Priller, Dr. sc. oec., Institut für Soziologie und Sozialpolitik der Akademie der Wissenschaften der DDR, Berlin.

Stephan Hradil, Dr., Sozialwissenschaftler, Universität München.

Wolfgang Glatzer, Prof. Dr., Universität Mannheim.

Klaus-Peter Schwitzer, Prof. Dr., Institut für Soziologie und Sozialpolitik der Akademie der Wissenschaften der DDR, Berlin.

Walter Friedrich, Prof. Dr. habil., Direktor des Zentralinstituts für Jugendforschung, Leipzig.

Hildegard Maria Nickel, Dr. sc. phil. stv. Direktorin am Institut für Soziologie an der Humboldt-Universität, Berlin.

Toni Hahn, Prof. Dr., Institut für Soziologie und Sozialpolitik der Akademie der Wissenschaften der DDR, Berlin.

Wulfram Speigner, Prof. Dr., Institut für Soziologie und Sozialpolitik der Akademie der Wissenschaften der DDR, Berlin.

Forum: Politik

(ISSN 0932-0970)

In dieser Reihe werden einzelne politikwissenschaftliche Fragestellungen aus verschiedenen Perspektiven beleuchtet.

1 Heiner Timmermann (Hrsg.): **Deutschland – Frankreich – Polen.** Ihre Beziehungen zueinander nach 1945. 1986. 185 S., ISBN 3-926406-01-1.

2 Heiner Timmermann (Hrsg.): **Geschichtsschreibung zwischen Wissenschaft und Politik.** Deutschland – Frankreich – Polen im 19. und 20. Jahrhundert. 1987. 280 S., ISBN 3-926406-07-0.

3 Heiner Timmermann (Hrsg.): **Außenpolitik und Interessenausgleich.** Die Bundesrepublik Deutschland und die Volksrepublik Polen in den Ost-West-Beziehungen. 1988. 187 S., ISBN 3-926406-15-1.

4 Heiner Timmermann (Hrsg.): **Sozialstruktur und sozialer Wandel in der DDR.** 2. Aufl. 1989. 208 S., ISBN 3-926406-18-6.

5 Michael Bosch/Gerd Schulten (Hrsg.): **Identität und Solidarität.** Aspekte europapolitischer Bildungsarbeit. Zehn Jahre Europa Zentrum Tübingen. 1988. 360 S., ISBN 3-926406-21-6.

6 Heiner Timmermann (Hrsg.): **Die Bildung des frühmodernen Staates – Stände und Konfessionen.** 1989. 430 S., ISBN 3-926406-23-2.

7 Heiner Timmermann (Hrsg.): **Die Französische Revolution und Europa 1789–1799.** 1989. 738 S., ISBN 3-926406-27-5.

8 Heiner Timmermann (Hrsg.): **Wirtschaftsordnungen im Dialog.** Bundesrepublik Deutschland und DDR. 1989. 174 S., ISBN 3-926406-29-1.

9 Heiner Timmermann (Hrsg.): **Deutschland und Europa nach dem 2. Weltkrieg.** Entwicklungen, Verflechtungen, Konflikte. 1990. 696 S., ISBN 3-926406-43-7.

10 Lothar Diversy (Hrsg.): **Christentum und Politik.** Stand und Entwicklung der christlichen Soziallehren. Wegweiser ins dritte Jahrtausend. 1990. 430 S., ISBN 3-926406-45-3.

11 Heiner Timmermann (Hrsg.): **Ungarn nach 1945.** 1990. 234 S., ISBN 3-926406-46-1.

12 Heiner Timmermann (Hrsg.): **Lebenslagen.** Sozialindikatorenforschung in beiden Teilen Deutschlands. 1990. 272 S., ISBN 3-926406-49-6.

Verlag Rita Dadder
Scheidter Straße 5A, D-6601 Saarbrücken-Scheidt